大中小学思想政治理论课一体化专题教学设计

——中国特色社会主义篇

胡　霞　胡　芳　冯维东　主编

四川大學出版社
SICHUAN UNIVERSITY PRESS

图书在版编目（CIP）数据

大中小学思想政治理论课一体化专题教学设计．中国特色社会主义篇 / 胡霞，胡芳，冯维东主编．— 2版．— 成都：四川大学出版社，2024.5

ISBN 978-7-5690-6598-5

Ⅰ．①大… Ⅱ．①胡… ②胡… ③冯… Ⅲ．①高等学校－思想政治教育－教学设计－中国②政治课－教学设计－中小学 Ⅳ．①G641 ②G633.202

中国国家版本馆CIP数据核字（2024）第029301号

书　　名：大中小学思想政治理论课一体化专题教学设计——中国特色社会主义篇
Da-Zhong-Xiaoxue Sixiang Zhengzhi Lilunke Yitihua Zhuanti Jiaoxue Sheji——Zhongguo Tese Shehui Zhuyi Pian
主　　编：胡　霞　胡　芳　冯维东

选题策划：唐　飞
责任编辑：宋彦博
责任校对：李畅炜
装帧设计：墨创文化
责任印制：王　炜

出版发行：四川大学出版社有限责任公司
地址：成都市一环路南一段24号（610065）
电话：（028）85408311（发行部）、85400276（总编室）
电子邮箱：scupress@vip.163.com
网址：https://press.scu.edu.cn
印前制作：四川胜翔数码印务设计有限公司
印刷装订：四川省平轩印务有限公司

成品尺寸：170mm×240mm
印　　张：18.75
字　　数：287千字

版　　次：2022年4月 第1版
2024年5月 第2版
印　　次：2024年5月 第1次印刷
定　　价：78.00元

本社图书如有印装质量问题，请联系发行部调换

扫码获取数字资源

四川大学出版社
微信公众号

总 序

冯建军

“培养什么人、怎样培养人、为谁培养人”是教育的根本问题。新时代的教育要全面贯彻党的教育方针，落实立德树人根本任务，努力培养担当民族复兴大任的时代新人，培养德智体美劳全面发展的社会主义建设者和接班人。2019年3月18日，习近平总书记在学校思想政治理论课教师座谈会上指出，思想政治理论课是落实立德树人根本任务的关键课程。办好思想政治理论课，最根本的是要全面贯彻党的教育方针，解决好培养什么人、怎样培养人、为谁培养人这个根本问题。

重视思想政治教育和思想政治理论课（简称“思政课”）建设是我国教育的传统和突出优势。但长期以来，我们对思想政治教育和思政课大中小学一体化建设的意识不强，致使大中小学思政课课程内容一体化设计、不同学段的衔接、不同课程的配置等存在许多问题。针对这些问题，习近平总书记明确要求，要把统筹推进大中小学思政课一体化建设作为一项重要工程，在大中小学循序渐进、螺旋上升地开设思政课。这一重要讲话为新时代大中小学思政课一体化建设指明了方向。

大中小学思政课一体化，坚持统一性、进阶性两大原则。统一性原则强调大中小学思政课教学目标统一、教学核心内容统一、教学理念和教学方法的统一。进阶性原则突出不同学段的特点，做到螺旋式上升。同一主题针对不同学段的特点设计区分度，同时协调好不同学段的衔接。小学阶段重在启蒙道德情感，初中阶段重在打牢思想基础，高中阶段重在提升政治素养，大学阶段重在增强使命担当。大中小学一体化是思政课建设的方向，在实践中，我们需要具体探讨：一体化建设如何才能由表及里、由点到面，走实、走深；如何才能保持常态、长效；如何才能做到打破学段壁垒，既尊重学段差异，又能让各学段有效衔接；如何才能真正实现循序渐进、螺旋上升；等等。为了探索和解决这些实践问题，成都树德中学联合西南交通大学、四川大学、成都市实验小学、成都市龙江路小学，以专题化教学为突破口，按照一体化的思路，分专题进行教学设计，努力推动大中小学思政课一体化走实、走深，形成常态、长效。今天呈现在大家面前的“大中小学思政课一体化专题教学设计”丛书就是大家合作进行大中小学思政课一体化教学探索的成果。

本套丛书贯穿习近平新时代中国特色社会主义思想铸魂育人的主线，按照中国特色社会主义事业“五位一体”总体布局和“构建人类命运共同体”这一时代命题，设置了《经济与社会篇》《政治与法治篇》《文化与哲学篇》《中国特色社会主义篇》《和平发展篇》五个分册。每个分册遵循教育的深层规律和内在逻辑，立足学生的健康成长，打破传统的学段区隔，以专题化教学设计为突破口，注重整体设计，让大学、高中、初中、小学四个学段围绕同一个主题，分工协作、同向发力，使德育润物无声，如春风化雨般浸润学生心田。

丛书设计充分尊重各学段的特点，既强调各学段紧密结合学生的身心特点在教学目标、内容、方法上形成明显区分度，又强调各学段“瞻前顾后”、有机衔接，层层深入、步步进阶，真正体现丛书“循序渐进、螺旋上升”的设计理念。在教学设计上既凸显了本段思维，又强调前段思维和后段思维的贯通，探索大中小学思政课沟通、协作、共建、共享的一体化运作机制，致力打造全学段育人的良好生态。

丛书每一专题构建了包含教学目标、教学内容、教学重难点、学情分析、设计思路、实施方案、资源链接、考核评价等在内的整体教学设计方案，切实发挥思政课的主渠道作用。丛书强调教师主导性和学生主体性相统一。在教学设计中，围绕学生、关照学生、服务学生，积极回应不同学段学生的需求和期待，强调有的放矢，精准施教；贴近学生实际，用身边事说理，用学生喜闻乐见的形式教学，增强亲和力、吸引力和感染力，让教学不仅棱角分明而且有情有义；注重调动学生的积极性、主动性和创造性，吸引学生积极参与教学，在启发引导中全面提升学生运用马克思主义的立场、观点、方法观察问题、分析问题、解决问题的实际能力，让教学活起来、动起来。

丛书体现了鲜明的集成创新。大中小学思政课教学一体化是思想政治教育领域一场深刻的革命，需要全面深化改革，系统推进教学创新。丛书打破了传统的学段区隔，围绕专题展开一体化教学设计，是教学理念的重大革新；丛书依据教材但又不局限于教材，构建专题化的一体化教学体系，推动教材体系向教学体系、学生信仰体系转化，是教学体系的一次重构；丛书针对各学段的特点，将传统和现代相结合，综合运用案例分析、讨论辩论、情景体验、实践实验等方法开展教学，是教学方法的一次综合创新；丛书是成都树德中学、西南交通大学、四川大学、成都市实验小学、成都市龙江路小学五所学校紧密合作的成果，是探索大中小学思政课共融、共建、共育、共进的一体化建设模式创新。

丛书坚持有所为、有所不为。有所为，就是坚持鲜明的实践导向，力求教学设计科学、实用，能真正为全国大中小学思政课一体化教学提供可借鉴、可复制的操作性范例；有所不为，就是不求面面俱到，但求重点突出，既给出方案，又留有自主空间，力图抛砖引玉，让全国同仁深入探讨、多出良策。

大中小学思政课一体化的教学实践是一个新事物，还在探索之中。丛书给大家呈现的探索还不完美，还存在一些问题，如专题选择不尽合理，教学设计不尽科学，学段特征把握不尽精准，实际效果还有待实践进一步检验，等等。我们无法保证设计的是一个个完美的教学设计方案，但新的实践探索，总需要有人走在前面，尽管不完美，但它是必需的。正如习近平总书记所指出的，办好思政课关键在教师，关键在发挥教师的积极性、主动性、创造性。我们相信，思政课教师的积极性、主动性和创造性一定能够弥补丛书中教学设计的不完美。

在丛书出版之际，写上几句话，既表示对丛书出版的祝贺，更表示对五校联合探索大中小学思政课一体化教学的赞赏。这是大中小学思政课一体化建设的实践之花，愿它常开不败！

（作者系国家教材委员会大中小学德育一体化专家委员会委员、义务教育道德与法治课程标准修订组核心成员、南京师范大学道德教育研究所所长、教育部特聘教授。）

前　言

2019年3月18日，习近平总书记在学校思想政治理论课教师座谈会上明确指出，在大中小学循序渐进、螺旋上升地开设思想政治理论课非常必要，是培养一代又一代社会主义建设者和接班人的重要保障，要把统筹推进大中小学思政课一体化建设作为一项重要工程，坚持问题导向和目标导向相结合，坚持守正和创新相统一，推动思政课建设内涵式发展。2019年8月，中共中央办公厅、国务院办公厅印发了《关于深化新时代学校思想政治理论课改革创新的若干意见》，明确提出了大中小学思政课课程目标：小学阶段重在启蒙道德情感，初中阶段重在打牢思想基础，高中阶段重在提升政治素养，大学阶段重在增强使命担当。

教育是国之大计、党之大计。大中小学思政课伴随着青少年成长发展的全过程，是一个跨学段的有机整体，贯穿大中小学教育全过程。大中小学思政课一体化建设，必须始终着眼于“培养什么人、怎样培养人、为谁培养人”这一根本问题，坚持思政课在落实立德树人这一根本任务上的关键课程地位，并在人才培养实践中注重培养目标的一致性、主题思想的统一性和内容方法的梯度性，努力实现大中小三个学段的思政课一体化发展，构建一个循序渐进、螺旋上升的思政课联动融通平台，着力提升思政课铸魂育人与立德树人效能，从而更好地为党育人、为国育才，培养时代新人。

育人之本，在于立德铸魂。教材是教学的主要遵循，抓牢了教材建设一体化，思政课一体化建设就有了指南针、定盘星。近几年，在四川省教育厅、成都市教育局指导下，四川大学马克思主义学院、成都树德中学、成都市龙江路小学以推动“大中小学思政课一体化建设”为目标，着力完善思政课课程体系、教材体系。本书即相应成果之一。

本书以“中国特色社会主义”为主题，分为四大专题。在内容设计上，注重政治自觉、导向鲜明，注重学段有别、因材施教，注重博采众长、拓宽视野，注重联系实际、务实有效，注重鲜活有趣、文风朴实，注重体系优化、结构合理，注重多元多样、彰显个性。专题一是开天辟地——创造了新民主主义革命的救国伟业，专题二是改天换地——创造了社会主义革命和建设的兴国伟业，专题三是翻天覆地——创造了改革开放和社会主义现代化建设的富国伟业，专题四是惊天动地——创造了新时代中国特色社会主义的强国伟业。在每一个大专题之下，结合小学段、初中段、高中段、大学段的不同实际，又分设四个小专题，既实现了有效衔接，又做到了有所区别。

本书是集体智慧的结晶，其撰写与出版得到了四川大学马克思主义学院、成都树德中学、成都市龙江路小学领导、教师及学生的大力支持。在此对相关同志的辛勤付出表示感谢!

作为一本大中小学思政课一体化教学的教参，本书坚持以马克思主义理论为指导，在写作中参考引用了马克思、恩格斯等经典作家的著作，同时结合各专题的写作要求，在全面梳理中国共产党百年奋斗重大成就和历史经验的过程中以史料为依据，参考引用了诸多历史资料，参考学习了诸多专家学者的理论研究成果以及部分权威网站的视频、图片等，确保了思政课教参的政治性、时代性、科学性、人文性、趣味性与实用性。

执笔人：胡芳

二〇二二年三月于成都

目 录

contents

专题一

Topic 1

开天辟地

——创造了新民主主义革命的救国伟业

一体化设计目标及思路

新民主主义革命的胜利，是中国共产党团结带领中国人民浴血奋战、百折不挠取得的伟大成就。本专题遵循思想政治工作规律、教书育人规律、学生成长规律，本着“循序渐进、螺旋上升”的大中小学思想政治理论课一体化教学理念，按照小学段“感受新民主主义革命之难”、初中段“体会新民主主义革命之拼”、高中段“感悟新民主主义革命之奇”、大学段“选择新民主主义革命之必”的逻辑思路进行整体教学设计，通过一系列符合各学段学生身心特点的教学活动，让学生自发地认识到中国选择新民主主义革命的历史必然性，坚定不移地坚持马克思主义、坚持中国共产党领导和坚持走社会主义道路（见图1–1）。

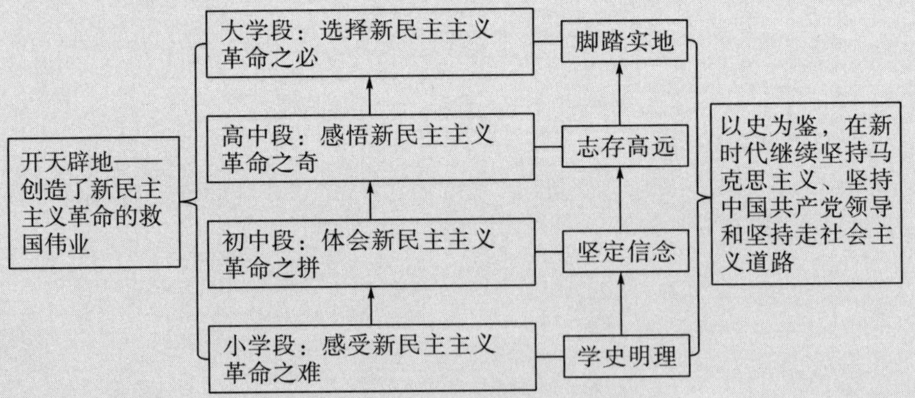

图1–1　专题一一体化设计目标及思路

小学段：感受新民主主义革命之难

教学目标

通过初步学习近代中国为实现民族独立而进行的艰难探索，启发学生体会中华民族顽强的抗争精神，初步理解中国共产党成立的意义，引导学生听党话，跟党走。

通过史实认知、交流对话等方式，帮助学生学会联系和比较，学会分析事件背后的原因，初步理解只有坚持中国共产党的领导才能救国救民，进而增强其对中国共产党和社会主义祖国的热爱之情，激发其争做社会主义事业可靠接班人的使命感。

教学内容

（1）帝国主义瓜分中国的严重危机和深重的民族灾难；

（2）中国共产党的诞生是开天辟地的大事；

（3）新民主主义革命时期救国救民的艰难历程。

教学重难点

1. 教学重点

本专题课教学的重点在于通过初步学习近代中国为实现民族独立而走过的历史进程，引导学生了解中国人民为抵抗外来侵略所进行的不屈不挠的斗争，特别是中国共产党团结带领全国人民不断进行艰辛探索，前赴后继、浴血奋战，找到实现民族独立、人民解放的正确道路，进而懂得中国共产党的诞生是历史的必然选择，感悟先烈们英勇无畏的革命精神，树立奋发图强的爱国志向。

2. 教学难点

本专题课教学的难点之一在于引导学生建立时序观念，初步理解只有坚持中国共产党的领导才能救国救民，实现民族独立、人民解放，进而拥护中国共产党的领导，立志成为担当民族复兴大任的时代新人。难点之二在于拓展学生思维，强化其表达、评论能力。

学情分析

本专题课教学的对象为五年级学生。大部分五年级学生已进入道德成规期。在小学中、低段的学习中，学生沉浸在五千年悠久历史、灿烂文化和传统美德的习得、养成之中，绝大多数内容贴近学生学习和生活实际。而对于中国近代史，五年级学生在此前的学习中极少涉及，可以说，本单元的学习是五年级学生第一次较为正式、系统地从中国特色社会主义角度学习中国近代史。由于这部分内容不易通过生活经验直接体认，因此需要在教学上花一番功夫。

五年级学生正处于历史时序逐步建立的敏感期，因此要抓住这个时期的学生求知欲强、对历史故事兴趣浓厚的特点。由于学生的系统思维能力不强，对于人物与事件的认识较琐碎，因此教师在教学时要为学生建立起一段历史时间轴，作为史实学习的线索。

在学习方法方面，五年级学生已具备根据要求查阅资料、提取信息的能力，也具有和班级学习共同体分组讨论学习的经验。他们较为感性，容易产生情感共鸣；他们富有热情，善于营造热络的学习氛围。因此，一旦引起学生的学习兴趣，学习成效将加倍；一旦激起学生的情感认同，情感效度将翻倍。他们善于在渐进式的任务中完成形象感知，建构认知结构。但五年级的学生不能停留在“深深的喜，浅浅的爱”中，得让他们在理性的思考当中产生自己的感悟，建立认知体系，探索价值倾向，提升思维品质。

设计思路

1．设计理念

本专题课教学基于小学生的认知特点整合内容，力求摆脱简单灌输、死记硬背的教学方式，通过梳理中国近代历史脉络、学习历史思维方法，分析历史资料、探究历史问题，引导学生感受中华民族“站起来”的万分不易，增强对中国共产党和社会主义祖国的热爱之情，拥护中国共产党的领导和中国特色社会主义制度，立志成为担当民族复兴大任的时代新人。

2．思维导图（见图1–2）

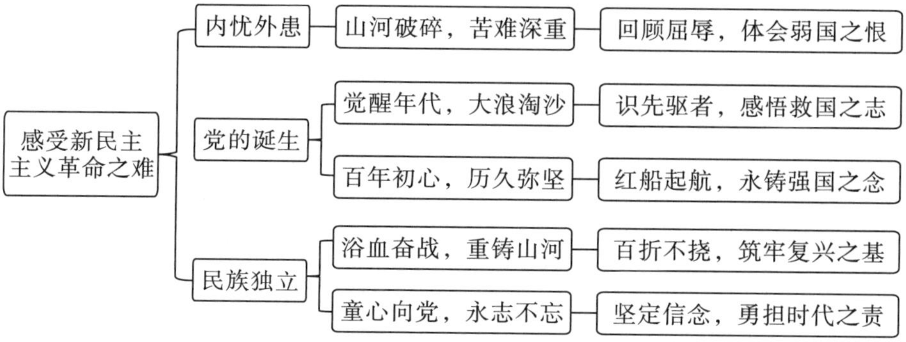

图1–2　专题一小学段思维导图

实施方案

一、内忧外患

（一）山河破碎

1. 观《时局图》，引起动机

一百多年前，爱国华侨谢缵泰感慨时事，特绘制反映19世纪末东亚时局形势图。其旁题词曰："沉沉酣睡我中华，哪知爱国即爱家！国民知醒宜今醒，莫待土分裂似瓜。"

教师提问：（1）这幅《时局图》和你见过的中国地图有什么明显不同？

（2）图中这些动物和人物有什么含义？

2. 交流互动，解读史料

外患：熊，有横霸无忌的样子，占东三省，是譬喻沙皇俄国；斗牛犬，有守住不放的样子，占长江一带，是譬喻英国；肠，有贪得无厌的样子，占山东，是譬喻德国；青蛙，有任意收揽的样子，占广东、广西、云南，是譬喻法国；太阳，其光线射到福建，是譬喻日本；鹰，飞来分食，是譬喻美国。

内忧：三个代表清政府的人物，一人手举铜钱，代表搜刮民财的贪官；一人不顾民族安危，正寻欢作乐；还有一昏昏似睡者，手中拉着网绳，网中一人正念着"之乎者也"，另一人在马旁练武，揭示清政府用科举考试等升官之途愚弄人民。

（二）苦难深重

1. 查阅资料，填写表格

在中国近代史上，大大小小的帝国主义国家争相侵略我国，瓜分我国领土，强迫我国签订的不平等条约有几百个。请同学们查阅资料，填写表1-1。

表1-1 西方列强强迫近代中国签订的部分不平等条约

条约名称	签订时间	签订国家	主要内容
《南京条约》			

2. 回顾历史，思考交流

思考：在当时的中国，除了一系列不平等条约，国民还遭受了哪些不幸与屈辱？

教师串联：回顾近代历史，我们苦难深重的国家满地兵燹、土崩鱼烂，我们历经磨难的人民啼饥号寒，处于水深火热之中。

反思：我们的同胞苦难到了极处，当时的社会黑暗到了极处，莽莽神州，谁救中国？苍茫大地，谁主沉浮？

二、党的诞生

（一）觉醒年代，大浪淘沙

1. 观看视频，查阅资料

（1）师生同看《觉醒年代》视频片段。

（2）学生从视频中体会“中华不振”这四个字的分量，并思考：看到视频中革命先驱的壮举，你想到什么？

（3）教师回应：在雪夜里率先觉醒，在黑暗中擎起明灯，革命先驱们义无反顾地站了出来。请同学们根据表1-2所示学习任务单要求查阅资料，并填写表格。

表1-2 人物探究学习任务单

人物姓名		所处年代	
历史事件			
事件概述			
探究方向	□动机：		
	□成败的关键：		
	□其他：		

（4）学生分享：孙中山、李大钊、毛泽东等人物故事。

（5）教师分享：五四运动中的先进知识分子和工人阶级。

2. 感知交流，合作学习

（1）结合《觉醒年代》视频及人物资料，展开小组讨论：革命先驱身上共同的特征是什么？

（2）统整追问，集体探究。

年轻的李大钊振臂高呼："冲决历史之桎梏，涤荡历史之积秽，新造民族之生命，挽回民族之青春！"26岁的毛泽东发出灵魂之问："天下者，我们的天下；国家者，我们的国家；社会者，我们的社会。我们不说，谁说？我们不干，谁干？"一个个共产主义者在马克思主义的指引下力挽狂澜，重振乾坤；一批批仁人志士捐躯洒血，豪气干云。他们是为了谁？

（3）小结："生是为中国，死是为中国"！这些传播火种的"普罗米修斯"们，抱定"虽千万人吾往矣"的信念，"背黑暗而向光明"，燃起了黑暗中国的点点星火，"笃前行而勿顾后"，照亮了古老民族的冉冉希望。

（二）百年初心，历久弥坚

1. 创设情境，提取主题

（1）创设情境：那是一个内忧外患、苦难深重的中国。目睹山河破碎、百姓流离，我痛苦不已，怀揣一腔热血，渴望寻求到救国救民的出路。在无数种信仰的交锋中，我选择了马克思主义，选择了一个攻无不克、战无不胜的政党。

（2）观看视频《没有共产党就没有新中国》，思考：视频中讲的是谁的故事？

2. 图片展示，探究源头

（1）展示南湖红船、中共一大会址、井冈山三张图片。提问：你知道中国共产党是在哪里诞生的吗？

（2）调用学生已知知识：说说你所了解的中国共产党诞生的故事。

（相机提问：船上的人在干什么？召开的是什么会议？召开这次会议是一帆风顺的吗？为什么连召开一个会议都如此艰难？）

3. 界定概念，建立认知

（1）师生共同梳理出中共一大的主要内容，明确其意义。

（2）理解"红船精神"，学习习近平总书记在瞻仰中共一大会址、嘉兴南湖红船时的讲话："我们党从这里诞生，从这里出征，从这里走向全国执政。这是我们党的根脉。"（"这里"指的是哪里？"这是我们党的根脉"指的是什么？）

（3）学生在线上参观嘉兴南湖革命纪念馆，将我们党的根脉记心间。

三、民族独立

（一）浴血奋战，重铸山河

1. 观看视频《中国共产党百年述职报告》（节选）

从南湖红船的起航，到南昌城头的枪响，从井冈山的星星之火，到二万五千里的漫漫长征，从艰苦卓绝的十四年抗战，再到解放战争的弹雨硝烟，一路走来，真的很难。当面临生死的抉择，当面对信仰的考验，我分明听到有种声音在说，甘将热血沃中华！

2. 汇报交流，深入理解

（1）提问：在新民主主义革命时期，中国共产党所做的哪件大事最使你震动？请围绕这件事，用“6问”思考法（见图1–3）查阅资料，并选取一张最有代表性的图片打印出来，用几句话说一说这件事发生的年代、地点、经过及其影响。

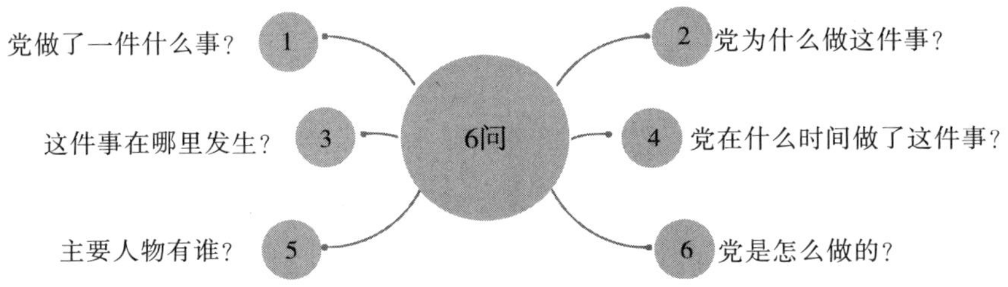

图1–3　“6问”思考法

（2）师生学习共同体以时间为主轴，借助图片等学习素材交流共学，并将学生汇报材料展示于黑板上。教师相机追问、补充并引导学生作对比分析。

①1927年，南昌起义。

小结：党开始建立属于自己的武装力量。“八一”建军节由此而来。

②1928年，井冈山会师。

分析：毛泽东审时度势，率领秋收起义部队走上了农村包围城市，保存和发展革命力量的正确道路。

③1934—1936年，长征。

展示《工农红军长征路线图》，诵读《七律·长征》。

提问：是什么支撑红军克服重重困难走完了长征？（引导学生感悟红军不怕牺牲、不畏艰险、积极乐观的长征精神。）

④1931—1945年，抗日战争。

对比、追问：鸦片战争中，中国是赢了还是输了？中日甲午战争中，中国是赢了还是输了？抗日战争呢？为什么中国能取得抗日战争的胜利？（引导学生体会中国人民在抗日战争中表现出的“天下兴亡，匹夫有责”的爱国情怀，在战争的胜利中感悟党的伟大。）

⑤1948—1949年，解放战争三大战役。

情感升华：党团结带领人民浴血奋战28年，取得最终的胜利。

3. 回顾历史，宣讲明志

（1）同桌两人为一组，组成一支党史宣讲队，根据板书内容串讲中国共产党自成立以来取得的丰功伟绩。

（2）指定2~3支宣讲队在全班作宣讲展示。

经过28年浴血奋战，党团结带领人民彻底结束了旧中国半殖民地半封建社会的历史，成立了中华人民共和国。我激动不已，仿佛看到了革命先烈们梦寐以求的可爱的中国。历史选择了中国共产党，人民选择了中国共产党。在让中国人民“站起来”的路上，中国共产党一刻都不曾懈怠，不曾辜负。

（二）童心向党，永志不忘

1. 诵读歌词，感悟巨变

革命征程中，每一件事都无比艰难，但中国共产党却带领中国人民从一个胜利走向另一个胜利。

教师带领学生一起诵读《没有共产党就没有新中国》的歌词，感受其创作者曹火星眼里的中国共产党。

2. 综合活动，拓展延伸

（1）续写歌词：除了“改善了”“建设了”“实行了”，中国共产党还做了些什么？如果让你来续写歌词，你会怎么写？同桌两人为一组，将续写的歌词写在纸条上。（引导学生将本节课所学所感转化为歌词。）

（2）用同学们自己创作的诗，把党的故事和对党的热爱娓娓道来。（配乐诗朗诵：请两个人来领诵。）

（3）小结：历史的车轮滚滚向前，未来，中华民族伟大复兴的中国梦将在你们身上实现。同学们，你们准备好了吗？

同学们要从现在起树立为国为民的青云之志。你将来要在哪些领域为祖国做贡献？现在要做哪些准备呢？和同学、老师或家人一起探讨这一话题，并完成“请党放心　强国有我”课后行动单。

请党放心，强国有我

班级________　姓名________

中国产生了共产党，这是开天辟地的大事变。他领导中国走向光明，他改善人民生活，他实行民主好处多……站在“两个一百年”奋斗目标的交汇点，放眼神州气象新，砥砺奋进正当时。未来百年还看今日少年，少年有理想，国家有力量，民族有希望。如何将理想变成现实？可以通过盘点自己及家人的期待、生活中所拥有的资源，运用课堂上学习的比较分析法，定制一份属于自己的“请党放心，强国有我”行动计划书，朝着目标迈进！

步骤1：回顾课堂所学，汲取革命先辈的力量，面向党的第二个百年奋斗目标，将眼下和未来联结，在三角形框内写下或画出自己希望在2041年

（或20年后）担当的责任或为国为民奋斗的领域。

步骤2：思考并写出有哪些力量会推动或阻碍自己强国之志、报国之梦的实现。

（1）现在的推力，如：祖国现在取得的卓越成就，身边人的期望，书籍、偶像等的影响。

（2）未来的拉力，如：祖国未来的蓝图、我的愿景等。

（3）过去的阻力，如：能力、习惯或经济因素。

步骤3：将推力、拉力、阻力的影响写在相应的位置。

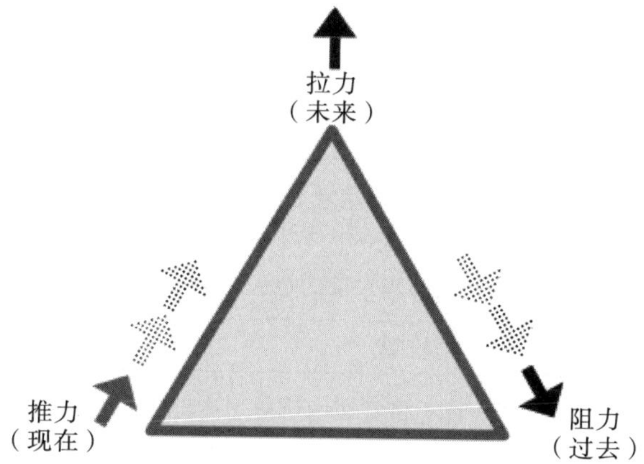

步骤4：和家人、老师及小伙伴一起分析你在步骤3写下的内容，商议如何做才能突破阻力，实现“请党放心，强国有我”的承诺。

考核评价

单元主题：开天辟地——创造了新民主主义革命的救国伟业	本课主题：感受新民主主义革命之难	等级：□A □B □C □D
学习目标	评价标准	评价工具
（1）了解近代中国从内忧外患到“站起来”的艰难历程，体会中华民族顽强的抗争精神，理解中国共产党成立的意义	A——能理解中共一大的内容和意义，讲述五四运动、红船故事等救国伟业中的重大事件及重要人物故事，体会内忧外患、红船精神、长征精神等	口头评价（无评价工具）
	B——了解中共一大的内容和意义，能简述党团结带领人民实现民族独立、人民解放的艰难历程，体会先烈们英勇无畏的革命精神	
	C——能大致说出课堂所学历史事件及历史人物，指出中共一大的内容，有探究中国共产党为救国救民做了哪些大事的意识	
	D——未达C级	
（2）初步建立新民主主义革命时期的历史时间轴，学会分析事件背后的原因，初步理解只有坚持中国共产党的正确领导才能救国救民。拓展思维，强化表达、评论的能力，习得鉴古知今的能力	A——善于将党在内忧外患中诞生与在百折不挠中壮大的历程按历史脉络描述表达，理解只有坚持中国共产党的正确领导才能救国救民，具有强烈的国家和民族认同感和自豪感	多元评价、高层次纸笔评测、实作
	B——初步理解只有坚持中国共产党的正确领导才能救国救民；能按历史时序探究和表达，会比较分析，会举例表达；具有强烈的国家和民族认同感	
	C——愿意参与探究和表达，知晓重大历史事件的先后顺序，明白中国共产党的诞生是历史的必然选择，产生国家和民族认同感	
	D——未达C级	

续表

学习目标	评价标准	评价工具
（3）增强对中国共产党和社会主义祖国的热爱之情，激发争做社会主义优秀接班人的使命感，树立奋发图强的爱国志向	A——通过创编、诵读诗歌，宣讲史实等活动表达对中国共产党的热爱，并由此坚定理想信念，明确责任担当，初步规划自己的人生道路和行动指南	多元评价、高层次纸笔评测、实作
	B——能将对中国共产党和祖国的热爱外化为诗歌的创编、诵读等表达方式，能将眼下和未来联结，树立强国之志，明确责任担当	
	C——内心产生对中国共产党和祖国的热爱并愿意表达，有为之付出努力的意识	
	D——未达C级	

资源链接

1.《中共中央关于党的百年奋斗重大成就和历史经验的决议》，中国共产党新闻网，http://cpc.people.com.cn/n1/2021/1116/c64387-32284167.html。

2.《中国共产党百年述职报告》（视频），人民日报微信公众号，https://mp.weixin.qq.com/s/cswQB2gTMgB8zZ9m8gMOsQ。

3．南湖革命纪念馆，https://www.nanhujng.com/。

（成都市龙江路小学　唐月悦）

初中段：体会新民主主义革命之拼

教学目标

（1）通过学习新民主主义革命历史，使学生认识到中国特色社会主义是中国共产党团结带领中国人民拼出来的，无论我们走得多远，都不能忘记来时的路。

（2）通过学习新民主主义革命理论，引导学生进一步坚持马克思主义指导地位，坚持中国共产党的领导，坚持人民利益至上的价值追求，坚持解放思想、实事求是、与时俱进、求真务实的思想路线，坚持发展中国化的马克思主义，坚定社会主义、共产主义信念，以促进学生人文底蕴、科学精神、责任担当、国家认同等核心素养的提升。

（3）通过学习新民主主义革命的拼搏精神，使学生增强国家认同感和民族自豪感，自觉捍卫国家主权、尊严和利益；增强文化自信，尊重中华民族优秀文明成果，弘扬中华优秀传统文化和社会主义先进文化；增强爱党爱国意识，为实现中华民族伟大复兴的中国梦而不懈奋斗。

教学内容

（1）新民主主义革命的开端。

①五四运动；

②马克思主义的传播。

（2）中国共产党从诞生走向成熟。

①中国共产党的诞生；

②第一次国共合作；

③土地改革；

④抗日战争；

⑤解放战争。

（3）新中国成立。

①七届二中全会；

②开国大典。

教学重难点

1. 教学重点

中国共产党成立的重大意义、新中国成立的重大意义。

2. 教学难点

理解中国共产党为什么伟大，并把爱国热情转化为实际行动。

学情分析

初中生经过上一个学段的学习，已经对新民主主义革命有一定了解，并且会在八年级上学期继续学习相关知识，因此在历史知识的学习方面不会有太大问题。但初中生处于青春期，其自主意识初步形成，加之身处信息爆炸时代，容易产生思想困惑，因此急需基于史实的爱国主义教育。引导初中生了解中国共产党的历史和光荣传统，有助于培养有理想、有道德、有文化、有纪律的中国公民。

设计思路

1．设计理念

结合初中生的心理特征和认知特点，在教学中注重故事情境引入、实地观察学习（本地历史博物馆、红色文化展览馆），坚持史论结合，鼓励学生讨论，师生合力挖掘出那段峥嵘岁月里的信仰、信念与信心。

2．思维导图（见图1–4）

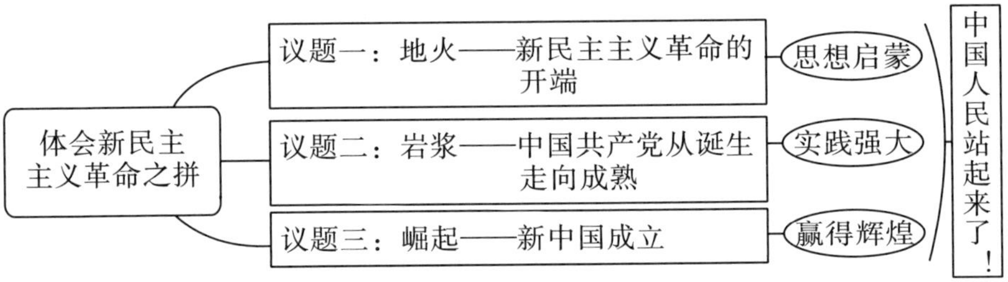

图1–4　专题一初中段思维导图

实施方案

红色政权，为什么可以存在？

星星之火，为什么可以燎原？

让我们跟随历史的脚步，去探索新民主主义革命时期，先辈们是如何为实现中华民族伟大复兴创造根本社会条件的。

议题一：地火——新民主主义革命的开端

【议学情境一】

每年5月4日，我们学校都要举行纪念活动。我们知道，5月4日被定为“青年节”。那么，为什么会把5月4日定为“青年节”？它与什么事件有关？带着这些问题，我们一起来学习五四运动。

1919年的5月4日，有一批青年为守护国家领土，不畏强权，在中华大地上洒下了青春的汗水与泪水，与当局进行抗争，震惊中外，拉开了中国新民主主义革命的帷幕。时至今日，五四运动的精神仍影响着一代又一代中国青年。

五四运动小故事　1919年5月4日北京学生爱国游行之后，为了更好地组织爱国救亡运动，5月5日，北京各校学生代表在北京大学法科礼堂召开会议，决定成立联合会。第二天，北京中等以上学校学生联合会正式宣告成立，会址设在马神庙北京大学二院。5月9日，上海各校代表在复旦大学集会，决定成立上海学生联合会，并于11日在寰球中国学生会召开成立大会。6月16日，来自全国各地的60多名学生代表在上海大东旅社召开了第一次全国学生代表大会，正式宣告成立“中华民国学生联合会”。学联大会致电北京政府，要求誓死拒约，还电告参加巴黎和会的中国代表：“如或违背民意……当与曹、章、陆同论!”①

学生活动——我来讲史实　1919年的巴黎和会，拒绝了中国代表提出的取消帝国主义在华特权等正当要求，并将德国在山东的特权全部转交给日本。消息传到国内，群情激愤，五四运动爆发了。6月5日，运动中心由北京转移到上海，运动形式由学生罢课发展为工人罢工、商人罢市。五四运动取得了初步胜利：北洋军阀政府被迫释放被捕学生，并罢免了曹汝霖等人的职务；中国代表拒绝出席巴黎和约签字仪式。

议学活动　五四运动的结果是胜利还是失败？如果你在1919年，你会参与五四运动吗？为什么？（学生讨论）

议学总结　五四运动不仅标志着中国革命由旧民主主义革命向新民主主义革命的转变，同时也成为中国社会主义发展的历史和逻辑的起点。时至今日，五四运动所具有的超越时空的精神价值，即民主、科学和爱国主义精神，仍体现在改革开放和中国特色社会主义建设事业中。

① 《中国历史（八年级上册）》，人民教育出版社，2023年，第64页。

【议学情境二】

同学们，假如你们生活在20世纪初期，面对民族危机不断加深、前途一片茫然的中国，你们会选择谁的思想来指导中国仁人志士的斗争和探索呢？孔子、孙中山还是马克思？（学生发表看法）

请你们说说不选择孔子和孙中山的理由。那当时的中国先进分子是如何选择的呢？我们来看一段材料。（展示材料）

“马克思主义学说很符合中国国情，很能够指导中国革命找到一个正确的道路，它是经过种种选择比较之后，它不是某一个人，是一批人，是当时的先进知识分子，其中主要是思想先进的青年人，要救国救民，大家共同认定的。”①

俄国十月革命给中国送来了马克思列宁主义。五四运动中，马克思主义开始与中国工人运动相结合。

传播马克思主义小故事 1918年8月，毛泽东第一次来到北京，在北京大学图书馆担任助理员。那时任图书馆主任的李大钊成为引导毛泽东走向马克思主义的“第一人”。毛泽东后来回忆：“我在李大钊手下，在国立北京大学当图书馆助理员的时候，就迅速地朝着马克思主义的方向发展。”

1919年12月，毛泽东第二次来北京后，在李大钊等人帮助下，读了许多关于俄国情况的书以及一些共产主义书籍，并很快建立起对马克思主义的信仰，成为一个马克思主义者。毛泽东因此称李大钊为“真正的老师”。②

学生活动——我来讲史实 1919年，李大钊发表在《新青年》“马克思主义研究”专号的《我的马克思主义观》对马克思主义作了较为系统的介绍。李大钊不仅通过撰写文章、发表讲演等方式宣传马克思主义，甚至于1920年起，破天荒地将马克思主义引入课堂，在北大开设了“史学思想史”“唯物史观”“社会主义与社会运动”“现代政治”“工

① 新华音像中心学习部：《思想解放史录》，海南出版社，2003年，第150页。
② 摘编自夏燕月：《毛泽东在五四前后》，河北人民出版社，2013年，第202–204页。

人的国际运动与社会主义的将来”等课程，通过大学讲坛，积极向青年学生宣传马克思主义、传播革命思想。李大钊对青年十分关爱，注意引导他们的思想发展，许多以青年学生为主体的爱国团体、新文化团体都请他指导或担任顾问。他参与发起成立少年中国学会等社会团体，介绍进步青年加入，并协助北大学生社团国民社和新潮社创办《国民》和《新潮》等刊物。在李大钊的影响和带动下，以北大为中心出现了一批热心学习和研究马克思主义的积极分子，进一步促进了马克思主义的传播，使更多知识分子接受了马克思主义，并将其作为拯救国家、改造社会和推进革命的思想武器。

议学活动 你知道新民主主义革命时期在四川传播马克思主义的人物和革命刊物吗？如果没有中国先进分子传播马克思主义，中国共产党能成立吗？（学生讨论）

议学总结 1920年底，王右木在成都组织成立了马克思读书会，在四川进行马克思主义的宣传。他创办的《人声》报是四川第一份宣传马克思主义的革命刊物。

随着马克思主义在中国的传播，一批先进知识分子转变为共产主义者，他们创立了中国共产党，开创了中国历史新纪元。马克思主义的传播为中国共产党的成立准备了思想条件。中国特色社会主义理论是在马克思主义的指导下提出的。中国特色社会主义是对马克思主义的继承和发展。

议题二：岩浆——中国共产党从诞生走向成熟

【议学情境一】

播放歌曲《没有共产党就没有新中国》，学生欣赏。

古埃及的法老也好，古代中国的皇帝也罢，他们所做的一切，无不是为了他们自个儿，为了他们所属的阶级、集团、政党。难道这世界上就没有一个人，没有一个阶级，没有一个集团，没有一个政党是为了最大多数人民的利益而奋斗的？答案是否定的。中国共产党自成立以来，就始终把为中国人民谋幸福、为中华民族谋复兴作为自己的初心使命。“为人民服务”的宗旨、“三个代表”重要思想等就是例证。习近平总书记在庆祝中国共产党成立100周年大会上的重要讲话中指出：“中国产生了共产党，这是开天辟地的大事变，深刻改变了近代以后中华民族发展的方向和进程，深刻改变了中国人民和中华民族的前途和命运，深刻改变了世界发展的趋势和格局。”

那么中国共产党是什么时候、怎么诞生的？

中国共产党诞生小故事　1921年7月，中共一大在上海秘密举行，却因突遭法租界巡捕搜查而被迫休会。代表们多次商量继续开会的地点，都因为意见不同而定不下来。最终，李达的夫人王会悟提出建议：将会议转移到嘉兴南湖继续进行。就这样，历史选择了嘉兴南湖。确定转移地点后，王会悟与董必武、毛泽东、陈潭秋等坐火车提前一天到达了嘉兴，在鸳湖旅馆开了两个房间作为代表们的歇脚处，并请当时的账房先生租用了一艘画舫。从此这艘画舫的命运以及全体中国人民的命运都发生了翻天覆地的变化，这艘画舫被称为“南湖红船”。中共一大南湖续会审议并通过了中国共产党第一个纲领和中国共产党第一个决议。在这里，代表们轻呼出时代的强音：共产党万岁！世界劳工万岁！第三国际万岁！共产主义万岁！

一百年来，红船精神一直鼓舞着我们党坚持站在历史的高度，走在时代的前列，勇当舵手，引领航向，不断取得中国革命、建设和改革的一个又一个胜利！

学生活动——我来讲史实　中共一大：1921年7月，中共一大在上海开幕，毛泽东、董必武、李达等13名代表出席会议。他们代表着全国50多名党员。大会确定了党的名称为中国共产党，通过了党的第一个纲领，明确党的奋斗目标是“推翻资本家阶级的政权”，建立无产阶级专政，实现共产主义，确定了党的中心工作是领导和组织工人运动，成立了党的中央领导机构——中央局。中共一大的召开宣告了中国共产党的诞生，这是中国历史上开天辟地的大事变。自从有了中国共产党，中国革命的面貌就焕然一新了。

议学活动　为什么说没有共产党就没有新中国？中国共产党的诞生有什么意义？（学生讨论）

议学总结　中国共产党的诞生使中国革命有了坚强的领导力量和正确的前进方向，使中国人民有了强大的凝聚力量，使中国命运有了光明的前景。可以说，没有中国共产党就没有新中国。

【议学情境二】

借助多媒体展示黄埔军校大门上的对联。上联：升官发财请往他处；下联：贪生畏死勿入斯门；横批：革命者来。请学生谈谈看完对联后的感受，畅所欲言。

教师总结　大家说得很好。黄埔军校正是秉持“创造革命军队，来挽救中国的危亡”的宗旨，为后来的北伐战争输送了大量军事、政治人才。黄埔军校是在什么样的历史背景下创办的？我们今天就来学习第一次国共合作这段历史。

中国共产党成立后，逐渐认识到结成最广泛的统一战线的重要性，决定联合孙中山领导的中国国民党共同进行反对帝国主义和封建军阀的革命运动。

学生活动——我来讲史实　在共产国际和共产党人的帮助下，孙中山顺应时代，对国民党进行了改组，并于1924年1月在广州召开了中国国民党第一次全国代表大会，提出联俄、联共、扶助农工的三大革命政策，标志着第一次国共合作正式形成。

国共两党以广州为中心，汇集全国的革命力量，开创出一个反对帝国主义和封建军阀的革命新局面。1926年7月，国民革命军开始北伐，在不到10个月的时间内，基本上推翻了北洋军阀的反动统治，沉重地打击了帝国主义的侵略势力。第一次国共合作宣传了共产党的纲领，扩大了党在群众中的影响；党开始掌握部分革命武装；广大人民群众受到一次革命洗礼，为中国革命继续前进奠定了基础。1927年，蒋介石集团和汪精卫集团在帝国主义列强的支持下先后发动反革命政变（如震惊中外的四一二反革命政变），大肆屠杀共产党人和革命群众——轰轰烈烈的大革命失败了，第一次国共合作也以失败告终。

议学活动　新生的中国共产党选择与国民党合作，是一个正确的选择吗？（学生讨论）

议学总结

（1）第一次国共合作的形成，加快了中国革命前进的步伐。

（2）北伐战争的迅猛发展，威慑了帝国主义列强。

（3）在此期间党的组织得到迅速发展，建立了一定数量的工农武装。

（4）第一次国共合作失败后，党开始成长成熟，懂得进行土地革命和掌握革命武装的重要性。

（5）这次合作虽然以失败告终，但让我们看到团结一切可团结的阶级，可以迅速壮大革命力量；同时也让我们看到必须坚持无产阶级的领导权，必须掌握武装力量。

【议学情境三】

播放革命题材电视剧《秋收起义》第九集片段。该片段描绘了毛泽东在杨开慧的陪同下来到汉口参加八七会议的场景。会上，彭公达向大家宣布湘赣地区秋收起义正式开始，任命毛泽东为前敌委员会书记。

请学生思考：为什么毛泽东在南昌起义失败后坚决反对中央在全省实施武装起义的决议？秋收起义的结局如何？中国工农革命军将何去何从？

长征小故事　长征途中，红军将士除了要忍受饥饿和寒冷带来的巨大痛苦，还要面对突如其来的敌军攻击。由于长途跋涉，红军将士都已经疲惫不堪，连走路都费劲，却还要时刻准备战斗，这对于将士们来说是一个极大的考验。

红军在行至湘江边时，遇到敌军突袭。我军被迫与敌军苦战四天五夜，不知多少战士牺牲。在我军弹尽粮绝时，师长陈树湘不幸腹部受伤，被敌军俘获。在押解途中，陈树湘做出一个壮烈到极致的决定：他拼尽最后一丝力气，把自己腹部的伤口扯开，把肠子掏出来绞断，就这样牺牲在了长征途中，年仅29岁。至今，“断肠英雄”的事迹仍广为流传。

学生活动——我来讲史实 1927—1937年，中国共产党领导的中国工农红军和中国人民为反对国民党蒋介石集团的反动统治，进行了艰苦卓绝的斗争。这一时期在历史上被称为土地革命战争时期或第二次国内革命战争时期。

1927年，四一二反革命政变后，蒋介石在南京建立了南京国民政府，后与汪精卫领导的武汉国民政府实现“宁汉合流”，联手对共产党人进行屠杀。中国共产党人没有被国民党反动派的屠杀行为吓倒，发动了南昌起义。1927年8月7日，中共中央召开“八七会议”，纠正了陈独秀的右倾投降主义错误，决定发动秋收起义，创建红军，建立农村革命根据地，进行土地革命，开辟了一条“农村包围城市，武装夺取政权”的道路。同年10月，毛泽东领导秋收起义的部队到达井冈山，开展游击战争，进行土地革命，组织工农政府，建立地方武装，创立了第一个农村革命根据地；井冈山会师后，逐步扩大了根据地。

议学活动 屠刀不泯革命志，中国共产党在白色恐怖下是如何坚持探索革命道路的？（学生讨论）

议学总结 土地革命战争时期，中国工农红军在中国共产党领导下，从无到有，从小到大，走过了极其艰难曲折的道路。红军队伍曾从最多时的近30万人减少到约3万人，但在战争实践中锻炼出了一支英勇善战的新型人民军队，开创了一条以农村包围城市，最后夺取全国胜利的革命道路，造就了大批优秀的指挥员，积累了丰富的斗争经验，形成了一整套适合中国革命战争实际的战略战术，为实现全面抗战和发展中国革命事业奠定了坚实的基础。

从大革命失败到全面抗日战争前夕的十年，是中国共产党从幼年走向政治上成熟的重要时期。在这一时期，党曾经受两次严峻的考验：一次是大革命的失败，一次是第五次反“围剿”的失败。在常人难以想象的险恶环境中，中国共产党人不屈不挠，埋头苦干，度过最黑暗的时刻，奇迹般地开创出新的局面。

【议学情境四】

抗战时期有一首著名小诗《假使我们不去打仗》：“假使我们不去打仗，敌人用刺刀杀死了我们，还要用手指着我们骨头说：‘看，这是奴隶！’”当年，不愿做亡国奴的东方雄狮发出了一声怒吼，亿万中国人唱着《义勇军进行曲》，冒着敌人的炮火，投身到保家卫国的战斗中去。

抗日战争小故事 在抗战北线，日本侵略军占领北平、天津后不断向前推进，双方主战场很快转移到山西。阎锡山的晋绥军纷纷向雁门关方向撤退。八路军总部指示第120师从西面驰援雁门关，第115师从东面配合友军作战。1937年9月22日，日军向平型关发动进攻，国民党守军与之展开激战。25日，八路军第115师一部在平型关东北伏击日军，歼敌1000余人，击毁日军汽车100余辆、马车200多辆，缴获大量武器和军用物资。

学生活动——我来讲史实 抗日战争是世界反法西斯战争中，中国抵抗日本侵略的一场民族性的全面战争。从1931年9月18日九一八事变开始，至1945年9月2日结束，抗日战争共历时14年。

1931年9月18日，日军进攻沈阳，九一八事变爆发。由于当局的不抵抗，日本侵略军迅速占领中国东北，并成立伪满洲国。1932年1月28日，日军进攻上海，淞沪抗战爆发。1937年7月7日，日军在北平附近挑起卢沟桥事变，抗日战争全面爆发。1941年12月7日，日本发动太平洋战争；12月9日，中国政府正式对日宣战。1945年8月15日，日本宣布向同盟国无条件投降；9月2日，日本签署无条件投降书。中国战场是世界反法西斯战争的主战场之一，中国人民的抗日战争是世界反法西斯战争的重要组成部分。

议学活动 中国革命者从日本译来了《共产党宣言》，日本帝国主义者却在中国炮制法西斯理论。面对日本帝国主义这个东方法西斯怪物，

中国共产党表现得怎么样？（学生讨论）

议学总结　中国人民抗日战争，是中华民族历史上最伟大的卫国战争，是中国人民反抗日本帝国主义侵略的正义战争，是世界反法西斯战争的重要组成部分，也是中国近代以来抗击外敌入侵第一次取得完全胜利的民族解放战争。中国共产党始终坚持人民主体地位，坚持党的群众路线，紧紧依靠广大人民群众夺取抗日战争的胜利。为了建立抗日民族统一战线，中国共产党倡导“停止内战、一致抗日”，用实际行动阐释了“无产阶级先锋队”又是“全民族的先锋队”的先进性。

【议学情境五】

播放电视剧《潜伏》的片段，让学生对解放战争时期国共两党的策略有一个大概的了解，进而提出这样一个问题：为什么余则成会背叛国民党而加入共产党呢？

解放战争小故事　1947年1月18日清晨，国民党整编第四师对侯河地区进行“扫荡”。周银海发现敌情后，立即通知正在准提庵小学开会的乡干部，要他们迅速转移。为了掩护这些乡干部撤退，周银海挺身而出，将敌人引开，自己却英勇被捕。

敌人将周银海押进团部，逼他供出共产党干部和干部家属。周银海坚定地说：“我不知道！”敌营长命令士兵把周银海按倒在地上，一边压杠子，一边要周银海说出谁是共产党员，直至把周银海压昏过去。敌人又舀来一盆冷水，泼向昏迷的周银海。周银海透了口气，一字一句地说：“你们这些狗东西，就是打死我，我还是不知道！”敌人又搬出老虎凳，把周银海绑在凳上，在其脚后跟下塞进一块块大砖，上到四块时，他又一次昏迷过去。从上午直到深夜，敌人一直没有停止对这个钢铁般的少年用刑。在敌人的酷刑下，周银海一次次昏迷过去，但是始终没有屈服。

第二天，敌人将全村乡亲集合在晒场上，把周银海带到人群面前，要他当场指认共产党干部和干部家属。周银海环视四周，大声喊：“乡亲们，解放军一定会打败反动派！”敌人无计可施，就放出狼犬，将周银海身上的肉一块一块地咬下来……周银海始终没有屈服。敌人一无所获，就将周银海拖到晒场枪杀。刚满14周岁的周银海壮烈牺牲！[①]

学生活动——我来讲史实 解放战争，也称第三次国内革命战争，是1946年6月至1950年6月中国人民解放军在中国共产党的领导下，为推翻国民党统治、解放全中国而进行的战争，是一场事关中国前途命运的决战。

1947年7月，人民解放军由战略防御转入战略进攻。接下来的辽沈、淮海、平津三大战役，解放军基本上消灭了国民党军主力。1949年4月，解放军横渡长江，解放南京，基本宣告了国民党反动统治的覆灭。1949年10月1日，在解放军继续向全国进军途中，中华人民共和国在北京宣告成立。到1950年6月，残存在东北、华东、中南、西南、西北战场上的国民党军被全部歼灭，仅有少量逃往台湾。1951年，西藏和平解放。至此，解放军完成了解放全国大陆和近海岛屿的任务。

议学活动 红军中最年轻的将领寻淮州，19岁当师长，20岁当军长，21岁任军团长，22岁牺牲。那是一个年纪轻轻就干大事，年纪轻轻就丢性命的时代。那个时代我们不想要却必须要，我们不想经历却必须经历，为什么？

议学总结 解放战争的胜利标志着中国100多年来被侵略被奴役的屈辱历史的结束，标志着中国半殖民地半封建社会的结束；使占人类总数四分之一的中国人民获得解放，改变了世界政治力量对比，对国际局势和世界人民革命斗争的发展具有伟大而深远的影响；推翻了国民党反动统治，为建立新中国奠定了基础；开启了中国由新民主主义向社会主义过渡的新时代，使中华民族走向新生。

① 刘阳：《红色少年》，现代出版社，2013年，第143页。

议题三：崛起——新中国成立

【议学情境】

每周一的升旗仪式上，我们都会在雄壮的国歌声中注视着五星红旗冉冉上升。同学们有没有想过国歌、国旗的来历和象征意义呢？

在中国共产党的领导下，中国人民经过多年艰苦卓绝的斗争，赶走了日本帝国主义，推翻了蒋家王朝，终于可以扬眉吐气了，终于可以当家作主了，因为新中国成立了。

新中国成立小故事　1949年3月，党的七届二中全会召开。毛泽东主持了开幕会议，并于1949年3月5日代表中央政治局作了《在中国共产党第七届中央委员会第二次全体会议上的报告》。朱德、刘少奇、周恩来、任弼时等27人在会上发了言。会议听取并集中讨论了毛泽东的报告，批准了1945年6月党的七届一中全会以来中央政治局的工作，批准了由中国共产党发起的关于召开新的政治协商会议及成立民主联合政府的建议，批准了毛泽东关于以八项条件作为与国民党南京政府进行和平谈判的基础的声明，并根据毛泽东的报告通过了相应决议，确定了在彻底摧毁国民党统治、夺取全国胜利后，把党的工作重心从乡村转移到城市，以生产建设为中心任务，指出了中国由农业国转变为工业国、由新民主主义社会发展到社会主义社会的发展方向。①

学生活动——我来讲史实　1949年9月27日，中国人民政治协商会议第一届全体会议一致通过了4个决议案：一、中华人民共和国的国都定于北平，即日起将北平改名为北京；二、中华人民共和国的纪年采用公元纪年；三、以《义勇军进行曲》为代国歌；四、中华人民共和国的国旗为五星红旗，象征全国人民在共产党领导下的大团结。

1949年10月1日下午2时，中国人民政治协商会议第一届全体会议选举

① 摘编自张士义、王祖强、沈传宝：《从一大到十九大：中国共产党全国代表大会史》，东方出版社，2018年，第137–138页。

产生的中央人民政府委员会在勤政殿举行第一次会议。中央人民政府主席毛泽东，副主席朱德、刘少奇、宋庆龄、李济深、张澜、高岗，以及陈毅等56名中央人民政府委员会委员宣布就职。会议一致决议，宣布中华人民共和国中央人民政府成立，接受《中国人民政治协商会议共同纲领》为施政方针，向各国政府宣布中华人民共和国中央人民政府为中国唯一合法政府，愿与遵守平等、互利及互相尊重领土主权等项原则的任何外国政府建立外交关系。会议结束后，中央人民政府主席、副主席及各位委员集体出发，乘车出中南海东门，前往天安门城楼出席开国大典。下午3时，北京30万军民齐集天安门广场，举行隆重的开国大典。毛泽东主席在天安门城楼上向全世界庄严宣告："中华人民共和国中央人民政府今天成立了。"①

议学活动 对于"中国人民从此站起来了"，你怎么理解？（学生讨论）

议学总结 中华人民共和国的成立开辟了中国历史新纪元。从此，中国结束了100多年来被侵略被奴役的屈辱历史，真正成为独立自主的国家。中国人民从此站起来了，成为国家的主人。新中国的成立，壮大了世界和平、民主和社会主义的力量，鼓舞了世界被压迫民族和被压迫人民争取解放的斗争。

考核评价

（1）参观探访：参观探访一处能反映新民主主义革命历史的典型遗址或博物馆。例如：成都博物馆、建川博物馆、成都市共品钱币博物馆。

（2）撰写报告：调查本土的新民主主义革命史实，撰写一份调查报告。

（3）党史宣讲：结合1和2，组织党史宣传小组，进行至少一次宣讲

① 本书编写组：《中国共产党简史》，人民出版社、中共党史出版社，2021年，第145页。

活动。

资源链接

新民主主义革命：指在帝国主义和无产阶级革命时代，殖民地半殖民地国家中的无产阶级领导的资产阶级民主革命。其所谓“新”，是相对于17—18世纪欧美国家发生的资产阶级领导的，旨在推翻封建专制主义压迫，确立资产阶级政治统治的旧民主主义革命而言的。中国的新民主主义革命是从1919年五四运动开始的，在此之前的近代以来的资产阶级民主革命为中国的旧民主主义革命。新民主主义革命是无产阶级领导的，人民大众的，反对帝国主义、封建主义、官僚资本主义的革命。它的目标是无产阶级（通过中国共产党）牢牢掌握革命领导权，彻底完成革命的任务，并及时实现由新民主主义向社会主义的过渡。1949年中华人民共和国的成立标志着我国新民主主义革命的基本结束和社会主义革命的开始。（中国共产党新闻网：《什么是中国的新民主主义革命？》）

马克思主义：马克思主义理论体系的简称，是关于全世界无产阶级和全人类彻底解放的学说。它由马克思主义哲学、马克思主义政治经济学和科学社会主义三大部分组成，是马克思、恩格斯在批判地继承和吸收人类关于自然科学、思维科学、社会科学优秀成果的基础上于19世纪40年代创立的，并在实践中不断地丰富、发展和完善的无产阶级思想的科学体系。

参考文献

［1］严书翰，刘海涛，贾建芳. 五四运动与中国社会主义［J］. 红旗文稿，1999（9）：4-7.

［2］胡华. 中国新民主主义革命史［M］. 北京：中国青年出版社，2009.

［3］金一南．苦难辉煌［M］．北京：作家出版社，2021．

［4］毛泽东．毛泽东选集［M］．北京：人民出版社，2008．

［5］本书编写组．毛泽东思想和中国特色社会主义思想概论［M］．北京：高等教育出版社，2021．

（成都市树德中学　杨凤）

高中段：感悟新民主主义革命之奇

教学目标

通过本专题课教学，引导学生理解新民主主义革命之奇（三大法宝）——统一战线、武装斗争、党的建设，切实感悟新民主主义革命时期我党克服重重困难取得胜利的革命智慧，并认识到新民主主义革命胜利的经验带给当代社会主义现代化建设的启示。

教学内容

（1）建立统一战线；

（2）开展武装斗争；

（3）注重党的建设。

教学重难点

1．教学重点

新民主主义革命时期，在党的领导下先后建立了哪些统一战线？中国共产党领导的武装斗争是怎样一步一步走向成熟的？党的建设主要有哪些经验？

2. 教学难点

新民主主义革命这段历史带给今天的社会主义现代化建设哪些启示？

学情分析

本专题课的教学对象为高一学生。通过小学阶段对“新民主主义革命之难”和初中阶段对“新民主主义革命之拼”的学习，学生对新民主主义革命的相关历史背景已经有一定认识，这为学习本堂课的内容打下了重要基础。

高一学生思维活跃，善于思考，探索欲强。同时，其思维模式也逐渐从以感性思维为主过渡到以理性思维为主，在学习过程中需要教师的积极引导，以提高其思考问题的深刻性和全面性。

设计思路

1. 设计理念

遵循《普通高中思想政治课程标准》（2017年版，2020年修订）的要求，培养学生政治认同、科学精神、法治意识和公共参与等学科核心素养，体现高中思想政治课程活动性、综合性的特点，把“课程内容活动化”，把“活动内容课程化”。

按照历史逻辑，在遵循学生认知水平的基础上，围绕新民主主义革命之奇（三大法宝）循序渐进展开教学。在课堂教学中充分运用历史材料（视频＋图片），创设议学情境，并通过小组探究、合作学习等方法，让学生领会新民主主义革命胜利所体现出的大局意识和革命智慧，感悟新民主主义革命之奇。

2．思维导图（见图1–5）

图1–5　专题一高中段思维导图

实施方案

导入新课　中国近代史包括两个时期：旧民主主义革命时期和新民主主义革命时期。1919年爆发的五四运动是新民主主义革命的开端，促进了马克思主义在中国的广泛传播，促进了马克思主义同中国工人运动的结合，为中国共产党的成立做了思想上干部上的准备。没有革命的理论，就没有革命的行动。中国共产党为什么能从小到大、由弱到强？为什么能在其他各种势力和主义都失败的情况下找到中国革命的正确道路？为什么能领导中国革命不断从胜利走向胜利？为什么能一举推翻帝国主义、封建主义、官僚资本主义三座大山？为什么能走向全国执政？这一个又一个“为什么能”的答案，就蕴藏在新民主主义革命理论之中。新民主主义革命的“奇”到底体现在何处？今天我们来一探究竟。

一、建立统一战线

【议学情境一】谁是我们的敌人？谁是我们的朋友？

材料一：毛泽东于1925年发表了《中国社会各阶级的分析》一文，将中国社会各阶级划分为五大部分，并有针对性地进行了分析。

毛泽东指出：我们革命的领导力量是工业无产阶级；我们的敌人是一切勾结帝国主义的军阀、官僚、买办阶级、大地主阶级以及附属他们的一部分反动知识界；我们最接近的朋友是一切半无产阶级、小资产阶级；需要区分并加以提防的是动摇不定的中产阶级，其右翼可能是敌人，其左翼可能是朋友，我们要时常提防他们，不要让他们扰乱了我们的阵线。

材料二：新民主主义革命时期统一战线史

（1）中国共产党成立和大革命时期。1924年1月，中国国民党在广州召开了有共产党人参加的第一次全国代表大会。大会正式确立了联俄、联共、扶助农工的三大政策，把旧民主主义发展为新民主主义。中国国民党一大，标志着国共两党和各革命阶级统一战线的正式建立，推动了北伐战争的进行。

（2）第二次国内革命战争时期。1927年蒋介石发动了四一二反革命政变，接着汪精卫又发动了七一五反革命政变，国共合作全面破裂，宣告大革命失败。于是，中国共产党发动了南昌起义、秋收起义，建立农村革命根据地，依靠雇农、贫农，联合中农，限制富农，保护中小工商业者，消灭地主阶级，变封建半封建的土地所有制为农民的土地所有制。中国共产党还争取和团结知识分子（此时的民族资产阶级也加入革命阵营），开展土地革命，反击国民党军队的军事"围剿"。

（3）抗日战争时期。1931年日本发动了九一八事变，各地人民反对蒋介石的不抵抗政策。1935年8月中国共产党发表《八一宣言》，号召停止内战，一致抗日。1936年12月，中国共产党促成了西安事变和平解决，标志着十年内战的基本结束和抗日民族统一战线的初步形成。1937年日本发动七七事变，中国共产党通电全国，呼吁国共两党合作抗日。9月下旬，蒋介石发表了实际上承认中国共产党合法地位的谈话，宣告以第二次国共合作为主要形式的抗日民族统一战线正式形成。

（4）解放战争时期。抗日战争胜利后，蒋介石发动内战。1947年12月，毛泽东在《目前形势和我们的任务》报告中提出，联合工农兵学商各被压迫阶级、各人民团体、各民主党派、各少数民族、各地华侨和其他爱国分子，组成民族统一战线，打倒蒋介石独裁政府，成立民主联合政府。1948年4月30日，中共中央在纪念“五一”国际劳动节口号中号召各民主党派、各人民团体、各社会贤达迅速召开政治协商会议，讨论并实现召集人民代表大会，成立民主联合政府。此举得到各民主党派、人民团体、海外华侨、无党派人士热烈响应。

【议学活动一】

（1）结合材料一，思考《中国社会各阶级的分析》与新民主主义革命取得胜利的关系，以及对中国社会各阶级人数的统计有何意义。

（2）如何认识中国革命走农村包围城市道路的必要性和重大意义？

（3）结合材料二，谈一谈新民主主义革命时期党先后建立了哪些统一战线。

【议学总结】

（1）《中国社会各阶级的分析》与新民主主义革命取得胜利的关系：谁是我们的敌人？谁是我们的朋友？这个问题是革命的首要问题。中国过去一切革命斗争成效甚少，其基本原因就是不能团结真正的朋友，以攻击真正的敌人。毛泽东对中国社会各阶级的分析，正确分析了当时中国社会的诸多矛盾，找出了主要矛盾，把一切爱国的、不愿受帝国主义奴役的人们团结在共产党的周围；对农民的各阶层及各种类型的小资产阶级进行了深刻的马克思主义的分析，指出他们是最接近的朋友。由此，无产阶级找到了人数众多的同盟军，并给如何发动、团结和依靠这个同盟军打下了思想基础。同时，明确了谁是真正的敌人，提高了革命实效。

统计中国社会各阶级人数的意义：第一，清醒地看到中国社会是一个“两头小中间大”的社会，无产阶级和地主大资产阶级都只占少数，要想壮大革命力量，必须把农民、城市小资产阶级以及其他中间阶级都团结在自己周围；第二，清醒地看到中国革命具有长期性、残酷性、发展不平衡的特点，因此应尽可能把一切可以团结和利用的力量团结在自己周围。

（2）中国革命走农村包围城市道路的必要性：从中国革命的动力看，中国是一个落后的农业大国，农民不仅数量大，而且深受帝国主义、封建主义的压迫和剥削，是反帝反封建的主力军。从敌我力量对比看，中国革命的敌人是异常强大的，革命力量在一定时期内相对弱小。在这种情况下，革命力量不可能马上同敌人进行决战，一下子取得胜利，而应同敌人做长期的持久的斗争，逐步积累和发展革命力量，准备将来同敌人进行决战，这就需要建立革命根据地作为革命阵地。

中国革命走农村包围城市道路的意义：农村包围城市这一中国革命新道路的开辟，实现了中国革命由城市向农村的历史性转变，保存和发展了革命力量。

（3）新民主主义革命时期，中国共产党领导建立的统一战线先后有第一次国共合作的统一战线、工农民主统一战线、抗日民族统一战线和人民民主统一战线等。

过渡 对革命来说，只有广泛的群众基础还远远不够。毛主席说过：“在中国，离开了武装斗争，就没有无产阶级的地位，就没有人民的地位，就没有共产党的地位，就没有革命的胜利。”因此，必须进行武装斗争。

二、开展武装斗争

【议学情境二】“政权是由枪杆子中取得的”

材料一：革命就是生产关系的变革、所有制结构的改变。资产阶级不会轻易地、不动干戈地交出自己的政权。1927年第一次国共合作破裂，蒋介石和汪精卫先后以“清党”为名，在一年时间杀害共产党员和革命群众31万多人。汪寿华、萧楚女、陈延年、陈乔年等先后牺牲。在这期间党员数量由近6万人急剧减少至1万余人，损失幅度达70%。党从残酷的现实中认识到，没有革命的武装就无法战胜武装的反革命，必须以武装的革命反对武装的反革命。八七会议上，毛泽东提出“政权是由枪杆子中取得的”，给正处于十字路口的中国革命指明了新出路。

材料二：由中国共产党领导的武装斗争，在经历了红军时期、抗日战争时期和人民解放战争时期三个阶段后成熟起来。

（1）红军时期：1927年8月1日，周恩来等率领北伐军在南昌举行起义，打响了武装反抗国民党反动统治的第一枪。毛泽东率领秋收起义部队奔赴井冈山，建立了农村革命根据地。在井冈山，毛泽东、朱德为红军制定了“敌进我退，敌驻我扰，敌疲我打，敌退我追”的游击作战原则。1930年10月，蒋介石对中央革命根据地发动大规模“围剿”，红一方面军在毛泽东、朱德的指挥下，根据红军弱小、敌人强大的实际，采用“诱敌深入”方针，避强击弱，速战速决，连续打破敌人残酷“围剿”。1933年，在第五次反“围剿”中，博古和李德不顾红军实际，先后实行冒险主义和保守主义战略，使红军遭受重创，被迫进行战略转移——长征。长征中，红军转战14省，突破国民党军数十万兵力的围追堵截，爬雪山过草地，最终到达延安，重新建立了革命根据地。

（2）抗日战争时期：1931年九一八事变后，中国共产党率先抗日。1937年七七事变爆发后，中国共产党主张全面抗战，发动和组织广大农民深入敌后，开展游击战争。抗日战争全面爆发后，党内有人寄望于国民党正规军的抗战，轻视游击战。1938年5月，毛泽东发表《论持久战》，分析了中日两国的社会形态，双方战争的性质、战争要素的强弱状况，国际社会的支持与否等，指出抗日战争是持久战。游击战争迫使敌人不得不将用于正面进攻的兵力回撤，减轻了正面战场的压力，使战争进入相持阶段。到1940年，党在华中、华南、华北先后创建了16个根据地，运用各种战术，在敌人不熟悉的根据地中与敌人作战，为新民主主义革命胜利奠定了坚实基础。

（3）人民解放战争时期：1946年6月底，国民党挑起了全面内战。中共中央指出，在政治上，必须和人民群众亲密合作，争取一切可以争取的人，在党的领导下，建立最广泛的人民民主统一战线。在军事上，必须采取集中优势兵力、各个歼灭敌人的作战原则。经过一年的作战，战争形势发生重大变化，我军总兵力增强，而国民党的总兵力大大下降且士气低落。为了彻底粉碎国民党将战争继续引向解放区的图谋，中共中央决定立刻以主力打到外线去，将战争引向国民党区域，展开全国性的反攻。1948年秋，人民解放战争进入夺取全国胜利的决定性阶段。在毛泽东和中央军委的领导和指挥下，我军先后发动了辽沈、淮海、平津三大战役，取得了空前的胜利。

【议学活动二】

（1）结合材料一，谈谈你对“政权是由枪杆子中取得的”的认识。

（2）结合材料一、材料二思考：新民主主义革命时期，中国共产党领导的武装斗争是怎样一步一步走向成熟的?

（3）如何理解中国革命走农村包围城市、武装夺取政权的必要性和重大意义?

【议学总结】

（1）①该观点指出了革命的暴力性质。革命是暴力的，那么暴力的革命必然要求革命的暴力，即“枪杆子”。②该观点是对中国革命理论和斗争方式的巨大突破，判明了复杂严峻的局势，为选择什么样的道路、怎样继续革命指明了方向。③面对复杂的形势，面对国民党这个强大的敌人，毛泽东没有照搬俄国的革命经验，没有将问题停留在理论分析上，而是根据历史经验和现实斗争的需要思考问题，是马克思主义中国化的生动体现。

（2）中国共产党领导的武装斗争走向成熟，经历了以下过程：①大革命的失败，使全党坚定地走上了武装斗争的道路。②八七会议纠正了陈独秀右倾机会主义路线的错误，确定了土地革命和武装斗争的总方针。③在武装斗争的实践中，中国共产党十分注重联系人民群众，解决了土地革命中依靠谁、团结谁、打击谁的根本问题。④把农村建设成先进的、巩固的革命根据地，为最后夺取全国政权奠定了坚实基础。⑤一手拿枪杆子，一手拿笔杆子，不断进行战略提升。大革命失败后，毛泽东提出“政权是由枪杆子中取得的”，为革命找到正确方向；第五次反“围剿”失败后，红军及时进行战略转移——长征，保存了革命力量；抗日战争全面爆发后，毛泽东发表《论持久战》，阐明了革命形势；解放战争全面爆发后，人民解放军出其不意，将战争引向国民党区域进行反攻，取得空前胜利。

（3）必要性：①在近代中国这个半殖民地半封建社会里，无产阶级因国家内无民主制度而受封建主义的压迫，因外无民族独立而受帝国主义的压迫。中国的无产阶级根本不能像在资本主义国家那样，先在城市经过长期的、公开的合法斗争，然后再组织武装起义，夺取政权。中国的无产阶级及其政党要战胜强大的敌人，革命的主要斗争形式只能是武装斗争，即以革命的武装消灭反革命的武装，相应的主要力量形式必然是军队。②中国是一个半殖民地半封建的农业大国，农民占全国人口的绝大多数，农民是无产阶级可靠的同盟军和革命的主力军。民主革命的中心问题是土地问题，农民是民主革命的主力军。只有实行土地革命，解决农民的土地问题，才有可能把农民充分发动起来，摧毁帝国主义和封建主义。无产阶级必须派遣自己的先锋队深入农村，从解决农民的土地问题入手，组织、发动和武装农民，获得广大农民的支持和参加。③只有把农村建设成先进的、巩固的革命根据地，才能与占据着中心城市的敌人进行长期有效的斗争，为最后夺取全国胜利奠定基础。因此，中国革命必须把工作重心放在农村，先占领农村，后夺取城市，最后夺取全国政权。

意义：“农村包围城市、武装夺取政权”，揭示了中国革命发展的客观规律，指明了中国革命的正确方向，指出了大革命失败后中国革命走向胜利的正确道路；实现了中国革命由城市向农村的历史性转变和党的工作重心由城市向农村的转变，从而保存和发展了革命力量；丰富和发展了马克思主义关于暴力革命的学说，是中国共产党创造性地把马克思主义的基本原理同中国革命具体实践相结合的成果。

过渡　党长期在农村发展，且处于战争环境之中，如不加强党的建设，就容易出现软弱涣散等问题，不可能成为坚强有力的战斗堡垒。那么，中国共产党在新民主主义革命时期又是如何加强自身建设的呢？

三、注重党的建设

【议学情境三】勇于自我革命是我们党的鲜明品格

材料：我们的建党环境很艰难。组织上，工业无产阶级人数很少，而农民和其他小资产阶级占人口的大多数；经济上，许多地方还停留在杵臼时代；认识上，许多红军战士不懂什么是马克思主义，有些领导干部对此也没有清晰的概念，后来当上元帅的贺龙和叶挺将军在南昌起义之前都还不是党员；特别是大革命失败后，党在分散的农村环境下建设基层组织十分艰难。抗日战争时期，毛泽东总结党的经验教训，在20世纪30年代写出的《实践论》《矛盾论》等哲学著作，在40年代所作的《改造我们的学习》《整顿党的作风》等报告和讲演，为党确立了实事求是的马克思主义思想路线。以1942年2月1日毛泽东在中共中央党校开学典礼上作的《整顿党的作风》著名讲演为标志，党加强了在思想上、政治上和组织上的统一。党员队伍由成立初期的52人，发展到抗战初期的4万人，1940年底的80万人。

加强党的组织建设。党的七大完善了党的民主集中制原则和制度，把民主和集中定义为“在民主基础上的集中和集中领导下的民主相结合”，个体服从组织，少数服从多数，下级服从上级，全党服从中央。提出了加强党员队伍建设的正确方针，保证党的各级组织真正成为广大群众团结战斗的坚强核心。确立了党的干部路线和干部政策，在使用干部问题上坚持正派、公道的作风。

加强党的作风建设。抗日战争时期，党内作风问题主要有两个：一是由于抗日民族统一战线的形成，国共两党再度合作，使得一些党员、干部滋长自满、官僚主义等不良作风；由于党不仅要同农民及小资产阶级结成联盟，还要同大地主和资产阶级中一切愿意抗日的人结成联盟，这种环境使一些党员、干部沾染贪污腐化的恶习和资本家发财思想；由于大量新党员加入，个人主义、自由主义等不良作风在党内有所发展。二是土地革命战争时期出现的王明“左”倾教条主义的影响还未肃清，教条主义在延安及一些根据地还盛行。为了有效地解决这两个问题，党中央有步骤地开展了整风运动。1947年党的十二月会议上，毛泽东在《目前形势和我们的任务》中提出，必须整顿党的队伍，在党内展开批评与自我批评，彻底地揭发各地组织内偏离党的路线的错误思想和严重现象，“使党能够和最广大的劳动群众完全站在一个方向”。同时，对待犯错误的同志要“一看二帮”，要“惩前毖后，治病救人”。要密切联系群众，战士替居民挑水，官长替士兵盖被子，在火线上开“诸葛亮会”，保护俘虏的健康和自尊心，不搜俘虏的腰包。这些看起来都是小事，但是，我们党所取得的巨大胜利，同这些小事是分不开的。1949年3月，在夺取全国胜利的前夜，毛泽东在七届二中全会上提出“两个务必”的重要党建思想，要求全党能够经受胜利的考验、执政的考验，始终坚持党的性质和宗旨，始终保持勇于自我革命的品格和精神，防止骄傲自满、脱离群众，防止贪图享受、腐败蜕化，避免“人亡政息”的危险。

党在自身建设的实践中形成的优良作风：理论联系实际的作风、密切联系群众的作风、批评与自我批评的作风。这些作风是党领导人民克敌制胜的传家宝。[①]

【议学活动】

（1）新民主主义革命时期，党主要注重了哪些方面的建设？

（2）新民主主义革命时期，党的建设主要有哪些经验？

① 摘编自江璇：《论新民主主义革命时期党的三大建设》，《党史文苑（学术版）》2005年第4期。

【议学总结】

（1）党注重了思想建设、组织建设和作风建设。

（2）党的建设的主要经验：①注重思想上建党，确立了实事求是的马克思主义思想路线，这是党的建设的中心环节。②注重党的组织建设，坚持民主集中制：个人服从组织，少数服从多数，下级服从上级，全党服从中央。③注重党的作风建设，保持和发扬三大优良传统和作风：理论联实际、密切联群众、批评与自我批评。④正确处理党内矛盾，创造了马克思主义的整风形式。整风运动的方针和宗旨是“惩前毖后，治病救人”。⑤始终密切联系群众，代表最广大人民的根本利益。

过渡 新民主主义革命之奇体现在统一战线、武装斗争、党的建设三个方面。毛主席说：“一个有纪律的，有马克思列宁主义的理论武装的，采取自我批评方法的，联系人民群众的党。一个由这样的党领导的军队。一个由这样的党领导的各革命阶级各革命派别的统一战线。这三件是我们战胜敌人的主要武器。这些都是我们区别于前人的。依靠这三件，使我们取得了基本的胜利。”[①]

四、新民主主义革命胜利对社会主义现代化建设的启示

新民主主义革命取得胜利的过程充满了艰辛与不易。习近平总书记说过，“不能忘记来时的路”。作为一个胜利的党，不能躺在过去的功劳簿上。环望当今世界，国际形势波诡云谲；我党内部，少数党员干部思想蜕化，忽视自身世界观的改造，为人民服务意识淡薄，为政不廉、腐化堕落等现象有所出现。中国如何开顶风船、走上坡路?

【议学活动】

回想新民主主义革命这段历史，它给我们今天的社会主义现代化建设

① 《毛泽东选集》第4卷，人民出版社，1991年，第1480页。

带来了怎样的启示？

【议学总结】

启示：①坚持理论的科学性。马克思主义的强大生命力就在于它是同社会实践紧密结合，在实践中为人们认识真理开辟道路。因此，要坚持把马克思主义作为自己的旗帜和行动指南。②坚守党的先进性。要加强党的思想建设、组织建设、作风建设。全社会要有高度统一的思想认识，有坚定的信仰，为实现中华民族伟大复兴的中国梦而努力奋斗；要发挥好基层党组织的战斗堡垒作用；要严厉惩治腐败。③坚持路线的正确性。要坚持人民民主专政，赢得民心，保持同人民群众的血肉联系。④强军的重要性。要建立一支强大的军队，为社会主义现代化建设保驾护航。

考核评价

1. 知识考核

（1）新民主主义革命之奇（三大法宝）指的是：________、________、________。

（2）新民主主义革命时期，党主要加强了______、______、______的建设。

（3）新民主主义革命时期，中国共产党领导的武装斗争是怎样一步一步走向成熟的？

2. 活动考核

（1）在迎接党的生日、迎国庆、纪念一二·九运动之际，举行歌唱中国共产党的经典诗文朗诵比赛。

（2）开展以“红色之魂”“学习党史”“牢记历史，重走长征路”等为主题的演讲比赛、主题板报、手抄报、主题班会等活动，传承革命先烈优良品质，坚定理想信念。

资源链接

1．《伟大的长征》系列纪录片，《国宝档案》栏目组制作。

2．《〈三湾改编〉：让中国革命旗帜高高飘扬》（视频），中国新华新闻电视网（CNC）制作。

参考文献

［1］江璇．论新民主主义革命时期党的三大建设［J］．党史文苑（学术版），2005（4）：30-32．

［2］本书编写组．毛泽东思想和中国特色社会主义理论体系概论［M］．北京：高等教育出版社，2021．

（成都市树德中学　梁妍）

大学段：选择新民主主义革命之必

教学目标

与高中学段的教学相衔接，依据大学生认知、情感发展特点和规律设计教学环节与活动，引导大学生从“三个选择”出发，理解新民主主义革命具有的历史必然性，即选择马克思主义、选择中国共产党、选择社会主义的现实原因和必然性。在此基础上，引导学生深入理解“三个必然选择”之间的内在联系。

在教学中培养学生的抽象思维能力，使其能够从历史现象中抽象出历史规律，并能够脚踏实地、知行合一，在新时代坚定拥护马克思主义、中国共产党和社会主义道路。

教学内容

本专题课教学共2个学时，时长90分钟，具体内容围绕以下几方面展开。鼓励学生独立推导出新民主主义革命的必然性。

第一，马克思主义是科学的理论；

第二，马克思主义是实践的哲学；

第三，中国共产党是先进理论武装的坚强领导者；

第四，中国共产党是伟大理想的奋力开拓者；

第五，中国共产党是人民根本利益的忠实代表者；

第六，社会主义契合传统“大同”理想；

第七，社会主义符合历史发展规律。

教学重难点

1. 教学重点

（1）马克思主义适合并能够扎根中国的内在依据。

（2）中国共产党在新民主主义革命时期探索出的救国道路及其优势。

（3）社会主义道路在中国实现的可能性。

（4）新民主主义革命之“新”体现在哪里？

2. 教学难点

（1）社会主义为何能够在诸多救国方案中得到认可？

（2）与其他政党相比，中国共产党具有的本质优势是什么？

（3）“三个必然选择”之间的内在联系。

学情分析

通过小学、初中、高中阶段的学习，学生已经从新民主主义革命之难、之拼、之奇三个角度对这段历史有了一些认识和理解。大学生的认知能力与思维能力较中学阶段有很大的提升，主要表现为思维独立性增强、抽象思维能力提升、获取信息的能力提高，同时保留强烈的好奇心和对新奇事物的关注。但是大学生涉世不深，思想仍未成熟稳定，易受各种外部观点的影响。因此，应当通过生动和丰富的课堂形式，引发大学生的学习兴趣，并引导大学生依据新民主主义革命历史事实，独立地凝练和推理出选择新民主主义革命的历史必然性，在知行合一中继续坚定拥护马克思主义、中国共产党和社会主义道路。

设计思路

1．设计理念

在思想政治工作规律、教书育人规律、学生成长规律和“双主体”教学理念的指导下，在小学段感受新民主主义革命之难、初中段体会新民主主义革命之拼、高中段感悟新民主主义革命之奇的基础上，围绕近代中国选择新民主主义革命，即选择马克思主义、中国共产党和社会主义道路的必然性等主题，通过再现历史案例，引导学生进行合作式学习、探究式学习，并在正反案例对比分析中，引导学生通过自主思考于历史叙事中领悟和总结“三个选择”的原因与意义，进而将思想认识转化为在新时代对马克思主义、中国共产党和社会主义的拥护行动。

2．思维导图（见图1–6）

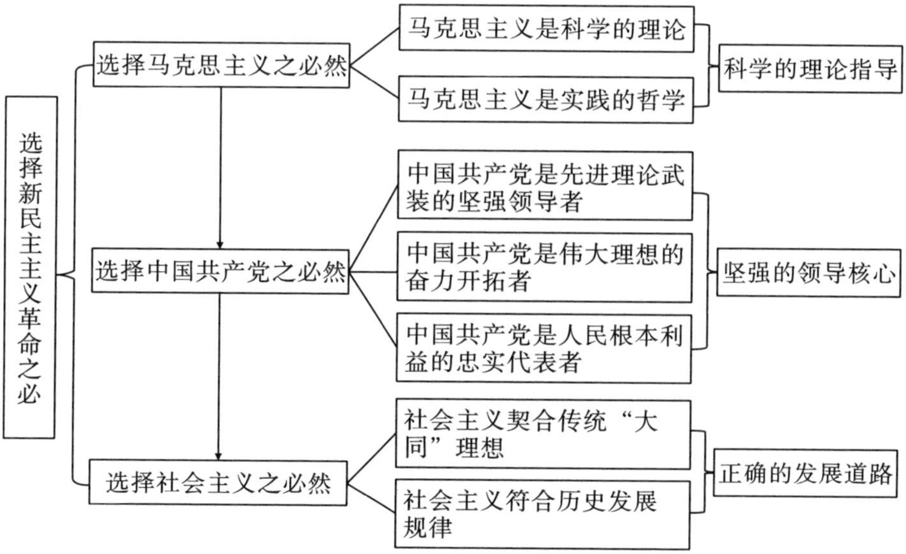

图1–6　专题一大学段思维导图

实施方案

导入新课 鸦片战争以后，中国逐渐沦为半殖民地半封建社会。面对饱受屈辱的现实处境，中国人民从未屈服。为了实现“求得民族独立和人民解放”的历史任务，于倾颓中挽救中国之命运，近代中国人进行了不懈的探索，但终究都归于失败。“中国迫切需要新的思想引领救亡运动，迫切需要新的组织凝聚革命力量。”[①]俄国十月革命为中国送来了马克思列宁主义，而1919年五四运动的爆发，使中国先进知识分子看到新的希望，他们率先扛起马克思主义的大旗。不久，中国共产党在马克思列宁主义与中国工人运动的紧密结合下应运而生，从此开启了新民主主义革命的救国伟业。中国人民在这一过程中做出了三个重要的历史选择，即选择马克思主义、中国共产党和社会主义。事实证明了这三个选择的正确性，也证明了这三个选择的必然性。那么，中国人民为什么会做出这三个历史选择？他们是怎样做出这三个选择的？其中最为关键的是哪个选择？这三个必然选择之间的内在关系是什么？我们将在本节课进行讨论和学习。

一、马克思主义是科学的理论

教师讲解 鸦片战争后，中国逐渐沦为半殖民地半封建社会，为了挽救国家，各种社会思潮被引入中国。为了证明马克思主义这一全新的无产阶级的理论的科学性，马克思主义者积极与其他各种社会思潮展开斗争：在经济上，表现为在实践中检验剩余价值和剥削理论，主动投身劳工的生产生活实践，帮助工人争取经济权益；在政治上，表现为运用阶级斗争理论组织工人展开罢工，争取实现政治权利；在思想上，表现为与其他思潮展开论战，捍卫马克思主义的科学性与真理性。其中最为典型的表现

① 《中共中央关于党的百年奋斗重大成就和历史经验的决议》，《人民日报》2021年11月17日第1版。

是“胡李之争”。

案例导入　“胡李之争”即胡适与李大钊的“问题”与“主义”之争（参见案例1）。五四运动以后，由于新文化运动的阵营逐渐发生分化，胡适针对马克思主义广泛传播的趋势，发表《多研究些问题，少谈些“主义”！》一文，实质上是宣扬改良主义，反对马克思的阶级斗争学说。李大钊针对胡适的观点撰写《再论问题与主义》一文进行批驳，指出宣传理想的主义与研究实际的问题“是交相为用的”，并运用马克思主义的唯物史观，阐明了中国的问题必须从根本上寻求解决的革命主张。

案例1

“问题”与“主义”之争①

五四运动后，随着新文化运动的深入发展和马克思主义的广泛传播，新文化运动的阵营逐渐发生分化，出现了要不要马克思主义、以什么主义改造中国社会的激烈论争。

以胡适为代表的一部分资产阶级知识分子，曾在五四运动前的新文化运动中起过一定作用，但他们不愿意看到新文化运动发展为广泛传播马克思主义的运动。1919年7月，胡适在《每周评论》第三十一号上发表《多研究些问题，少谈些“主义”！》一文，劝说人们“多多研究这个问题如何解决，那个问题如何解决，不要高谈这种主义如何新奇，那种主义如何奥妙”。胡适反对人们谈论各种主义，实际上是在这种说法之下反对马克思主义在中国的传播，宣扬改良主义，宣扬中国不需要经过革命就能够解决他所说的一个个问题。他反对马克思主义的阶级斗争学说，不承认事实上存在着社会阶级斗争才有这种学说的产生。他后来自己承认，发表这篇文

① 中共中央党史研究室：《中国共产党历史》第1卷，中共党史出版社，2011年，第51–53页。

章的目的，是让人不要被马克思、列宁“牵着鼻子走”。他认为马克思主义者关于中国问题要“根本解决”的主张，是“自欺欺人的梦话”。

针对胡适的观点，李大钊于1919年8月撰写《再论问题与主义》一文进行批驳。他声明：“我是喜欢谈谈布尔扎维主义的”；“布尔扎维主义的流行，实在是世界文化上的一大变动。我们应该研究他，介绍他，把他的实象昭布在人类社会”。他指出：宣传理想的主义与研究实际的问题“是交相为用的”，“是并行不悖的”。一方面，研究问题必须有主义作指导。社会问题的解决，必须依靠社会上多数人的共同运动，而要有多数人的共同运动，就必须有一个共同的理想、主义作为准则，因此，谈主义是必要的。不宣传主义，没有多数人参加，不管你怎样“研究”，社会问题永远也没有解决的希望。另一方面，“一个社会主义者，为使他的主义在世界上发生一些影响，必须要研究怎么可以把他的理想尽量应用于环绕着他的实境”。而“我们只要把这个那个的主义，拿来作工具，用以为实际的运动，他会因时、因所、因事的性质情形生一种适应环境的变化”。

针对胡适反对“根本解决”的改良主义主张，李大钊运用马克思主义的唯物史观，阐明了中国问题必须从根本上寻求解决的革命主张。他指出：“经济问题的解决，是根本解决。经济问题一旦解决，什么政治问题、法律问题、家庭制度问题、女子解放问题、工人解放问题，都可以解决。”对于中国这样一个没有生机的社会，“必须有一个根本解决，才有把一个一个的具体问题都解决了的希望”。针对胡适反对阶级斗争的观点，李大钊强调：阶级斗争学说是唯物史观的一个重要内容，要解决经济问题，就必须进行阶级斗争，进行革命；如果不重视阶级斗争，“丝毫不去用这个学理作工具，为工人联合的实际运动，那经济的革命，恐怕永远不能实现”。

这场“问题”与“主义”之争，实际上是一次中国需要不需要马克思主义、需要不需要革命的论争。它在其他一些团体内也进行过，在不少出版物上也有反映。许多进步青年撰文支持李大钊的观点，但赞同胡适或者具有类似观点的人也为数不少。在这场论争中，李大钊和各地年轻的马克思主义者依据他们的认识水平，论证了马克思主义适合中国的需要，阐述了对中国社会进行一次彻底革命的必要性。这对于扩大马克思主义的影响，推动人们进一步探索如何改造中国社会起了积极的作用。

分组讨论 引导学生思考为什么以李大钊为代表的先进知识分子选择马克思主义。对比胡适主张的改良主义，思考马克思主义的科学性在理论和实践中有何具体体现。组织学生提炼和汇总小组观点，并对彼此的观点进行评价。

教师点评 马克思主义的唯物史观科学分析了人类社会发展的基本规律。这一理论是具有开创性的，指明了社会发展的未来目标和实现这一目标的途径。对近代中国来说，马克思主义的方法论为中国指明了方向。

结合习近平总书记的相关讲话和马克思主义在中国的实践成果，引导学生讨论马克思主义适合并能够扎根中国的内在依据，进一步论证马克思主义的科学性，同时指出马克思主义能够满足中国的现实需求。

二、马克思主义是实践的哲学

教师讲解 由马克思指出的“哲学家们只是用不同的方式解释世界，而问题在于改变世界”[①]引入，介绍马克思主义的实践指向：马克思主义自诞生之初就与工人运动等具体实践密切联系。接着介绍俄国十月革命及其在中国的传播过程（参见案例2），通过讨论分析，让学生认识到俄国十月革命是马克思主义的直接实践成果，十月革命以及苏维埃俄国的建立第一次证明了马克思主义具有的实践性。同时，苏维埃俄国是一种与其他资本主义国家截然不同的新的国家形式。布尔什维克是无产阶级政党，它代表广大人民的利益，在上台后就宣布退出第一次世界大战，展现出争取和平与平等

① 《马克思恩格斯选集》第1卷，人民出版社，2012年，第140页。

的全新国家形象，这些都给中国提供了一个全新的实践范例。

案例2

十月革命的炮响是怎样传到中国的[①]

1917年11月俄国发生的十月革命，是震撼世界的伟大的历史事件。俄国无产阶级在以列宁为首的布尔什维克的领导下，组织广大农民、士兵，以革命暴力推翻资产阶级统治，成功地建立起世界上第一个无产阶级专政的社会主义国家——苏联。它不仅对世界社会主义运动，而且对东方被压迫民族的解放斗争都起到了巨大的推动作用。正如毛泽东所说的："十月社会主义革命不只是开创了俄国历史的新纪元，而且开创了世界历史的新纪元，影响到世界各国内部的变化，同样地、而且还特别深刻地影响到中国内部的变化……"那么，在当时十月革命是怎样传到中国的？这个反应又有多大呢？

中国驻俄使馆从一开办就经常向我国北洋政府外交部发回当时俄国的各种消息。1917年俄国"二月革命"后，中国驻俄国公使刘镜人奉北洋政府之命，于3月30日在俄首都彼得格勒（今圣彼得堡）会见了俄国临时政府外交部副部长，宣布承认临时政府。这之后，刘镜人不断从彼得格勒发回关于俄国政局的电报。

1917年11月7日，"十月革命"爆发当天，刘镜人在致北京政府外交部的电报中说："近俄内争益烈，广义派势力益张，要求操政权，主和议，并以暴动相挟制。政府力弱，镇压为难，恐变在旦夕。"发报时起义正在酝酿中，尚未爆发。电报中说的"广义派"，就是布尔什维克。

11月8日，刘镜人又发了一个电报，报告了起义的消息："广义派联合

① 李友唐：《十月革命的炮响是怎样传到中国的？》，《党史博采（纪实版）》2007年第10期。

兵、工反抗政府，经新组之革命军事会下令，凡政府命令非经该会核准，不得施行。昨已起事，夺国库，占车站……现城内各机关尽归革党掌握，民间尚无骚扰情事。”这封电报对起义经过作了详细的报告。

在此后的一段时间里，刘镜人连续发电报给外交部，报告俄国革命进展。

刘镜人在11月30日发出的电报中，通报了俄国立宪议会选举的结果，但北洋政府追随各协约国政府的政策，拒绝承认苏维埃政府。1918年2月26日，刘镜人根据北洋政府的命令撤离彼得格勒。北洋政府这时就没有从苏俄直接来的消息了。后来，他们从驻其他国家使馆，得到一些消息，但这是间接的。

此后，北洋军阀政府继续承认克伦斯基政府旧俄国的外交代表，并派军队封锁与苏接壤的东北边境，阻断中俄交通，隔绝布尔什维克与中国革命者的联系。1918年5月同日本政府签订了关于反对苏俄的秘密军事协定，不久就加入了帝国主义各国对苏维埃远东和西伯利亚地区的武装干涉。为了把外蒙变成对苏俄进行敌对活动的基地，中国政府于1918年10月将军队开入外蒙境内。这时的俄国西伯利亚也发生了革命，建立了远东共和国，和苏俄欧洲部分还是不统一的。

中国政府通过驻俄公使的电报，对俄国政局的变化有了一个大致的了解。但这些电报的内容，只有少数官员知道。大多数老百姓并不知道，他们主要靠随后的报刊，从当时的《民国日报》《申报》《晨钟报》和一些杂志等发表的报道，了解俄国发生的十月革命。

1917年俄国十月革命爆发后第三天即11月10日，国民党的上海《民国日报》，以“突如其来之俄国大政变，临时政府已推翻”为标题，对俄国爆发十月革命作了简要的报道。长沙《大公报》在12月6日的新闻栏中，对“俄国政变中心之兵工委员会”作了进一步的介绍。《广东中华日报》12月28日的新闻报道了《李宁（列宁）取得胜利的原因》。《劳动》杂志还刊载《俄罗斯社会革命之先锋李宁（列宁）事略》。当然，当时中国报刊关于十月革命的报道，是零星的、断断续续的。

俄国十月革命爆发后一段时间，中国各界对此褒贬不一，有的表示难以接受，有的却大加赞扬。

最积极地宣传俄国十月社会主义革命的代表人是李大钊。李大钊在俄国二月革命后就写了许多文章，分析了这场革命的原因及意义。《甲寅》报1917年3月19至21日及27、29日刊登了李大钊《俄国革命之远因与近因》《俄国共和国政府之成立及其政纲》《俄国大革命之影响》三篇文章。李大钊密切注视俄国二月革命以后的形势发展，写了《暴力与政治》。这时，他的观点已接近于无产阶级国际主义。后来对十月革命经验的研究促进了他向马克思主义的转变。

李大钊在1918年7月1日发表了《法俄革命之比较观》，表明了他对十月革命的态度。他认为俄国事件不是“布尔什维克的阴谋”，而是一场真正的政治和社会革命，“俄国革命最近之形势，政权全归急进社会党之手，将从来之政治组织、社会组织根本推翻”。他认为这两次革命是人类历史上的两个转折阶段。法国革命奠定了新时代的基础，决定了19世纪文明的发展，而十月革命则为已经到来的时代奠定了基础。1918年11月15日，北京大学在天安门前举办演讲大会，许多人在演讲中反复强调“公理战胜强权”。李大钊于11月末在北大与中央公园举行的演讲会上，发表了题为《庶民的胜利》的演说。1918年11月15日，李大钊在《新青年》上发表了《Bolshevism的胜利》，他认为，“自今以后，到处所见的，都是Bolshevism战胜的旗，到处所闻的，都是Bolshevism的凯歌的声”，“试看将来的环球，必是赤旗的世界”。他明确主张：“吾人对于俄罗斯今日之事变，惟有翘首以迎其世界的新文明之曙光，倾耳以迎其建于自由、人道上之新俄罗斯之消息，而求所以适应此世界的新潮流，勿徒以其目前一时之乱象遂遽为之抱悲观也。”

此后，李大钊在《新青年》《每周评论》等刊物上发表了《我的马克思主义观》《马克思主义历史哲学》《马克思主义的经济学说》等一系列介绍和宣传马克思主义的文章。李大钊在为了传播马克思主义而呕心沥血奋斗的一生中，实践了他的誓言："勇往奋进以赴之"，"断头流血以从之"，"瘅精瘁力以成之"，"虽至势穷力尽，卒无变志灰心"。李大钊为共产党人树立了光辉的典范。

1919年7月14日，毛泽东在《湘江评论》创刊号《创刊宣言》中，也热烈地赞扬了十月革命。

最早表示欢迎俄国平民革命胜利的，是一批无政府主义者。他们鉴于俄国无政府主义代表人物克鲁泡特金与布尔什维克合作，以及劳农政府高度重视工农利益的特点，率先发表了支持俄国十月革命的言论。其次，到1918年5月27日，中华革命党人主办的《民国日报》也开始改变对苏俄的态度，6月17日社论首次称俄国为"民主友邦"，称布尔什维克为"新派"。1918年春，孙中山在会见日本和印度记者时要求承认苏俄，并号召广泛宣传十月革命思想。同年夏天，《政治周报》第5期，孙中山从上海向列宁发了贺电，祝贺革命取得了胜利。贺电说："中国革命党对贵国革命党所进行的艰苦斗争表示十分钦佩，并愿中俄两党团结共同斗争。"孙中山已和苏维埃政府通信，并打算派遣数人去俄国学习。

中国的先进分子为什么选择了俄国革命的道路呢？这一点，毛泽东同志作了最好的概括。

他说："十月革命一声炮响，给我们送来了马克思列宁主义。""自从一八四〇年鸦片战争失败那时起，先进的中国人，经过千辛万苦，向西方国家寻找真理。洪秀全、康有为、严复和孙中山，代表了中国共产党出世以前向西方寻找真理的一派人物。那时，求进步的中国人，只要是西方的新道理，什么书也看。向日本、英国、美国、法国、德国派遣留学生之多，达到了惊人的程度。国内废科举，兴学校，好像雨后春笋，努力向西方学习。我自己在青年时代，学的也是这些东西。——那时候，俄国是落后的，很少人想学俄国。这就是十九世纪四十年代至二十世纪初期中国人学外国的情形。"

“帝国主义的侵略打破了中国人学习西方的迷梦。很奇怪，为什么先生老是侵略学生呢？中国人向西方学得很不少，但是行不通，理想总是不能实现。多次奋斗，包括辛亥革命那样全国规模的运动，都失败了。国家情况一天比一天坏，环境使人们活不下去。怀疑产生了，增长了，发展了。第一次世界大战震动了全世界。俄国举行了十月革命，创立了世界上第一个社会主义国家。过去蕴藏在地下为外国人所看不见的伟大俄国无产阶级和劳动人民的革命精力，在列宁、斯大林领导之下，像火山一样突然爆发出来了，中国人和全人类对俄国人都另眼相看了。这时，也只是在这时，中国人从思想到生活，才出现了一个崭新的时期。中国人找到了马克思列宁主义这个放之四海皆准的真理，中国的面目就起了变化。”“走俄国人的路——这就是结论！”

自此，中国人民走上马克思列宁主义道路。对此，忠于马列主义的人士是始终不悔的。

分组讨论 组织学生讨论分析近代中俄两国在国情上的相似处境，以及苏维埃俄国与其他资本主义国家之间的区别，引导他们思考为什么说“十月革命一声炮响，给我们送来了马克思主义”，十月革命的成功给近代知识中国分子带来了哪些震撼和直接影响。

教师点评与总结 十月革命让中国先进知识分子意识到马克思主义是一种真正的实践的哲学，这种实践性意味着马克思主义同样能够在中国得到践行和发展，让知识分子看到了新的希望。

学生思考 马克思主义的实践性在中国具体表现在哪些方面？

教师点评与总结 在建党以前，马克思主义者们就积极开展工人运动，在工人中宣传马克思主义，促进马克思主义与工人运动结合。在建党之后，党首先不断扩大社会运动范围，领导工人、农民、青年和妇女运动；其次逐渐建立起自己的武装军队，建立起农村革命根据地；最后结合中国具体实际提炼实践经验，发展出毛泽东思想。这些都突出表现了马克思主义的实践性，同时也证明马克思主义能够与中国具体实际相结合，满足中国人民的需要，近代中国人必然会选择马克思主义而非其他的哲学。

三、中国共产党是先进理论武装的坚强领导者

分组讨论 在近代中国半殖民地半封建社会的特殊国情之下，要想实现民族独立和人民解放的历史任务，需要什么样的领导者？这个领导者需要具备什么样的基本品质？教师应引导学生在讨论中意识到，近代中国国情的复杂性和革命的艰难性呼唤一个有着先进理论武装的坚强政党。

案例导入 党的历史上的伟大转折——遵义会议（参见案例3）。1935年的遵义会议在“事实上确立了毛泽东同志在党中央和红军的领导地位，开始确立以毛泽东同志为主要代表的马克思主义正确路线在党中央的领导地位，开始形成以毛泽东同志为核心的党的第一代中央领导集体”①。这意味着，一方面，党在遵义会议中形成了坚强的、正确的领导核心。遵义会议后，毛泽东充分发挥军事才能，指挥红军在敌人的围追堵截下顺利完成长征，从而挽救了党和红军，挽救了中国革命。另一方面，党在遵义会议中确立了马克思主义正确路线的地位，摆脱了教条主义的干扰，为后来对新民主主义革命道路的正确探索打下坚实基础。

教师组织学生进一步思考遵义会议体现出的中国共产党的特质，阐明中国共产党具有的敢于承认错误、吸取教训、百折不挠的优秀革命品质。

① 《中共中央关于党的百年奋斗重大成就和历史经验的决议》，《人民日报》2021年11月17日第1版。

案例3

遵义会议：中国共产党历史的伟大转折[①]

1935年1月15日至17日，中央政治局扩大会议在遵义召开。参加会议的有政治局委员、政治局候补委员，还有红军高级指挥员。李德及担任翻译工作的伍修权，列席会议。

遵义会议首先要解决的问题是：在国民党军前后围堵的情况下，红军还要不要执行黎平会议决定，即要不要在黔北建立根据地，以及如何摆脱追兵、取得战略主动。当时，蒋介石已经派薛岳率中央军尾随进入贵州，配合黔军前后夹击，形势严峻。刘伯承、聂荣臻首先提出北渡长江，进入川西建立根据地的设想。会议讨论后决定，不再执行黎平决议，改为渡过长江向川西发展。

其次，会议就中央苏区第五次反“围剿”以来的军事路线进行讨论。博古作总结报告，周恩来作副报告。

博古、周恩来报告后，毛泽东、张闻天、王稼祥、朱德、聂荣臻、彭德怀等先后发言，他们一致认为第五次反“围剿”失败，主要原因是战略战术不当，负责人指挥失误。

经过三天激烈讨论，会议通过了《中央关于反对敌人五次“围剿”的总结的决议》。该决议明确指出，博古、李德“在军事上的单纯防御路线，是我们不能粉碎敌人五次‘围剿’的主要原因”。在敌强我弱的条件下，“我们的战略路线应该是决战防御（攻势防御），集中优势兵力，选择敌人的弱点，在运动战中，有把握的去消灭敌人的一部或大部，以各个击破敌人，以彻底粉碎敌人的‘围剿’。然而在反对五次‘围剿’的战争中却以单纯防御路线（或专守防御）代替了决战防御，以阵地战堡垒战代

① 任伟：《遵义会议：中国共产党历史的伟大转折》，《学习时报》2021年4月14日第7版。

替了运动战，并以所谓‘短促突击’的战术原则来支持这种单纯防御的战略路线。这就使敌人持久战与堡垒主义的战略战术达到了他的目的。”

此外，决议指出“必须彻底纠正过去军事领导上所犯的错误，并改善军委的领导方式”。为此，会议决定：一、增选毛泽东为中央政治局常委；二、指定张闻天起草决议，委托常委审查后，发到支部中去讨论；三、常委中再进行适当的分工；四、取消“三人团”，仍由最高军事首长朱德、周恩来指挥军事。周恩来是党内委托的对于军事上下最后决心的负责者。会后，常委重新进行分工，由张闻天替代博古负总责；以毛泽东为周恩来在军事指挥上的帮助者。由此，遵义会议取消了博古、李德的军事指挥权，实际上树立了毛泽东在军事上的领导地位。

需要指出的是，遵义会议并没有讨论政治路线，主要是纠正军事路线上的错误方针。这主要是毛泽东从策略的方面考虑，先解决主要矛盾。如果当时提出政治路线的问题，影响面太广，可能会有较大阻力。等到长征胜利结束，各方面条件成熟后，政治路线上的错误方才得到彻底解决。

遵义会议是中国共产党历史上的十分重要的转折点，其意义在于：第一，从组织路线上讲，经过长期的革命探索，中国共产党事实上确立了毛泽东在党中央和红军的领导地位。尽管遵义会议并未明确表示由毛泽东负全党总责，但他被选为政治局常委，逐步成为党中央的领导核心。

第二，从矛盾处理上讲，遵义会议成功地解决了党中央内部的分歧，树立了党内解决矛盾纠纷的范例。一方面，遵义会议对犯错误的领导同志进行了批评，并在组织上进行职务调整。另一方面，遵义会议没有单纯对某个人进行批评和斗争，而是主要从中吸取经验教训。

第三，从成果上分析，遵义会议是党的历史上的伟大转折。中央机关撤离遵义后，2月10日，向纵队科以上干部传达了决议内容，后来各军团又逐级下达，使红军战士充分了解遵义会议的内容。此后，红军四渡赤水，接着兵临贵阳，直逼昆明，巧渡金沙江，实现了北上川西的战略设想。

教师总结 结合习近平总书记的相关重要讲话，引导学生思考中国共产党的优秀品质和坚强领导对近代中国革命的关键性意义，并引出中国选择中国共产党的必然性在于中国共产党是先进理论武装的坚强领导者。

四、中国共产党是伟大理想的奋力开拓者

案例导入 教师讲述江竹筠的故事（参见案例4），引导学生思考是什么促使江竹筠宁可慨然赴死，也绝不屈服。联系《钢铁是怎样炼成的》一书中共产主义者保尔·柯察金的话，阐明革命时期共产党员为了坚持伟大理想而慨然牺牲，这种牺牲是有意义的。

人最宝贵的就是生命，生命对于每个人来说只有一次。人的一生应该这样度过：回首往事，他不会因为虚度年华而悔恨，也不会因为碌碌无为而羞愧；临终之际，他能够说："我的整个生命和全部精力，都献给了世界上最壮丽的事业——为解放全人类而斗争。"

——保尔·柯察金

案例4

江竹筠：共产党员的意志是钢铁①

"盼教以踏着父母之足迹，以建设新中国为志，为共产主义革命事业奋斗到底。"狱中的江竹筠在毛边纸上写下最后一封信，表达她对革命即将胜利的无限憧憬和对后辈的殷切希望。

江竹筠，1920年8月20日出生在四川省自贡市的一个农民家庭。她读高中时就关心时局，阅读进步书刊。1939年，江竹筠加入中国共产党。她深知，革命本身就不是安乐和享受，既然决定入党，就要把一切贡献给革命

① 成靓：《江竹筠：共产党员的意志是钢铁》，《党建》2021年第6期。

事业。

1940年秋，江竹筠考入中华职业学校，并担任该校及附近地下党组织负责人。1943年，党组织安排她为当时中共重庆市委领导人之一的彭咏梧当助手。二人扮作夫妻，组成一个“家庭”，作为重庆市委的秘密机关和地下党组织整风学习的指导中心。在此期间，江竹筠的理论素养得到加强，对党的工作的认识也更为深刻。

1944年，江竹筠进入四川大学学习。她积极投身学生运动，按照组织要求，认真开展党的工作，配合当地党组织发展革命力量。1945年，江竹筠与彭咏梧结婚，后来到重庆担任他的助手，协助处理党内事务，并负责内外联络。在负责中共重庆市委地下刊物《挺进报》的联络和组织工作期间，她谨慎细致、注重保密，主动承担取送稿件等最危险的工作，及时传递了党的声音。

1947年，随着革命形势的变化，江竹筠和彭咏梧奔赴下川东地区开展武装斗争。第二年，在一次武装暴动突围时，彭咏梧英勇牺牲。江竹筠强忍悲痛，毅然接替丈夫的工作，并表达了自己的决心：“这条线的关系只有我熟悉，我应该在老彭倒下的地方继续战斗。”

这年6月14日，由于叛徒出卖，江竹筠与许多同志不幸被捕。在被从万县押往重庆的船上，她毫不畏惧，大骂叛徒，引起船上乘客和船员的注意，使消息得以传开，一定程度上避免了党组织遭受更大的破坏和损失。

到重庆后，江竹筠被关押在渣滓洞监狱。敌人知道了她的身份，妄图从她身上打开破获地下党组织的缺口。狠毒的敌人用麻绳、辣椒水、老虎凳等手段对她进行轮番刑讯，她在酷刑下昏过去好几次，却始终坚贞不屈，保守着党的秘密。她说，“你们可以打断我的手，杀我的头，要组织是没有的。”“毒刑拷打，那是太小的考验，竹签子是竹子做的，共产党员的意志是钢铁！”

江竹筠的英勇顽强激励了整个渣滓洞监狱的难友，使全体难友更加坚定了革命意志，凝聚力空前增强，在狱中与敌人开展了一场斗智斗勇的地下斗争。

1949年11月14日，重庆解放前夕，敌人秘密杀害了年仅29岁的江竹筠。江竹筠为革命事业壮烈牺牲，她的事迹被广为传颂，人们亲切地称呼她“江姐”。她坚贞不屈、顽强斗争的崇高精神，永远感染和激励着每个人。

课堂讨论 教师组织学生收集革命先烈的资料，在课堂上进行分享，并引导学生从早期共产党员的英雄事迹中感悟中国共产党在革命时期做出了巨大的自我牺牲，同时进行了前赴后继的不懈斗争。在此基础上，讨论中国共产党对新民主主义革命做出的贡献。

教师总结 “中国新民主主义革命的胜利，是千千万万先烈和全党同志、全国各族人民长期牺牲奋斗的结果。”[①]引导学生意识到中国共产党是伟大理想的奋力开拓者，因此中国必然选择中国共产党。

五、中国共产党是人民根本利益的忠实代表者

案例导入 介绍斯诺在《红星照耀中国》一书中对苏区人民支持共产党这一现象的客观描述（参见案例5）：在苏区，农民谈到苏维埃用的是“我们的政府”；苏区的警务工作几乎全由农民担任；中国共产党推动人民从经济到教育的多种利益的实现。引导学生阅读这些文字并讨论中国共产党为什么采取这些行动，由此认识到中国共产党维护人民根本利益的立场。

① 本书编写组：《中国共产党简史》，人民出版社，2021年，第143页。

案例5

红星在西北[①]

中国农民一般不愿受组织、纪律的约束，不愿从事超过自己家庭范围以外的任何社会活动。共产党听到这话就大笑。他们说，中国农民如果是为自己工作而不是为民团——地主和税吏，他们没有不喜欢组织或社会活动的。我不得不承认，我所接触到的农民，大多数似乎是拥护苏维埃和红军的。他们有许多人意见批评一大堆，但是问到他们是否愿意过现在的生活而不愿过以前的生活，答复几乎总是有力地肯定的。我也注意到他们大多数人谈到苏维埃时用的是“我们的政府”，这使我觉得，在中国农村，这是一种新现象。

有一件事可以说明共产党在人民群众中有基础，那就是在所有老苏区里，警卫工作几乎全部由农民自己组织起来担任的。苏区很少有红军的驻防部队，因为所有战斗力量都在前线。地方的保卫工作是由村革命保卫队、农卫队、游击队分担的。这个事实可以说明，红军在农民中间得到拥护的一部分原因，因为红军很少像其他军队那样是强加在他们身上的压迫和剥削工具，而一般是在前线，在那里为自己的口粮作战，应付敌人进攻。另一方面，把农民严密地组织起来，红军便有了后卫和基地，可以放手进行极其机动的作战，而这正是它的特点。

但是要真正了解农民对共产主义运动的拥护，必须记住它的经济基础。我已经谈到过西北农民在旧政权下所承受的沉重负担。现在，红军不论到哪里，他们都毫无疑问地根本改变了佃农、贫农、中农以及所有“贫苦”成分的处境。在新区中第一年就取消了一切租税，使农民们有透口气的机会；在老区里，只保留一种单一的累进土地税和一种单一的小额营业

① 埃德加·斯诺：《红星照耀中国》，董乐山译，人民文学出版社，2016年，第223-227页。

税（百分之五到百分之十）。其次，他们把土地分给缺地农民，大片大片地开“荒”——多数是在外或在逃地主的土地。第三，他们没收有钱阶级的土地和牲口，分配给穷人。

…………

对于贫农还采用低利或无利放款形式给予额外的帮助。高利贷完全取缔，但私人借款年息最高不超过百分之十仍属许可。政府放款年息一般为百分之五。红军兵工厂里制造的好几千简易农具和成千上万磅种子供应无地农民开荒。还开办了一所简单的农业学校，据说还要开办一所畜牧学校，只等这方面的一个专家从上海来到。

合作化运动在大力推广，其活动已超过生产和分配合作社，而扩大到像集体使用牲口和农具——特别是耕种公共土地和红军土地——这样新奇（对中国来说）形式方面的合作和组织劳动互助组方面的合作。用后一种方法，大片土地可以很快地集体耕种、集体收获，个别农民一时农闲现象就不再出现。共产党做到每个人都不是白白得到土地的！在农忙季节里，采用了“星期六突击队”的办法，不仅所有的儿童组织，而且所有的苏维埃干部、游击队员、赤卫队员、妇女组织的会员、驻在附近的红军部队都动员起来，每个星期至少要有一天到田里劳动。甚至毛泽东也参加了这种劳动。

这里，共产党在播下集体劳动这一根本革命化的思想的种子——为将来实现集体化做初步的教育工作。同时，一种比较广阔的社会生活观念开始慢慢地渗入到农民意识的深处去。因为在农民中间建立起来的各种组织，是共产党称为经济、政治、文化三结合的东西。

共产党在这些人们中间所取得的文化上的成就，按西方先进标准来衡量，的确是微不足道的。但是在陕西北部的二十几个苏维埃化已久的县里，中国大部分地方常见的某些明显的弊端，肯定是被消灭了，而且在新区的居民中间也在进行大力的宣传，要在那里进行同样的基本改革。陕北已经彻底消灭了鸦片，这是个杰出的成就。事实上，我一进苏区以后就没有看到过什么罂粟的影子。贪官污吏几乎是从来没有听到过。乞丐和失业的确像共产党所说的那样被“消灭”了。我在红区旅行期间没有看到过一个乞丐。缠足和溺婴是犯法的，奴婢和卖淫已经绝迹，一妻多夫或一夫多妻都遭到禁止。

教师解析　教师组织学生调查同一时期国民党统治区内人民的生活状况，在对比中思考共产党和国民党分别维护的是哪些人的利益。在此基础上，阐明中国共产党是人民根本利益的忠实代表者，始终站在人民立场。同时，结合习近平总书记“民心是最大的政治”的表述，引导学生思考共产党相较于国民党的本质优势是什么，由此阐明这种本质优势在于共产党始终代表最广大人民的根本利益。

案例分析　教师进一步列举张学良谈“国民党为什么打不过共产党”的口述材料（参见案例6），帮助学生理解“得民心者得天下”“得道者多助，失道者寡助”在新民主主义革命时期的体现。同时，引导学生想象若自己置身于那个年代，会选择哪个政党作为执政党，最终得出中国选择代表最广大人民根本利益的中国共产党的必然性。

案例6

张学良谈“国民党为什么打不过共产党”①

张学良特别强调人心在战略实施过程中的作用，特别强调国民党军队不择手段寻求胜利的愚蠢。这两个问题张学良阐述得十分清楚而且生动具体，国民党军队因为不择手段地欺压百姓导致战场上的四面楚歌，又因为得不到百姓支持而对百姓的残害更加肆无忌惮，越是四面楚歌，越是对百姓肆无忌惮，结果百姓“都被逼得当共产党了”，因此红军“越‘剿’越多”，红军越多，国民党求胜之心越切。“而假使你把注意力完全集中在

① 王海晨：《张学良谈“国民党为什么打不过共产党”》，《党史文苑》2015年第9期。

胜利之上，而不考虑其他任何后果，则你可能将国力耗尽，而再也不能获致和平。”

按照张学良的分析，战略本身如同一座金字塔，这座金字塔的底部是广大的人民群众，是民心，而政府和军队统帅位于金字塔顶端，党和军队是支撑战略金字塔存在的中间部分，维系金字塔结构不散的则是思想信仰。国民党因为“没有中心思想”使战略金字塔在搭建之初就失去了重心，政府政治的腐朽和军队统帅的昏庸使党心涣散、军心动摇，最终，民心的丧失使金字塔失去了依托，这才是国民党彻底失败的主要原因。

教师总结 以《中国共产党历史》中的总结作为收束：“中国共产党是中国最广大人民的根本利益的忠实代表。坚持全心全意为人民服务的根本宗旨，始终保持同人民群众的血肉联系，是中国共产党战胜各种困难和艰险、取得新民主主义革命胜利的根本条件。在争取民族独立和人民解放的斗争中，党始终紧紧依靠人民群众，诚心诚意为人民谋利益。党在自己的全部活动中，与人民群众同呼吸、共命运，始终把体现人民群众的意志和利益作为一切工作的出发点和归宿，始终从人民群众的智慧和力量中汲取推动革命事业前进的不竭力量，逐步形成一整套关于相信群众、依靠群众、从群众中来、到群众中去的群众路线。党运用这种群众路线的领导方法和工作方法，使党的纲领、路线、方针、政策的制定和执行，能够最大限度地符合群众的要求，得到群众的支持，使群众的革命积极性、创造性能够不断地发挥和提高。这是党不断取得胜利的重要保证。”①

六、社会主义契合传统“大同”理想

教师讲解 教师向学生介绍中国传统“大同社会”思想和马克思对共产主义社会的基本构想。《礼记·礼运》将“大同社会”描述为“大

① 中共中央党史研究室：《中国共产党历史》第1卷，中共党史出版社，2011年，第820页。

道之行也，天下为公。选贤与能，讲信修睦，故人不独亲其亲，不独子其子，使老有所终，壮有所用，幼有所长，鳏、寡、孤、独、废疾者皆有所养。男有分，女有归。货恶其弃于地也，不必藏于己；力恶其不出于身也，不必为己。是故谋闭而不兴，盗窃乱贼而不作，故外户而不闭，是谓大同”。而根据马克思主义经典作家们的论述，共产主义社会是建立在社会生产力高度发展和物质财富极大丰富的基础上，实施社会公有制、按需分配、计划经济，消灭阶级和国家，实现人精神境界的极大提高和自由而全面发展的社会。这两者具有共通之处。教师组织学生进行对比和分析，引导他们寻找两者的相同之处并进行总结。最后，教师点评总结：在经济领域，两者都要求实现公有制度，尤其是土地的公有制；在政治领域，两者都追求公平正义和自由平等；在社会领域，两者都强调社会和谐、以人为本。在此基础上，组织学生讨论这种共同之处会对社会主义在中国的传播带来哪些影响。

案例分析 教师列举革命领导者借用“大同”表达社会主义理想的事例：孙中山提出“民生主义就是社会主义，又名共产主义，即是大同主义”；青年毛泽东用“大同者，吾人之鹄也”表达他对以社会平等为核心的“大同”之境的向往之情（参见案例7）。由此，向学生阐明中国人对社会主义的认识是建立在对传统“大同社会”的向往之上的，两者的契合使社会主义在中国更迅速地得到认可和接受。

案例7

传统“大同”思想与马克思主义[①]

在对社会主义思想体系接受的过程中，中国精英知识分子和革命领导

① 侯彦杰：《“大同”思想的中国特色社会主义语境阐释》，《理论探讨》2019年第6期。

者都必然带着中华传统文化视野去理解何谓社会主义。他们看到社会主义与“天下为公”的“大同”境界之间在追求平等、民生关怀的共同之处，几乎不约而同地借鉴了中国古代儒家思想的“大同”来表达自己的社会主义理想。在接触到欧美的社会主义思想以后，孙中山先生认为他的民权和民主思想已经通过推翻封建帝制，建立中华民国得以实现，在谈及自己的民生思想时，他说“民生主义就是社会主义，又名共产主义，即是大同主义”。青年毛泽东也曾向往以社会平等为核心的大同之境，并表示“大同者，吾人之鹄也”。他在1926年1月10日发表在《政治周报》第四期上的《国民党右派分离的原因及其对于革命前途的影响》一文谈到中国国民革命的前途，还曾用到：“其结果……是要建设一个真正平等自由的世界联盟（即孙先生所主张的人类平等世界大同）。”革命领导者的观点都是赋予“大同”以近世社会主义思想的内容，但在与形形色色的社会主义斗争的过程中，中国共产党人对科学社会主义理论的认识不断深化，他们理解了传统“大同”思想的封建色彩与空想成分，而且在反封建新文化运动中，避免用儒家语言表达革命思想也是一种必要的话语策略。因此，为了更好地肃清各种假托“大同”之名的空想社会主义思想、资产阶级民主主义思想以及封建思想的影响，在中国共产党人关于社会主义的话语体系中，逐渐减少甚至就很少能够看到“大同”的说法了。

课堂讨论 组织学生讨论：从传统“大同”思想到社会主义思想，反映了人民对什么的渴求？引导学生思考“社会主义和‘大同’思想相比的优势是什么”“为什么社会主义更具优势”。在此基础上，阐明社会主义建立在马克思主义科学的理论之上，具有真正践行的可能。例如，社会主义主张通过土地革命解放生产力，进而改革生产关系。

进一步提问：怎样才能实现社会主义？由此引出“党的领导”这一核心内容，让学生通过讨论总结出中国对马克思主义、中国共产党和社会主义的选择之间的内在联系。

七、社会主义符合历史发展规律

教师讲解　教师介绍马克思对人类社会发展规律的总结（参见案例8），结合历史唯物主义的内容，组织学生讨论社会主义和共产主义之间的关系，阐明社会主义是共产主义的第一阶段。

案例8

社会形态更替的一般规律及特殊形式①

马克思、恩格斯揭示的生产力与生产关系矛盾运动的规律和经济基础与上层建筑矛盾运动的规律，是人类社会发展的一般规律。这些规律决定了社会形态的更替和历史发展的基本趋势。但是，由于社会发展的复杂性和曲折性，社会形态更替在遵循一般规律的同时，也会表现出一些特殊的形式。

（一）社会形态的内涵

社会形态是关于社会运动的具体形式、发展阶段和不同质态的范畴，是同生产力发展一定阶段相适应的经济基础与上层建筑的统一体。社会形态包括社会的经济形态、政治形态和意识形态，是三者具体的、历史的统一。经济形态是社会形态的基础，生产资料所有制关系具有决定性的意义，因而，马克思、列宁经常把“社会形态”与“经济的社会形态”在同一意义上使用，说明“生产关系总和”是社会形态的本质方面。建立在经济基础之上的上层建筑则是社会形态不可分割的组成部分。一定的社会形态总要以一定的社会制度形式呈现出来，社会制度能够集中体现社会形态的性质，所以人们在日常生活中往往用社会制度来指代社会形态。人类社会是不断发展的，

① 本书编写组：《马克思主义基本原理》，高等教育出版社，2021年，第133-134页。

社会的根本性变革和进步就是通过社会形态的更替实现的。

（二）社会形态更替的统一性和多样性

依据经济基础特别是生产关系的不同性质，社会历史可划分为五种社会形态：原始社会、奴隶社会、封建社会、资本主义社会和共产主义社会。其中，社会主义社会是共产主义社会的第一阶段，又称共产主义社会的初级阶段或低级阶段。这五种社会形态的依次更替，是社会历史运动的一般过程和一般规律，表现了社会形态更替的统一性。

课堂讨论 教师组织学生讨论：中国社会经历了几种社会形态？为什么中国能直接进入社会主义社会？

引入近代关于“社会主义是否适合于中国国情”的争论（参见案例9），使学生理解中国社会发展的最终目标是共产主义。结合列宁“世界历史发展的一般规律，不仅丝毫不排斥个别发展阶段在发展的形式或顺序上表现出特殊性，反而是以此为前提的”的论述，理解有些国家在发展过程中可以超越一个甚至几个社会形态而跨越式地向前发展。

案例9

“社会主义是否适合于中国国情”之争①

继“问题”与“主义”之争后，在马克思主义者和一些资产阶级知识分子之间，还发生了一场关于社会主义是否适合于中国国情的论争。1920年，张东荪在陪同来华讲学的英国哲学家罗素的过程中，发表文章，对罗素劝告中国“暂不主张社会主义”，当务之急是“开发中国资源”、发展实业的言论表示十分信服。梁启超于1921年2月撰文，支持张东荪的观点，反对在中国实行社会主义。他们认为：中国经济落后，大多数人民

① 中共中央党史研究室：《中国共产党历史》第1卷，中共党史出版社，2011年，第53-55页。

无知识，“绝对不能建设劳动阶级的国家”，也不能建立共产党，对社会主义只可“冷静研究”，连宣传“亦可少做”，否则就是制造“伪劳农革命”。与胡适不同，他们并不否认帝国主义的掠夺和压迫是中国落后的根源，但他们认为：中国唯一的病症是穷，救治的办法是用资本主义的方法发展实业。他们自称信奉基尔特社会主义，赞成社会主义理想，但又断言中国必须依靠“绅商阶级”来发展资本主义。张、梁两人提出的发展实业、发展资本主义经济的主张，虽然符合当时中国社会经济发展的要求，但他们只是消极静待资本主义的兴起和发展，并不明白在帝国主义的侵略和封建主义的压迫下，中国资本主义无法获得正常的充分的发展，只有通过革命的手段，完成反帝反封建的任务，实现国家独立和人民民主，才能充分发展实业和达到国家富强的道理。他们抱着恐惧的心情，极力反对在中国宣传科学社会主义和建立无产阶级政党，这是错误的。

陈独秀、李大钊、李达、蔡和森等人纷纷著文，反驳张东荪、梁启超等人的言论。他们指出，中国经济虽然落后，但无产阶级的存在是一个客观事实；中国的无产阶级和农民不但遭到本国资产阶级、地主的压迫和剥削，而且遭到国际帝国主义的残酷掠夺和压迫，有强烈的革命要求，“革命之爆发乃是必然的趋势”。中国遭受外国帝国主义侵略和掠夺的现状，“除了中国劳动者联合起来组织革命团体，改变生产制度，是无法挽救的”。“中国劳动（农工）团体为反抗资本家资本主义而战，就是为保全中国独立而战。只有劳动团体能够达到中国独立之目的”。在中国，结合共产主义信仰者，组织巩固的团体，建立共产党，不仅有必要，而且有条件。他们还指出：中国必须发展实业，但要改变中国贫穷落后的状态，出路在于社会主义。“今日在中国想发展实业，非由纯粹生产者组织政府，以铲除国内的掠夺阶级，抵抗此世界的资本主义，依社会主义的组织经营实业不可”。他们对基尔特社会主义进行了批判，指出用“温情主义”的社会政策来“矫正”资本主义的弊病，只不过是一种改良主义的幻想。

这场论争持续了一年多的时间。从本质上说，这是一次关于中国走社会主义道路还是走资本主义道路、实行社会革命还是实行社会改良和需要不需要建立无产阶级政党的论争。以提倡基尔特社会主义为名而主张发展资本主义的人们，既无法说明在中国当时条件下如何实行基尔特社会主义，又无法抹煞在帝国主义和封建主义统治下资本主义不可能在中国发展起来的事实。他们在马克思主义者的有力回击下，只能败下阵去。

在这场论争中，早期的马克思主义者把握了时代前进的方向。他们运用刚刚学到的马克思主义理论，剖析了资本主义制度固有的矛盾；揭示出资本主义最终必将在矛盾激化中走向灭亡，社会主义必将取代资本主义；肯定中国的出路只能是社会主义；强调要改造中国社会，必须建立共产党组织。这些观点是正确的。但是，他们在论争中也有弱点，如对中国半殖民地半封建的社会性质还缺乏科学的认识，主张直接进行社会主义革命。他们没有看到在中国社会经济十分落后的情况下，民族资本主义在一定时期内和一定程度上的发展不仅是不可避免的，而且是有益的。他们不懂得张东荪、梁启超等人的错误不在于说中国现时还不能实行社会主义，而在于认为既然不能马上实行社会主义，就不需要社会主义者，不需要社会主义思想，不需要成立共产党。为反驳这种观点，只是斥责资本主义的弊病，声讨资本主义的罪恶是不够的，还需要运用马克思主义对中国的国情作深入的分析，研究中国革命的发展道路，提出如何将马克思主义与中国国情相结合的具体主张。早期马克思主义者的这些不足，随着革命实践的发展逐步得到了解决。

课外调研 教师带领学生参观历史博物馆，探访一些出生在新中国成立之前的老人，对比往昔与今朝，思考选择社会主义道路的正确性。在此基础上，向学生介绍“三种救国方案之争”（参见案例10），讨论另外两种方案与社会主义之间的区别，进一步回答社会主义为何能够在三种救国方案中得到认可，从而引导学生感悟中国选择社会主义的必然性。

案例10

三种救国方案之争①

在辛亥革命推翻封建帝制后，在20世纪前半期的很长一段时间里，中国存在着建立一个什么样的国家的几种选择，各种势力为此进行着激烈的斗争。一种是先由北洋军阀、后由国民党统治集团所代表的，实行大地主、大资产阶级的专政，使中国继续走半殖民地半封建的道路。一种是由某些中间派别或中间人士代表的，幻想建立资产阶级共和国，使中国社会走向独立发展资本主义的道路。再就是由中国共产党所代表的，建立工人阶级领导的以工农联盟为基础的人民共和国，经过新民主主义走向社会主义的道路。这三条道路，或者说这三种方案在中国社会历史的发展中反复地受到检验。结果是：第一种方案被中国人民抛弃了，代表这个方案的反动统治势力被推翻了；第二种方案没有得到中国人民的赞同，它的代表者的多数后来也承认这个方案在中国无法实现；只有第三种方案最终赢得中国最广大的人民群众包括民族资产阶级及其政治代表在内的拥护。中国人民接受中国共产党的领导，接受由新民主主义转变到社会主义的道路，是郑重的历史选择。

考核评价

1. 知识考核

通过课堂提问、课后作业、考试等方式对学生掌握本专题基本知识的情况进行考核评价。

（1）新民主主义革命之“新”，体现为它的领导者是__________，指

① 中共中央党史研究室：《中国共产党历史》第1卷，中共党史出版社，2011年，第820页。

导思想是＿＿＿＿＿，未来的发展方向是＿＿＿＿＿。

（2）“三个必然选择”中最核心的选择是＿＿＿＿＿。

（3）“三个必然选择”之间的关系是＿＿＿＿＿。

（4）新民主主义革命时期，＿＿＿＿＿带领人民实现了＿＿＿＿＿的成就。

2. 活动考核

（1）组织学生根据各地情况，参观新民主主义革命时期的红色史迹、展览，缅怀、祭奠埋葬在当地的英烈，了解这些英烈的英雄故事。

（2）组织学生收集有关史料，积极学习党史，撰写心得体会，以故事会、演讲、主题板报、手抄报等形式进行交流。

（3）组织学生探访本地老党员，听老党员讲自己的革命故事，撰写心得。

资源链接

1.《中国共产党团结带领中国人民创造了新民主主义革命的伟大成就》（视频），共产党员网，https://www.12371.cn/2021/10/17/VIDE1634446921995396.shtml。

2.《遵义会议为何是中国共产党生死攸关的转折点》（视频），人民网，http://dangshi.people.com.cn/n1/2021/0520/c436975-32108853.html。

3.《讲巾帼英雄故事:江竹筠》（视频），共产党员网，https://www.12371.cn/2021/03/18/VIDE1616077921034610.shtml。

4.《中国共产党为什么能建立新中国》（视频），人民网，http://dangshi.people.com.cn/n1/2020/1001/c85037-31881875.html。

参考文献

［1］习近平：在庆祝中国共产党成立100周年大会上的讲话［M］．北京：人民出版社，2021.

［2］中共中央党史研究室．中国共产党历史（第一卷）［M］．北京：中共党史出版社，2011.

［3］本书编写组．马克思主义基本原理［M］．北京：高等教育出版社，2021.

［4］马克思．哥达纲领批判［M］．北京：人民出版社，2018.

［5］马克思，恩格斯．共产党宣言［M］．北京：人民出版社，2018.

［6］埃德加·斯诺．红星照耀中国［M］．董乐山，译．北京：人民文学出版社，2016.

［7］中共中央关于党的百年奋斗重大成就和历史经验的决议［N］．人民日报．2021-11-17（1）.

［8］任伟．遵义会议：中国共产党历史的伟大转折［N］．学习时报，2021-04-14（7）.

［9］李友唐．十月革命的炮响是怎样传到中国的？［J］．党史博采（纪实版），2007（10）：44-45.

［10］成靓．江竹筠：共产党员的意志是钢铁［J］．党建，2021（6）：68.

［11］侯彦杰．“大同”思想的中国特色社会主义语境阐释［J］．理论探讨，2019（6）：62-66.

［12］王海晨．张学良谈“国民党为什么打不过共产党”［J］．党史文苑，2015（9）：52-54.

（四川大学马克思主义学院　赵淑琪）

专题二

Topic 2

改天换地

——创造了社会主义革命和建设的兴国伟业

| 一体化设计目标及思路 |

新中国成立以后，以毛泽东同志为核心的党的第一代中央领导集体，创造了社会主义革命和建设的兴国伟业，开启了中国社会主义建设规律的伟大探索和伟大实践。本专题遵循思想政治工作规律、教书育人规律、学生成长规律，按照小学段“了解社会主义革命和建设伟大成就”、初中段“通晓社会主义革命和建设奋斗历程”、高中段“理解社会主义建设曲折发展”、大学段“领悟社会主义建设规律”的逻辑思路进行整体教学设计，注重学段有别、因材施教，注重博采众长、拓宽视野，注重联系实际、务实有效，注重体系优化、结构合理，注重多元多样、彰显个性，旨在通过一系列符合各学段学生身心特点的教学活动，让学生深刻认识到中国社会主义建设成果来之不易，明确只有社会主义才能救中国的道理（见图2-1）。

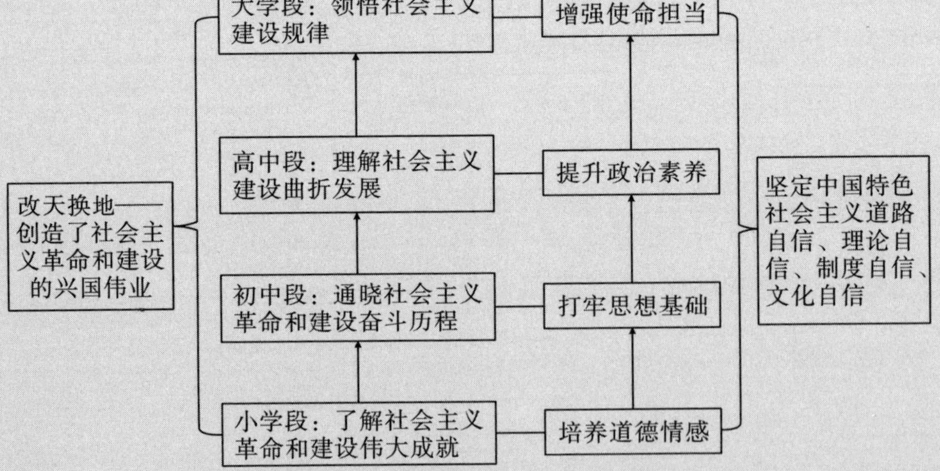

图2-1　专题二一体化设计目标及思路

小学段：了解社会主义革命和建设伟大成就

教学目标

通过学习新中国成立以后一系列重大事件（如“五四宪法”的诞生、“一化三改”、三线建设、“两弹一星”的研发等）的历史背景和主要内容，引导学生了解当时的国际国内形势，学会站在国家角度去感受当时的艰苦卓绝，认识中国共产党带领中国人民对社会主义建设道路的艰辛探索，从而激发学生的民族自豪感和历史责任感，帮助学生确立奋斗目标，从当下做起，为中国之前途而努力学习。

教学内容

（1）新中国的成立与“五四宪法”的诞生；

（2）新中国成立初期的“一化三改”和党的八大的关键内容和意义；

（3）“两弹一星”、三线建设为中国近几十年和平发展提供了有力保障。

教学重难点

1. 教学重点

沿着时间线，带领学生依次了解“五四宪法”“一化三改”以及党的八大的内容和重大意义。在教学过程中，要讲清楚新中国成立初期的历史背景以及国际形势，反衬出中国社会主义革命和建设的艰难与曲折。要引导学生认识到，我国在这一时期能取得堪称奇迹的成就，得益于中国共产党的正确领导以及中国人民的艰苦奋斗，从而让学生建立起作为中国人的历史使命感和民族自豪感。

2. 教学难点

和新中国成立初期相比，我国社会已经发生了翻天覆地的变化，不管是城乡面貌，还是人民的生活水平，都有了显著改善，所以学生很难通过身边熟悉的事物想象出当初的各种困难，进而产生情感共鸣。因此，教师需要在课前做大量准备，不仅自己要熟悉那段历史，还要寻找一些视频配合讲解，还原当时的情境。情境创设和让学生融入情境是本次教学的难点。

学情分析

小学高段的学生自主意识开始增强，对枯燥的说教和单一陈旧的学习方式不感兴趣。因此，相较于形象化、生活化的知识，理论化、抽象化的知识，比如法律制度、意识形态等很难激起学生的好奇心和求知欲。

针对本学段学生，要把教学内容展现得生动有趣，需要教师有很强的讲故事的能力以及对于课程的巧妙设计。同时，要充分利用这个阶段的学生自我意识、独立意识迅速发展的契机，加强引导，让学生多思考，通过思考把所学知识最大限度地融入自己的意识当中。

设计思路

1．设计理念

在以学生为本的教学理念指导下，以中国社会主义革命和建设的曲折探索为主题，再现历史情境，引导学生通过讨论式、探究式的学习，身临其境地感受特殊历史时期的中国对社会主义建设做了哪些探索。对于个别知识点，我们可以引导学生主动学习、自主探究，利用现有的信息化手段，以任务化、问题化的模式完成对知识点的学习。

2．思维导图（见图2–2）

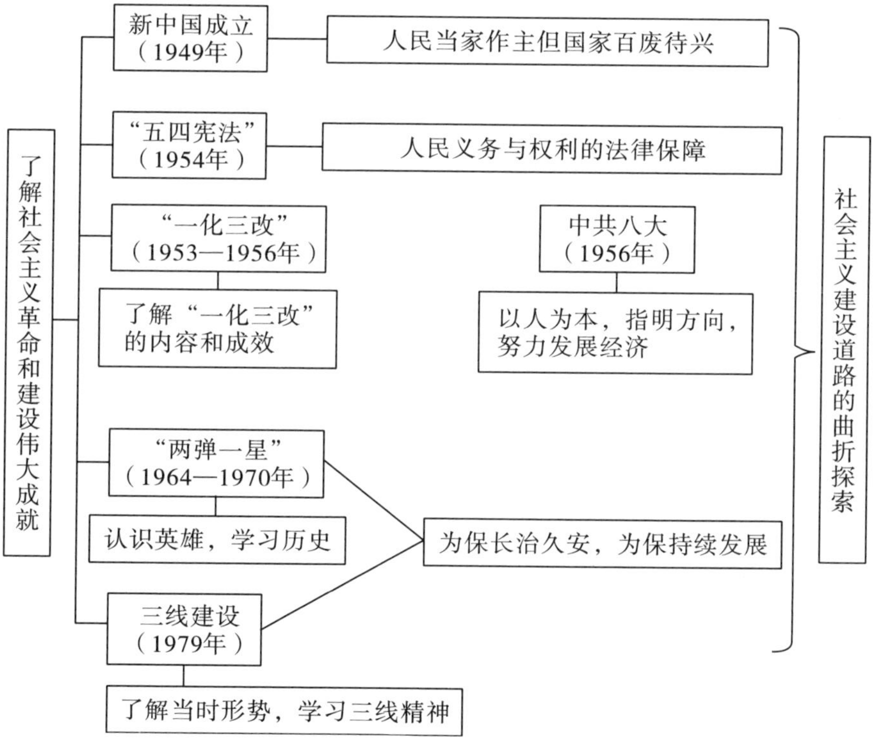

图2–2　专题二小学段思维导图

实施方案

一、新中国成立与“五四宪法”

（一）新中国成立

播放开国大典上毛泽东主席宣告新中国成立的视频。教师提问：

（1）新中国是什么时候成立的？

（2）刚成立的新中国是什么样的？

对于学生的回答，教师要注意点评和总结，引导学生认识到新中国成立之初所面临的各种困境：军事上，国民党还有上百万军队在负隅顽抗；经济上，新中国继承的是一个千疮百孔的烂摊子；国际上，美国拒绝承认并竭力阻挠其他国家承认新中国，阻挠中华人民共和国恢复在联合国的合法席位，对新中国实行政治孤立、经济封锁和军事包围的政策。此外，党也面临着因革命胜利而可能滋长的骄傲自满、享乐腐化等腐朽思想的侵蚀。

（二）“五四宪法”

1．课前准备，初步了解

“五四宪法”是在毛泽东主席直接领导和参与下，在崭新的中国的历史由人民来完全主宰的条件下，所诞生的符合全中国人民意愿的一部新中国根本大法，是中国有史以来首次将人民定为国家主人翁的社会主义大法。

学生通过查阅资料，应当了解“五四宪法”是我国法治进程中的里程碑，并掌握以下3个要点：

（1）“五四宪法”的来历：中华人民共和国的第一部宪法于1954年9

月20日经第一届全国人民代表大会第一次会议全票通过。因其在1954年颁布，故称其为“五四宪法”。

（2）宪法是“法之根本”，是依法治国的基础，具有重要意义。

（3）“五四宪法”从法律上确立了新中国是人民当家作主的新中国（人民民主专政），是人民自己管理的新中国（人民代表大会制度）。

2．课堂讨论，加深记忆

每4人为一学习小组，根据如下任务单来完成课堂讨论。

（1）你认为“五四宪法”主要确立了什么？
（2）“五四宪法”中哪些法条让你印象深刻？
（3）现行宪法中的哪些地方能看到“五四宪法”的影子？

学生完成讨论后，以小组为单位阐述他们的理解。教师总结学生的发言并分享自己的结论。

（三）新旧对比，破旧立新

1．前后对比，形成反差

出示晚清时期和民国时期一些有争议的法条，比如在封建社会很多女子是不能上学读书的。新中国成立之前，整个社会的文盲率相当高，能够接触高精尖技术的国人更是凤毛麟角。而“五四宪法”规定中华人民共和国保障公民进行科学研究、文学艺术创作和其他文化活动的自由。国家对于从事科学、教育、文学、艺术和其他文化事业的公民的创造性工作，给予鼓励和帮助。这其实就是通过宪法打破了过去落后庸俗的旧社会，建立了先进文明的新社会。这也是对我们喊出的“人民当家作主”“人人平等”等口号最有力的法律支撑。

2. 集体讨论，产生共鸣

组织学生进行讨论和发言，教师加以引导与点评。教师的点评应该围绕以下三个方面展开：第一，“五四宪法”的先进与文明体现在何处；第二，“五四宪法”对于新中国的发展起到了哪些积极作用；第三，“五四宪法”从各个方面把当时一盘散沙的中国拧成了一股绳子，使全国上下目标一致，在较短时间内改变了新中国成立之初一穷二白、百废待兴的局面。

3. 全面总结，提高认识

通过两轮讨论、发言，学生对“五四宪法”有了较清晰的认识，也加深了对依法治国这一政治主张的印象。此外，学生还应认识到，“五四宪法”是新中国的第一部宪法，它是起点，而不是终点。

教师总结　“五四宪法”是中国历史上人民第一次自主制定的宪法，也是新中国第一部宪法，确立了人民当家作主的宪法地位，集中体现了社会主义原则与人民民主原则。从历史的角度看，这是一部承前启后、具有基石意义的宪法。它开启了中国社会主义宪法的崭新历史，在根本上巩固了人民民主的社会主义政权的合法性，确认了国家的各项基本制度，宣告了人民权利受到宪法保障的事实，其精神延续至今。现行宪法即1982年宪法，就是以“五四宪法”为基础，总结了我国社会主义发展的丰富经验，并吸取了国际的合理经验，是对“五四宪法”的继承和发展。

二、改制当先，恢复生产

（一）过渡时期的新中国

1．播放视频，再现历史

播放视频《百炼成钢：中国共产党的100年》第三十集《一化三改》。看完视频以后，请学生思考以下2个问题：

（1）“一化三改”前的新中国是什么样的？

学生回答，教师出示老照片。

（2）“一化三改”给新中国带来了什么？

学生自由发言。

教师总结 “一化三改”一方面要求发展社会主义工业，使我国由落后的农业国逐步变为先进的工业国，使社会主义工业成为整个国民经济的有决定意义的领导力量；另一方面，要求把农民手工业者的个体私有制改造为社会主义的集体所有制，把资本主义的私有制改造为社会主义的全民所有制，进一步解放生产力，支持和推动社会主义建设的发展。

2．列举数据，彰显巨变

1953年开始“一化三改”时，国内生产总值约为824亿元。到1956年完成“一化三改”时，国内生产总值已经上升到约1028亿元，增长超24%。由此可以看出，随着“一化三改”的进行，生产力在发展，人民的生活水平在提高。

学生还可以利用课堂上的多媒体设备查询手工业、农业、工商业这三个方面的具体数据，感受“一化三改”给过渡时期的新中国带来的勃勃生机。

（二）党的八大

1. 展示图片，构建学习场景

（1）展示党的八大的现场照片。师生共同梳理党的八大的主要内容：通过了关于第二个五年计划的建议和新党章；规定了党和全国人民当前的主要任务是集中力量发展社会生产力，实现国家工业化，逐步满足人民对于经济文化迅速发展的需要；强调要坚持民主集中制和集体领导制度，加强党和群众的联系。这次大会为新时期的社会主义事业的发展和党的建设指明了方向。

（2）讨论：为什么党的八大重新定义了社会主要矛盾？

可以联系“一化三改”带来的生产力发展进行讨论。当时国内的主要矛盾已经是人民对于建立先进的工业国的要求同落后的农业国的现实之间的矛盾，已经是人民对于经济文化迅速发展的需要同当前经济文化不能满足人民需要的状况之间的矛盾。

2. 查阅资料，了解五年计划

（1）通过对当时中国社会主要矛盾的分析，党的八大指出这一矛盾的实质是先进的社会主义制度同落后的社会生产之间的矛盾。解决这个矛盾的办法是发展社会生产力，实行大规模的经济建设。党的八大第一次对社会主义建设时期中国社会主要矛盾做出了系统概括。

（2）在第一个五年计划完成以后，党的八大为发展国民经济制定了第二个五年计划。

课堂活动：运用多媒体手段，师生共同查看第一个五年计划的具体内容。师生共同讨论：制定五年计划的目的是什么？

（3）为适应国家新的发展、新的趋势，会议还通过了新的党章。

3. 联系当下，强化担当意识

教师向学生介绍我们正在经历的第十四个五年计划，激发学生的民族自豪感与社会责任感。

三、不破不立，坚持发展

（一）来之不易的“两弹一星”

1．认识英雄，了解历史

通过认识“两弹一星”元勋来了解这段历史。

（1）教师出示照片并提问：大家看看这些照片，你们认识他们吗？他们都是“两弹一星”功勋奖章的获得者，都是在背后默默付出的英雄。那么，“两弹一星”是指什么？

（2）引导学生思考：战争已经结束了，为什么我们还要去造“两弹一星”呢？

教师总结 1949年，新中国的成立结束了中华民族百年来被世界列强侵略和奴役的悲惨历史。当时，以美国为首的西方敌对势力对新中国十分仇视，他们依托在第二次世界大战中快速增长起来的军事、经济实力，伙同中国周边的一些国家和台湾的反共势力在政治上孤立中国大陆，阻挠中国统一以及各国和我国建交，在经济上对我国实施封锁、禁运，在军事上对我国实施包围，企图把年轻的共和国扼杀在摇篮里。国家发展需要一个安全的环境，没有安全就不能发展，所以当时我们国家的安全问题是重中之重。

2．“两弹一星”，大国重器

新中国成立以后，由于我们一直面临着美国严重的核威胁，所以党中央就下决心，一定要发展我们的“两弹一星”事业，造出中国人自己的原子弹。没有强大的国防武器，国家安全就没有保障。

（1）教师讲解原子弹的研发历程，引导学生体会这段历史也是一个破除旧体系，建立新体系的过程。在讲解过程中，要突出在“两弹一星”功勋的带领下，我们摸索出了自己的研究路线。

（2）教师总结“两弹一星”对新中国的贡献：首先，“两弹一星”铸就了共和国的核盾牌，奠定了我国国防安全的基石，给新中国的发展创造了一个相对和平、有利的国际战略环境；其次，“两弹一星”深刻影响着国际战略格局演变，塑造了中国崭新的大国形象；最后，“两弹一星”对我国的科技进步和经济发展，对振奋中华民族的拼搏精神、提升民族凝聚力都起到了巨大的推动作用。

3．联系自身，畅谈感受

（1）学生在课堂上利用多媒体设备查找“两弹一星”的研发历程及重要意义。教师适时引导学生进行总结。

（2）对于老一辈英雄们的付出，请学生谈一谈自身感受。

教师总结　1958年的军委扩大会议上，毛泽东同志指出：“原子弹就是那么大的东西。没有那个东西，人家就说你不算数。那么好吧，我们就搞一点吧，搞一点原子弹、氢弹、洲际导弹，我看有十年工夫完全可能。”同年的八大二次会议上，毛泽东同志提出“我们也要搞人造卫星”。“两弹一星”是为我们夺回国际话语权的利剑，现在“两弹一星”精神是中华民族的宝贵精神财富，激励着以航天人为代表的广大科技工作者敢于战胜一切艰难险阻，勇于攀登科技高峰，努力为实现中华民族伟大复兴的中国梦做出更大贡献。

（二）社会主义工业化与三线建设

1．三线建设的背景及意义

20世纪60年代，中国尚未完全摆脱三年困难时期的阴影，周边局势又激烈动荡起来。当时国内存在的主要问题，一是工业过于集中，二是大城市人口多，三是主要铁路枢纽、桥梁和港口码头多在大城市附近，还缺乏应付敌人突然袭击的措施，四是所有水库的紧急泄水能力都很小，一旦遭到破坏，将酿成巨大灾害。因此，毛泽东主席提出“三五”计划应该考虑解决全国工业布局不平衡的问题，要做一、二、三线的战略布局，加强三线建设。

（1）工业分布情况：通过查看新中国成立初期的工业分布图，让学生总结当时我国的工业分布特点。

（2）概念阐释：借助中国地图，教师讲解何为三线、如何建设。

（3）三线建设的意义：第一，重新构建了中国的工业布局；第二，带动了原本落后的中国中西部发展；第三，从三线建设中凝聚出来的三线精神一直激励后人不断奋进。

2. 从三线建设看中国的后续发展

（1）师生讨论：如果没有三线建设，中国可能还是什么样的？

教师应该从三线建设促进了中国落后地区发展，完善了中国内陆的基础建设这些角度去引导学生讨论。

（2）通过讨论及联系前面的内容，教师应该引导学生得出：中国的社会主义建设经历了曲折的探索，在中国之前没有成功的案例。中国依靠的是中国共产党英明的领导，不断改变，不断调整，才能在瞬息万变的国际环境中造就了一个又一个奇迹。

（3）思考：从三线建设中，我们能学到什么？

教师总结　学习“三线精神”：①无私奉献的爱国主义精神；②团结协作的集体主义精神；③艰苦奋斗的实干主义精神。引导学生结合“三线精神”思考自己能做的事。

（三）透过历史，看向未来

1. 总结历史，珍惜当下

回顾新中国成立后的几件大事，我们会发现，现在的生活来之不易。为了今天，老一辈无产阶级革命家们做出了巨大的牺牲。

2. 少年强则中国强

（1）教师发起号召。对于未来的中国来说，现在的各位学子就是未来的中流砥柱、国之栋梁。少年强则中国强，同学们要从现在做起，从身边的事做起，为了中华民族的伟大复兴而努力奋斗。

（2）全班签署承诺书。以具有仪式感的方式将主人翁的民族责任感、历史使命感刻进学生的骨子里，期待他们在未来绽放光彩。

考核评价

单元主题：改天换地——创造了社会主义革命和建设的兴国伟业	本课主题：了解社会主义革命和建设伟大成就	等级：□A □B □C □D
学习目标	评价标准	评价工具
（1）了解新中国成立初期国家的基本情况；能够说出“五四宪法”的重要内容，理解为什么说新中国是人民当家作主的社会主义国家	A——能够描述新中国成立初期的国家境况，知道“五四宪法”集中体现了社会主义原则与人民民主原则	以课堂学习任务单的形式进行考核，引导学生在理解的基础上以自己的语言作答
	B——了解新中国成立初期的国家境况，知道“五四宪法”是确立了人民当家作主的宪法	
	C——知道新中国的成立时间和“五四宪法”的颁布时间	
	D——未达C级	
（2）了解“一化三改”的主要内容及重要意义；能说出中共八大的主要内容，理解中共八大的重要意义	A——能准确说出“一化三改”的主要内容，并阐述其重要意义；知道中共八大通过了关于发展国民经济的第二个五年计划的建议和新的党章	口头评价（无评价工具）
	B——能准确说出“一化三改”的主要内容；知道中共八大的召开时间，能说出部分会议内容	
	C——了解“一化三改”的基本内容，能说出中共八大的部分会议内容	
	D——未达C级	

（3）了解研制“两弹一星”的历史背景和重要意义，能讲述部分“两弹一星”元勋的故事；了解三线建设的起因和内容，学习三线精神并联系自身实际谈感想	A——能阐述“两弹一星”和三线建设的部分内容，主动分享“两弹一星”元勋的故事；能联系所学内容说出自己的心得体会	口头评价（无评价工具）
	B——基本了解“两弹一星”和三线建设的相关内容；在课堂学习中积极参与交流	
	C——通过学习，能感受到当下生活的来之不易，产生民族自豪感	
	D——未达C级	

资源链接

1.《“五四宪法”：新中国首部具有基石意义的宪法》，光明网，https://m.gmw.cn/baijia/2021-02/25/34640085.html。

2.《我们为什么要发展“两弹一星”》，新华网，http://www.xinhuanet.com/mil/2016-06/17/c_129071810.htm。

3.《三线——一个时代的记忆》，人民网，http://dangshi.people.com.cn/n/2014/1008/c85037-25786439.html。

4.《一化三改》（纪录片《百炼成钢：中国共产党的100年》第30集），中央电视台，http://news.cctv.com/2021/04/28/VIDEOgAdy3WdZzffjTkfeVsG210428.shtml。

（成都市龙江路小学　罗柯）

初中段：通晓社会主义革命和建设奋斗历程

教学目标

从学生生活实际出发，引导学生对照现实、回望历史，了解我国“一化三改”的历史背景，认同“三大改造”的完成为我国社会主义制度的确立、国家经济发展奠定了坚实的基础，从而增强学生对社会主义制度的情感认同，为坚定制度自信奠定坚实的情感基础。

引导学生深刻感受在社会主义改造和建设过程中，我党坚持尊重社会发展的客观规律，创造性地开辟适合中国特点的社会主义改造道路的实事求是精神、创新精神，以及坚持“从群众中来，到群众中去”的工作方法，为学生未来参与政治、经济生活提供正确的思想指导、理论指导和实践借鉴。

教学内容

（1）工业现代化目标的确立。

①工业现代化目标的提出；

②工业现代化的现实条件。

（2）“三大改造”的历史必然性及改造过程。

①农业和手工业合作化；

②公私合营。

（3）“三大改造”的历史经验和历史意义。

①制度价值；

②经济价值；

③理论价值。

教学重难点

1. 教学重点

“三大改造”的历史必然性和社会主义改造完成的重要历史意义。

2. 教学难点

“三大改造”对我国社会主义制度的确立的重要意义。

学情分析

初中阶段是学生世界观、人生观、价值观逐渐形成的阶段。在这个阶段，学生思想活跃，独立自主意识初步形成，但面对纷繁复杂的世界现象也容易产生思想困惑。本专题课教学的重点在于引导学生了解社会主义革命和建设历程，认识到“三大改造”的基本完成标志着社会主义制度在我国基本建立，社会主义革命取得了历史性胜利，实现了中华民族有史以来最为广泛而深刻的社会变革，实现了一穷二白、人口众多的东方大国大步迈进社会主义社会的伟大飞跃。

设计思路

1. 设计理念

结合初中生的心理特征和认识特点，在教学中注重从生活中常见的经济现象入手，引导学生观察、思考、总结经济现象，逐步从感性认识过渡到理性认识。

结合教学内容和学段特征，在教学中要在讲清历史事实“是什么”的基础上，引导学生分析变革的必要性，并感受社会主义改造的历史价值。

在教学中要注重摆事实、讲道理，用真实的、典型的事例说话，增强说服力，突出思想性、生动性、主体性，增强学生情感认同，提升其政治、经济生活参与能力。

2. 思维导图（见图2-3）

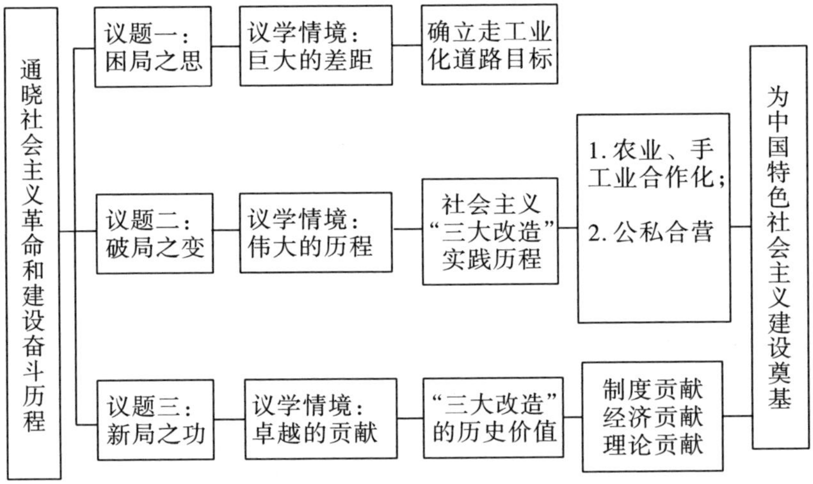

图2-3　专题二初中段思维导图

实施方案

议题一：困局之思

【议学情境一】

播放中华人民共和国成立70周年阅兵式视频与70年前开国大典的阅兵图片，请学生进行对比。

今天的阅兵式让我们看到中国以自信昂扬的姿态屹立在世界的东方，

看到中国的现代化工业和军事装备。回望历史，70年前的开国大典同样让世界瞩目，让我们自豪。但鲜为人知的是，开国大典上接受检阅的30辆坦克，全是用缴获的破旧坦克拼装而成，其中一辆在通过天安门之后还抛了锚。飞过天安门上空的“26架”飞机（实为17架飞机）大都是起义过来的，型号五花八门。没有一辆坦克，也没有一架飞机是中国制造的。1949年，全国的原油产量也只有12万吨。这就是新中国成立时的工业状况。毛泽东曾感慨地说道：现在我们能造什么？能造桌子椅子，能造茶碗茶壶，能种粮食，还能磨成面粉，还能造纸，但是，一辆汽车、一架飞机、一辆坦克、一辆拖拉机都不能造。

议学活动 面对那样的困境，我们需要做什么？（学生讨论）

议学总结 实现工业化，由落后的农业国变为先进的工业国，是中国共产党执政后的头等大事。

【议学情境二】

新中国成立后短短三年，就根本扭转了国民党反动统治留下的混乱局面，实现了政治、经济、社会的稳定，各方面都取得了超出预期的成绩。1953年元旦，人们从当天的《人民日报》社论中，看到这样一句话：“工业化，这是我国人民百年来梦寐以求的理想，这是我国人民不再受帝国主义欺侮、不再过穷困生活的基本保证。”

议学活动 为什么直到1953年，我们才明确提出工业化目标呢？（学生讨论）

议学总结 新中国成立初期，我们面临完成新民主主义革命遗留任务、恢复国民经济等问题，要促进工业化发展需要先扫清障碍。

【议学情境三】

经过三年的整顿和改造，新民主主义社会存在着五种经济成分：社会主义性质的国营经济、半社会主义性质的合作社经济、农民和手工业者的个体经济、私人资本主义经济和国家资本主义经济。在这些经济成分中，通过没收官僚资本而形成的社会主义国营经济，掌握了主要经济命脉，居于领导地位，而以农业和手工业为主体的个体经济，则在国民经济中占绝对优势。

议学活动 对照今天的社会经济状况来看，当时影响工业化的最大社会障碍是什么呢?

议学总结 在当时，要实现国家工业化，就需要与工业化发展相适应的经济条件。新民主主义社会要继续向前发展，就要不断扩大国营经济，同时逐步将资本主义经济和个体经济改变为社会主义经济，使社会主义经济逐步成为我国的经济基础。

播放纪录片《旗帜》片段“工业化和社会主义改造同时并举的过渡时期”。

教学过渡 当时农业和手工业的发展又是什么样的状况呢?新民主主义社会是如何顺利过渡到社会主义社会的呢?我们再把目光转移到1953年，看看当时的农业、手工业和资本主义工商业的状况。

议题二：破局之变

一、农业、手工业合作化

【议学情境一】

经过土地改革，广大农民得到了土地，农村生产力从封建制度束缚下解放出来，农业生产恢复和发展起来了，但农民绝大多数还是靠人畜经营……正因如此，今天农业生产的发展，还有许多困难的条件限制了它，约束了它。

——邓子恢《在全国第一次农村工作会议上的总结报告》

议学活动 土地改革完成后，我国农业的发展面临哪些不利因素?

议学总结 土地改革完成后，农民遇到了缺乏生产工具、资金、水利设施和无力抵御自然灾害等困难，有的贫困农民甚至不得不卖掉自己刚分到不久的土地。这一时期，分散的个体经营影响了农业生产的发展，农产品满足不了国家工业化建设的需要；农民自身也有进行互助合作的要求。

【议学情境二】

播放视频《第一个农业合作社》。

遵化县（今遵化市）属冀东革命老区，西铺村地处遵化县北部山区。20世纪50年代初，这里地少土薄产量低，农民生活水平低下。在毛泽东倡导的农业合作化运动中，西铺村最穷的23户农民最先组织起来，办起了合作社，被人们称为“穷棒子社”。这23户农民入社前与他人合伙养驴，仅有四分之三的股份，所以这个社的家当只有三条驴腿。但是，他们人穷志不短，组织起来，勤俭持家。寒冬腊月，他们兵分两路，老弱妇女在家门口治山，强壮劳动力进山打柴。他们在风雪中苦干一个多月，收获颇丰，柴变成了钱，购置必需的生产资料。几年中，他们靠“穷棒子”精神夺取了一个又一个丰收年，硬是比垮了富农社，教育了等待观望的中农。在合作化高潮中，人们纷纷加入“穷棒子社”，这个社一下子发展到83户，集体力量不断扩大，受到党中央和毛泽东的表彰，全国各大报刊也纷纷刊载他们的事迹。①

议学活动　“穷棒子社”的发展给我们什么启示？

议学总结　新中国成立初期，农业合作化有利于克服个人单打独斗的不足，农村的集体经济模式有利于解放和发展生产力。

1953年12月，中共中央通过《关于发展农业生产合作社的决议》。该决议提出：“逐步实行农业的社会主义改造，使农业能够由落后的小规模生产的个体经济变为先进的大规模生产的合作经济，以便逐步克服工业和农业这两个经济部门发展不相适应的矛盾，并使农民能够逐步完全摆脱贫困的状况而取得共同富裕和普遍繁荣的生活。”国家对农业进行社会主义改造，把分散的个体农民组织起来，引导他们参加农业生产合作社，走集

① 李新芝、郑明杰：《毛泽东纪事　1893—1976》，中央文献出版社，2011年，第627–628页。

体化和共同富裕的社会主义道路。1955年，全国掀起农业合作化的高潮。1956年，全国绝大多数农户参加了农业生产合作社。这场改造运动被称为“农业合作化运动”。

农业合作化运动推动了手工业的社会主义改造。手工业者一方面是劳动者，另一方面又是私有者。中国的手工业劳动者很多，生产量大，涉及的行业非常广泛，但大多数是分散的、落后的、保守的、盲目的个体生产者，生产力低、资金少。手工业的社会主义改造和农业的社会主义改造一样，也是引导手工业者走合作化的道路，建立手工业生产合作社。到1956年底，90%的个体手工业者参加了手工业生产合作社。

党和政府对个体农业和手工业的改造采取了积极发展、稳步前进的方针，遵循自愿互利的原则，走合作化道路。之所以如此，是由我国的国情决定的。这个做法一方面保证了社会主义改造的顺利进行，改变了个体经济的分散性和落后性，另一方面也能够得到广大农民和手工业者的支持，从而调动了他们的生产积极性，为工业化的开展创造了有利条件。这正是“团结就是力量”“众人拾柴火焰高”的生动体现。

二、公私合营

【议学情境三】

展示两段关于公私合营的材料。

材料一：1950到1952年，对于全聚德来说日子也十分难熬。大的经济环境欠佳，国民党军队在撤退时欠了大笔饭费，再加上物价飞涨，经营很困难。在万不得已的情况下，全聚德向北京市政府提出了歇业请求。时任北京市市长彭真提出像全聚德这样的品牌企业必须保留，政府应该给予支持。就这样，北京市政府根据中央的政策方针，在1952年对全聚德先进行公私合营改造。采取五五分成的比例，即作为公家的政府持有50%的股份，私人资本持有另外一半股份。在当时的情况下，私人资本通过公私合营的方式，巧妙地生存下来。

材料二：荣毅仁，1916年出生于江苏无锡。其父亲荣德生是中国近代著名爱国民族资本家，因主要投资面粉加工业和棉纺织业，有“面粉大王”“棉纱大王”之称。1956年，荣毅仁将自己的商业帝国上交给政府，完成公私合营改造。1979年，在邓小平的支持下，荣毅仁创办“中国国际信托投资公司”。借改革开放的东风，他运用荣氏经营家法，带领公司快速发展，为国家和社会做出巨大贡献。1993—1998年，荣毅仁出任中华人民共和国副主席。

议学活动 党和政府对资本主义工商业的社会主义改造和对农业、手工业的改造有什么不同？

议学总结 在社会主义改造过程中，资本主义、官僚资本主义的财产被没收。而民族资产阶级在革命过程中做出了很大贡献，没收其财产显然有失公允；可不没收，就会产生剥削，显然与社会主义的生产资料的公有制不相吻合。

在改造过程中，国家对资本家占有的生产资料实行赎买政策，实现了生产资料由私有制向公有制的和平过渡。这是我国对民族资本主义工商业实行社会主义改造的高级形式，即国家资本主义。全行业的公私合营是指整个行业实行公私合营，企业的生产资料转归国家支配，资本家对企业的资产按固定的利率领取定息（年息为5%），即有代价地把剥削阶级的生产资料收归国有。这种赎买政策，即按全行业公私合营时资本家的资本发给定息。这种赎买政策，实现了和平过渡，是中国社会主义改造的创举。

播放纪录片《旗帜》片段“对资本主义工商业的社会主义改造”。

议题三：新局之功

【议学情境一】

农业合作化的进度这样快，是不是在一种健康的状态中进行的呢？完全是的。一切地方的党组织都全面地领导了这个运动。农民是那样热情而又很有秩序地加入这个运动。他们的生产积极性空前高涨。最广大的群众第一次清楚地看见了自己的将来。在三个五年计划完成的时候，即到一九六七年，粮食和许多其他农作物的产量，比较人民共和国成立以前的最高年产量，可能增加百分之一百到百分之二百。

——毛泽东《中国农村的社会主义高潮》序言（1955年12月27日）

从中华人民共和国成立，到社会主义改造基本完成，这是一个过渡时期。党在这个过渡时期的总路线和总任务，是要在一个相当长的时期内，基本上实现国家工业化和对农业、手工业、资本主义工商业的社会主义改造。这条总路线，应是照耀我们各项工作的灯塔，各项工作离开它，就要犯右倾或“左”倾的错误。

——毛泽东同志审阅周恩来同志在一九五三年夏季
全国财经工作会议上的结论时所作的重要批示

议学活动 “三大改造”对中国社会主义制度发展来说最直接的贡献是什么？

议学总结 1956年，国家基本上完成了对农业、手工业和资本主义工商业的社会主义改造，一亿二千万农户和五百多万个手工业者的个体经济已经变为集体经济，七万户的私营工业企业已经变为公私合营企业，将近二百万户的私营大中小商店已经变为公私合营商店、合作商店、合作小组或者直接变为国营商店。这是把几千年来的生产资料私有制变为公有制，把生产方式由个体生产转变为集体生产的社会主义大革命。

虽然在社会主义改造工作的后期，也存在要求过急、工作过粗、改变过快等缺点，但瑕不掩瑜，到1956年底，社会主义制度在我国建立起来。这是中国历史上最深刻的社会变革，我国从此进入社会主义初级阶段。

【议学情境二】

第一个五年计划期间，我国以苏联帮助兴建的156个项目为中心，先后施工1万多个工业项目。钢铁、煤炭、电力、机械制造等各个领域快速发展，捷报频传。鞍山钢铁公司无缝钢管厂等三大工程、长春第一汽车制造厂、沈阳第一机床厂和飞机制造厂等建成投产。交通运输建设也取得很大成就，新建宝成、鹰厦等铁路30余条；川藏、青藏、新藏公路相继通车，密切了祖国内地与边疆地区的联系；1957年，武汉长江大桥建成，连接了长江南北的交通。

我国在第一个五年计划期间，创造了许多历史上的第一。1953年，中国第一座大型露天煤矿——辽宁阜新海州露天煤矿建成投产。1955年，新中国第一套6000千瓦火力发电机组在上海组装成功，开始建立中国的发电设备生产基地。1955年，中国第一块国产手表在天津诞生。1956年，中国第一辆解放牌汽车在长春第一汽车制造厂生产出来。1956年，中国第一架喷气式歼击机在沈阳试制成功。1956年，中国第一个制造机床的工厂——沈阳第一机床厂建成投产。[①]

议学活动

（1）为什么第一个五年计划期间，我国工业化发展能取得这些伟大成就？

（2）“三大改造”的实践过程对中国特色社会主义建设有什么启示？

议学总结 由于各种条件的成熟，由于党和政府的正确领导和全国人民的努力，在由新民主主义革命向社会主义革命转变的过程中，社会财产没有遭受损失，社会秩序没有发生混乱，社会生产没有下降。更重要的是，随着“三大改造”完成，社会主义制度在我国基本确立，生产资料公有制和集体化生产方式适应了现代工业发展的要求，极大地解放和发展了生产力，促进了生产发展。自此，我国的社会主义工业化道路正式起步。

社会主义制度的建立，是中国历史上的大事，也是中国人多年以来的追求。在中国这样一个发展中大国搞革命、建设、改革，到底应该走自己的道路还是走别人的道路？面对充满期待又前所未有的社会主义建设事业，中国共产党领导中国人民开始了艰辛探索。这种探索，取得了一系列

① 《中国历史（八年级下册）》，人民教育出版社，2017年，第19页。

重大成就，也有过曲折和失误，都为新时期创立中国特色社会主义理论提供了重要的思想来源，也成为中国特色社会主义理论体系历史逻辑的先导和基础。

考核评价

1. 知识考核

（1）以下是新中国成立初期取得的部分工业建设成就，其作用是（　　）

◊长春第一汽车制造厂建成投产

◊中国第一个制造机床的工厂沈阳第一机床厂建成投产

◊中国第一个大批量生产电子管的北京电子管厂建成投产

◊沈阳飞机制造厂成功试制了第一架喷气式飞机

◊1957年武汉长江大桥通车，从此铁路贯通中国南北

◊川藏、青藏、新藏公路先后建成通车

A．完成社会主义改造

B．实现国防和军队的现代化

C．初步奠定社会主义工业化基础

D．开辟中国特色社会主义道路

（2）中国人起名往往追逐时代潮流，带有时代的烙印。莫言在小说《生死疲劳》中有这样一段描写：住在东厢房里的另一户人家，在这段时间里的一个狂风暴雨日，生了一对双胞胎女婴。这两个女孩，长名互助，幼名合作。小说情节反映的时代背景是（　　）

A．土地改革　　　　B．三大改造

C．艰辛探索　　　　D．改革开放

（3）习近平总书记指出：“当代中国正经历着我国历史上最为广泛而深刻的社会变革，也正在进行着人类历史上最为宏大而独特的实践创

新。”中国历史上最深刻的社会变革指的是（　　）

A．中华人民共和国成立　　B．社会主义改造的完成

C．“文化大革命”十年内乱　　D．伟大的改革开放开始

（4）民生轮船公司是近代著名的民族企业，在新中国成立初期，其在资本主义经营模式下平均每天负债增加9000元，一度无法支付工人工资。在1953年实行公私合营一年后就扭亏为盈，劳动生产率增加了190%，职工福利也大大改善。这表明（　　）

A．民族资本主义发展迅速　　B．社会主义改造已经完成

C．三大改造有利经济发展　　D．科学技术是第一生产力

（5）我国对资本主义工商业进行改造的目的是（　　）

A．满足农民获得土地的愿望

B．建立人民民主制度

C．使私有制经济过渡到社会主义公有制经济

D．引导手工业者加入手工业生产合作社

（6）《剑桥中华人民共和国史》中写道：“社会主义改造的‘高潮’引起了‘政治形势的根本变化’。”下列对“政治形势的根本变化”理解正确的是（　　）

A．中国人民真正成为国家的主人

B．新中国工业化建设的号角已经吹响

C．封建剥削土地制度被彻底摧毁

D．社会主义基本制度在我国建立起来

（7）北京同仁堂是闻名全国的中药店，创建于清康熙八年。1954年，国家开始对资本主义工商业进行社会主义改造，其经理乐松生顺应历史潮流，向国家递交申请，实行（　　）

A．公私合营　　B．中外合资

C．承包经营　　D．国企改革

（8）表2–1所示为1952年和1956年国民收入结构表。分析表中数据的

变化，产生这种变化的原因是（　　）

表2-1　1952年和1956年国民收入结构

年份	国营经济占比/%	合作社经济占比/%	公私合营经济占比/%	个体经济占比/%	资本主义经济占比/%
1952年	19.1	1.5	0.7	71.8	6.9
1956年	32.2	53.4	7.3	7.0	0.1

A．三大改造的完成　　B．“大跃进”

C．人民公社化运动　　D．“文化大革命”

（9）“企业的私有制向社会主义公有制转变，这在世界上早就出现过，但采用这样一种和平过渡的方法，使全国工商界都兴高采烈来接受这种改变，则是史无前例的。”“和平方法”指的是（　　）

A．实行股份制　　B．廉价收购

C．赎买政策　　D．无偿没收

（10）某地有一社区叫作“豆腐社”，当地老人说这是因当年按国家政策，将从事豆腐制作加工的手工业者组织在一起，建立了“豆腐生产合作社”而得名的。这是建立的（　　）

A．农业生产合作社　　B．人民公社

C．手工业生产合作社　　D．乡镇企业

（11）新中国成立初期，分散、落后的小农经济束缚着农村生产力的发展，难以满足国家经济建设的需要。对此，国家采取的相应措施是（　　）

A．实行家庭联产承包责任制

B．进行土地改革

C．引导农民参加农业生产合作社

D．开展人民公社化运动

（12）1956年1月15日，北京各界20多万人在天安门广场举行庆祝社会主义改造胜利联欢大会。毛泽东和其他中央领导同志出席了大会。北京市

市长彭真在会上宣布：我们的首都已经进入了社会主义社会。他们庆祝的是（　　）

A．人民当家作主的欢乐　　B．三大改造胜利完成后的欣喜

C．“大跃进”运动初期的信心　　D．“文化大革命”爆发后的狂热

（13）根据材料，回答问题。

材料一：土地改革后，农村经济基本上还是一家一户的小农经济，劳动生产率低下，假如任其自由发展，可能会导致农村贫富两极分化。如果不引导农民走组织起来的路，不仅不能改善农民的生活，而且农村也不可能为工业的发展提供必要的商品、粮食、轻工业原料等条件。

材料二：1952年和1956年各种所有制经济在国民收入中所占比例（见表2-2）。

表2-2　各种所有制经济在国民收入中所占比例

年份	个体经济/%	私营经济/%	公私合营经济/%	集体所有制经济/%	国营经济/%
1952年	71.8	6.9	0.7	1.5	19.1
1956年	7	0.1	7.3	53.4	32.2

①材料一中“组织起来的路”指的是什么？

②材料二表明到1956年我国国民经济结构出现了怎样的实质性转变？

2．活动考核

（1）采用过程性评价和实践性评价，即课堂表现与课外综合素质拓展相结合的方式进行评价。

（2）社会实践：调查了解本土的“一化三改”经典案例，撰写一份社会实践报告并在班上进行分享。

（3）参观探访：参观探访一处能反映“一化三改”历史的典型遗址或博物馆。例如：郫都区的红光镇、大邑县的建川博物馆。

参考文献

［1］本书编写组．中国近现代史纲要［M］．北京：高等教育出版社，2021．

［2］本书编写组．毛泽东思想和中国特色社会主义理论体系概论［M］．北京：高等教育出版社，2021．

［3］毛泽东．毛泽东选集［M］．北京：人民出版社，1991．

（成都市树德中学　杨莲）

高中段：理解社会主义建设曲折发展

教学目标

（1）政治认同：通过了解社会主义革命和建设的伟大成就，认同社会主义改造的必要性，深刻领会社会主义制度在中国确立的巨大历史意义，以及其承前启后的作用，认同社会主义道路。体悟社会主义作为新的社会形态具有强大生命力，从而增强社会主义社会代替资本主义社会是历史发展必然趋势的信心，树立只有社会主义才能救中国的坚定信念，增强道路自信、理论自信、制度自信和文化自信。

（2）科学精神：学会辩证地看待中国在社会主义改造和建设初期探索道路的成就和曲折，理解社会主义革命和社会主义建设的道路不是一帆风顺的，培养用发展的观点看问题的能力。

（3）公共参与：了解新中国自成立以来取得的成就和经历的曲折，积极投身实践，参与社会主义现代化建设，报效祖国。

教学内容

（1）社会主义制度的确立。

（2）社会主义建设在艰辛探索中前进。

教学重难点

1. 教学重点

（1）生产资料所有制的社会主义改造完成的历史影响。

（2）中国走社会主义道路的必然性和正确性。

（3）毛泽东思想对中国革命和社会主义建设的指导作用。

2. 教学难点

（1）新民主主义向社会主义过渡的历史必然性。

（2）社会主义改造完成后，我国社会的主要矛盾和根本任务。

学情分析

通过小学、初中阶段的学习，学生对只有社会主义才能救中国、只有社会主义才能发展中国有了一定认识和理解。高中生的认知能力进一步增强，思想逐步迈向成熟，探究能力、思辨能力都有明显提升。因此，在教学中要选择恰当的史料，创设教学情境，通过适当的探讨，引导学生深化对社会主义建设曲折发展的理解，更加珍爱我国社会主义制度和新中国发展成就，增强道路自信、理论自信、制度自信和文化自信，坚定社会主义和共产主义信念。

设计思路

1. 设计理念

坚持以学生为主体、以教师为主导，围绕社会主义制度的确立和在艰辛探索中前进两大主题，通过一定的史料和情境，引导学生进行自主合作式学习、探究式学习，启发学生思考，生成观点，增强情感；引导学生深化对社会主义建设曲折发展的理解，更加珍爱我国社会主义制度和新中国发展成就，增强道路自信、理论自信、制度自信和文化自信，坚定社会主义和共产主义信念。

2. 思维导图（见图2–4）

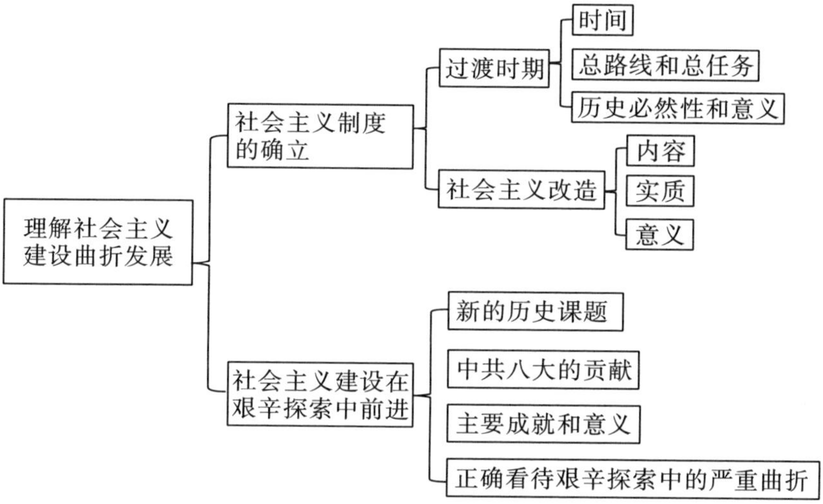

图2–4　专题二高中段思维导图

实施方案

一、课堂导入

2021年是中国共产党成立100周年。百年征程波澜壮阔，百年初心历久弥坚。从上海石库门到北京天安门，从兴业路到复兴路，中国共产党立志于中华民族千秋伟业，百年恰是风华正茂。

小小邮票记载历史大事，反映时代变迁。今天让我们透过这张老邮票，追溯新中国的一段开国往事。

展示“中华人民共和国开国纪念”邮票，由两位学生代表讲述邮票背后那些不为人知的往事，将党史学习教育融入思政课堂。

故事一：新中国成立之初，我国共有100多架飞机，但是真正能飞的只有17架，用于开国大典阅兵式显得场面不大。最后，周总理拍板决定，9架飞机先飞，8架后飞，先飞的9架飞机绕一圈再飞一次，造成有26架飞机的错觉。次日，外媒纷纷报道中国空军有26架主力战机。这就是“17变26”的故事。

故事二：举行开国大典的时候，我国西南、西北、华南的战事仍在继续，国民党空军随时可能对北京实施空袭。于是，中央军委经过慎重考虑，决定带弹飞行，这在世界航空检阅史上绝无仅有。这就是“带弹检阅”的故事。事实上，国民党空军确实制定了空袭计划，但是从台北无法直袭北京，需要借道朝鲜补给，被朝鲜拒绝了，最终作罢。

这两个故事惊心动魄又令人感慨万千，道出了新中国成立之初的状态——百废待兴。但“中国人民不但善于破坏一个旧世界、也善于建设一个新世界”[①]。中国社会主义建设虽然经历了曲折，但彰显了一个伟大真理——只有社会主义才能救中国！

二、新课讲授

材料展示 新中国成立前夕，党的七届二中全会提出了中国由农业国向工业国转变、由新民主主义社会向社会主义社会转变的发展方向。

1952年9月，毛泽东提出用10年至15年时间逐步过渡到社会主义的设想。1953年6月，毛泽东在中共中央政治局会议上提出了关于过渡时期总路线的建议。

1953年9月，中共中央公布了党在过渡时期的总路线。12月，中共中央批准并转发由中共中央宣传部编写的《为动员一切力量把我国建设成为一个伟大的社会主义国家而斗争——关于党在过渡时期总路线的学习和宣传提纲》。

教师引导 从中华人民共和国成立到社会主义改造基本完成，这

① 习近平：《在庆祝中国共产党成立100周年大会上的讲话》，人民出版社，2021年，第5页。

是一个过渡时期（1949—1956年）。过渡时期分为两个阶段。第一阶段（1949—1952年底）：经济恢复时期，解决新民主主义革命遗留问题时期。第二阶段（1953—1956年）：向社会主义过渡时期。

现在请同学们回答两个问题：

（1）过渡时期的总路线和总任务是什么？

（2）完成过渡时期总任务有什么意义？

学生思考、回答。

教师总结

（1）过渡时期的总路线和总任务，是要在一个相当长的时期内，逐步实现国家的社会主义工业化，并逐步实现国家对农业、对手工业和对资本主义工商业的社会主义改造。

（2）实现过渡时期总任务的意义是完成从新民主主义向社会主义的过渡，在中国正式确立社会主义制度，完成中华民族有史以来最深刻最伟大的社会变革。

接下来，我们就一起来探究这段伟大而艰辛的历程。

小组探究一：最深刻最伟大的社会变革

材料一：在中国实现社会主义，是中国共产党自创立时起就确定的奋斗目标。基于旧中国是一个经济文化十分落后的半殖民地半封建社会的基本国情，党确定实现社会主义必须分两步走，必须经过新民主主义革命才能转入社会主义革命。这是中国革命发展的必由之路。因此，党在很长的时间里一直以新民主主义作为自己第一步的纲领，用以规定当前革命的性质和通过这个革命所建立的共和国的性质。在新中国建立之时，中国人民政治协商会议制定的起临时宪法作用的《共同纲领》，没有把中国的社会主义前途写进去。当时党中央认为：先经过一段新民主主义建设时期，再实行资本主义工商业的国有化和个体农业的集体化。这至少要十年到十五年，然后视情况而定。

材料二：新中国的国营经济，随着接管城市过程中没收官僚资本企业逐步建立起来。到1950年初，合计接管官僚资本的工矿企业2800余家，金融企业2400余家，它们构成了中华人民共和国成立初期国营经济的主要部分。同时，人民政府还废除帝国主义利用不平等条约获取的在中国的经济特权，收回长期被帝国主义盘踞的中国海关，实行对外贸的管制和对外汇的管理，维护了国家的独立、主权和经济等方面的利益。

材料三：1955年夏季起到1956年底，我国加快了对农业、手工业和资本主义工商业社会主义改造的步伐，在较短的时间里，实现了生产资料所有制的深刻变革，社会主义改造取得决定性的胜利。全民所有制和劳动群众集体所有制这两种社会主义公有制形式，已在整个国民经济中占据绝对优势地位。伴随着社会主义经济基础的建立，我国人民民主专政的国家制度也逐步健全起来。马克思主义在国家政治生活中指导地位的确立，促使社会主义的思想意识和社会道德规范在人民中间逐渐树立起来。有了新的社会主义经济基础，又有依据社会主义的原则进行政治、文化、思想、社会生活等各方面建设的成果，这就初步建立了社会主义基本制度。

教师引导 结合上述材料，思考以下问题：

（1）新中国成立之时，在党中央看来，当时的中国是否具有由新民主主义革命向社会主义革命过渡的历史条件？

（2）新中国的国营经济对于促成中国从新民主主义革命向社会主义革命过渡起到了怎样的作用？

（3）中国是怎么实现从新民主主义革命向社会主义革命转变的？

（4）在中国完成社会主义改造有什么重大历史意义？

学生讨论 学生分4组讨论后回答：

（1）在新中国成立之时，党中央认为当时的中国还不具备从新民主主义革命向社会主义革命过渡的历史条件。

（2）要实现从新民主主义革命向社会主义革命的过渡，必须对资本主义工商业进行社会主义改造，必须引导农民和手工业者走合作化道路。社会主义公有制经济是社会主义经济制度的基础，没有生产资料公有制，特别是没有国有经济，是无法建立起社会主义经济制度的。所以，材料二中国营经济的发展壮大为实现向社会主义过渡奠定了最基本的基础。

知识链接：到1952年，国营工业产值在全国现代工业总产值中的比重已增加到56%，国营批发商业的营业额占全国批发商业营业总额的60%。从1953年1月开始执行的“一五”计划，使我国经济中的社会主义成分进一步发展壮大，社会主义经济已成为我国社会经济中主导性的强大因素。

（3）中国是通过对农业、手工业和资本主义工商业的社会主义改造完成从新民主主义革命向社会主义革命过渡的。在向社会主义过渡的进程中，党创造了一系列适合中国特点的过渡形式。

①个体农业经济难以适应国家工业化建设的新形势，迫切需要组织起来。在农业方面，我国创造了以初级农业生产合作社为主要形式的多种互助合作形式，使农民的个体私有制逐步转变为社会主义集体所有制。对个体手工业，也采取类似的办法。

知识链接：国民经济恢复时期，简单协作的互助组已经普遍建立起来，土地入股的初级农业生产合作社也开始发展，基本生产资料集体所有的高级合作社也有了若干典型经验。随着“一五”计划的实施和国家工业化高潮的到来，我国更加需要一个巩固的农业基础和农产品保障。党认为完成上述任务，仅靠个体农业经济是不可能的，只有组织起来，互助合作，才能发展生产，提高农业生产水平，加强农业保障作用，实现农民共同富裕。

②对资本主义工商业的改造。这一时期，在同资本主义经济反抗国家限制的不法行为和消极作用做斗争的过程中，在合理调整工商业（主要是合理分配原料和市场，在保证国营经济发展的同时继续发挥私营工商业的积极作用）的过程中，国家创造了加工订货、经销代销、统购包销、公私合营、全行业公私合营等一系列从低级到高级的国家资本主义形式。这些本来是为了帮助私营工商业克服生产困难而采取的措施，结果加深了它们同社会主义国营工商业的联系，引起它们在生产关系上发生不同程度的变

化，从而也就不同程度地开始了对它们的社会主义改造，最终成功地实现了对资本主义工商业的和平赎买。

（4）在过渡时期总路线的指引下，中国共产党在一个经济文化落后的东方大国，创造性地开辟了一条适合中国特点的社会主义改造道路，顺利实现了对生产资料私有制的社会主义改造，在中国建立起社会主义制度，完成了中华民族有史以来最深刻最伟大的社会变革。

教师总结　社会主义改造的伟大胜利，极大地激发了广大人民群众建设社会主义的积极性。社会生产力有了比较迅速的发展，社会秩序更加稳定，人民民主专政更加巩固，从而为我国全面建设社会主义奠定了坚实基础。

小组探究二：在艰辛探索中前进

材料一：

1954年，毛泽东在中央人民政府委员会第30次会议上说："现在我们能造什么？能造桌子椅子，能造茶碗茶壶，能种粮食，还能磨成面粉，还能造纸，但是，一辆汽车、一架飞机、一辆坦克、一辆拖拉机都不能造。"

我国的第一个五年计划，是在缺乏经验和统计资料的情况下，根据毛泽东关于优先发展重工业的指示精神编制的。经过反复酝酿，前后数易其稿，费时四年，"边建、边改、边学"，终于编成并付诸实施。1957年底，"一五"计划各项指标全面提前超额完成。

"一五"期间，在苏联的援助下，我国迅速建立起前所未有的新兴工业部门，如飞机、汽车、重型机器、发电设备、冶金和矿山设备、精密仪表、新式机床、塑料、无线和有线电器材的制造等。我国建立起一大批新的钢铁、煤炭、电力、机械、有色金属、化工和军工企业，构成了我国工业布局的基本框架。"一五"计划的提前完成，为我国的工业化打下了初步基础。

教师引导　结合上述材料，谈谈新中国成立初期取得巨大成就的主要原因是什么。

学生讨论　新中国成立初期，我国经济社会建设取得了巨大成就，主要原因包括：

（1）在新中国成立后短短三年内，从根本上扭转了国民党反动派留下的混乱局面，实现了政治、经济、社会的稳定。

（2）从总体上把握恢复和发展生产这一中心任务，使国民经济得到全面恢复和初步发展。

（3）确定了过渡时期的总路线，实现了生产资料私有制的社会主义改造，建立起社会主义制度，完成了中华民族有史以来最深刻最伟大的社会变革。

教师总结　确立社会主义基本制度后，如何在中国建设社会主义、如何巩固和发展社会主义，是崭新的历史课题，没有现成的答案可以遵循。中国共产党在马克思列宁主义基本原理指导下，以苏联经验教训为鉴戒，结合中国具体实际，艰辛探索适合中国国情的社会主义建设道路。接下来我们来看看毛主席针对这个问题是如何回答的。

材料二：在探索社会主义道路的过程中，毛泽东提出，最重要的是要独立思考，把马列主义的基本原理同中国革命和建设的具体实际相结合。民主革命时期，我们吃了大亏之后才成功地实现了这种结合，取得了新民主主义革命的胜利。现在是社会主义革命和建设时期，我们要进行第二次结合，找出在中国怎样建设社会主义的道路。毛泽东说："照抄是很危险的，成功的经验，在这个国家是成功的，但在另一个国家如果不同本国的情况相结合而一模一样地照搬就会导向失败。照抄别国的经验是要吃亏的，照抄是一定会上当的。这是一条重要的国际经验。"①

教师引导　有人说，如果党的七大是革命的胜利乐章，那党的八大就是社会主义社会建设的强国序曲。对此，你是怎么看待的？社会主义改造基本完成后中国社会的主要矛盾和根本任务有哪些变化呢？

① 《毛泽东文集》第7卷，人民出版社，1999年，第64页。

学生讨论　党的八大最重要的贡献是对社会主义改造基本完成后中国社会的主要矛盾和根本任务做出了规定，为社会主义事业的发展指明了方向。大会完全肯定了党中央自七大以来的路线是正确的，同时正确地分析了社会主义改造基本完成以后中国阶级关系和国内主要矛盾的变化，确定把党的工作重点转向社会主义建设。大会提出，生产资料私有制的社会主义改造基本完成以后，国内的主要矛盾不再是工人阶级和资产阶级之间的矛盾，而是人民对于建立先进的工业国的要求同落后的农业国的现实之间的矛盾，是人民对于经济文化迅速发展的需要同当前经济文化不能满足人民需要的状况之间的矛盾。这一矛盾的实质，在中国社会主义制度已经建立的情况下，也就是先进的社会主义制度同落后的社会生产之间的矛盾。解决这个矛盾的办法是发展社会生产力，实行大规模的经济建设。为此，大会做出了党和国家的工作重点必须转移到社会主义建设上来的重大战略决策。大会在总结我国第一个五年计划实施经验的基础上，继续坚持既反保守又反冒进，即在综合平衡中稳步前进的经济建设方针。

当然，由于实践的时间还很短，理论上和思想上还不可能很成熟，许多新的设想还没有付诸实施，或者没有充分付诸实施。但是，党的八大对中国社会主义道路的探索取得了初步成果，历史证明这些成果对于党和国家事业的发展有长远而重要的意义。

党的八大关于国内主要矛盾的实质的提法，在理论上有不完全准确的地方，因为这个提法没有全面地指出，社会主义的生产关系已经建立起来，它是和生产力的发展相适应的；同时它又还很不完善，这些不完善的方面和生产力的发展又是相矛盾的。但是上述提法的着眼点，在于把中国生产力发展还很落后这一基本国情突出出来，强调在社会主义改造已经基本完成的情况下，国家的主要任务已经由解放生产力变为在新的生产关系下保护和发展生产力，全党要集中力量去发展生产力。这个着眼点，历史证明是正确的。

教师引导　当时党和全国人民的主要任务是什么？

学生思考、回答。

教师总结 当时，党和全国人民的主要任务是集中力量发展社会生产力，尽快把我国由落后的农业国变为先进的工业国。

教师引导 社会主义制度确立之后，我国发生了哪些变化？取得了哪些成就呢？

学生思考、回答。

教师总结 社会主义制度确立之后，我国建立起独立的比较完整的工业体系和国民经济体系，农业方面初步满足了占世界四分之一人口的基本生活需求，建筑、交通运输等基础设施建设获得较快发展，教育医疗事业得到长足进步，人们的精神面貌得到了极大改变，科技发展取得重要突破，我国成为在世界上有重要影响的大国。这些改变不仅仅是物质上的，也有精神上的。

教师引导 这一时期都产生了哪些精神呢？

学生讨论 这一时期的社会主义革命和建设为中华民族精神增添了新的时代内容。在研制“两弹一星”的过程中，广大科研人员培育和发扬了一种崇高的精神，这就是热爱祖国、无私奉献、自力更生、艰苦奋斗、大力协同、勇于登攀的“两弹一星”精神。同时，还有体现中国工人阶级风貌的大庆精神，即为国争光、为民族争气的爱国主义精神，独立自主、自力更生的艰苦创业精神，讲求科学、“三老四严”的求实精神，胸怀全局、为国分忧的奉献精神。

教师总结 这些精神时至今日依然激励着我们不断前进。在新时代的今天，我们也在不断传承和发扬着这些伟大的民族精神。

材料三：

（一）1957年底至1961年初的“大跃进”是指全国在经济建设中开展的以实现工农业生产高指标为主要特征的群众运动。由于片面追求经济建设高速度，忽视了客观的经济规律，加上对社会主义建设经验不足，以及当时的自然灾害等因素，1959年至1961年我国经济出现了严重困难。

（二）“文化大革命”全称“无产阶级文化大革命”，发生于1966年5月至1976年10月，是一场由领导者错误发动，被反革命集团利用，给党、国家和各族人民带来严重灾难的内乱，留下了极其惨痛的教训。

教师引导 我们应该如何正确看待在社会主义建设过程中所经历的严重曲折?

学生讨论 在进行新民主主义革命时尚有苏联经验可参照，而在社会主义建设时期完全没有其他经验可参照，所以难免会出现这样或那样的错误。但错误是过去时，重要的是正确对待这些错误。

习近平总书记在纪念毛泽东同志诞辰120周年座谈会上的讲话中指出：“在中国这样的社会历史条件下建设社会主义，没有先例，犹如攀登一座人迹未至的高山，一切攀登者都要披荆斩棘、开通道路。”“历史就是历史，历史不能任意选择，一个民族的历史是一个民族安身立命的基础。不论发生过什么波折和曲折，不论出现过什么苦难和困难，中华民族5000多年的文明史，中国人民近代以来170多年的斗争史，中国共产党90多年的奋斗史，中华人民共和国60多年的发展史，都是人民书写的历史。历史总是向前发展的，我们总结和吸取历史教训，目的是以史为鉴、更好前进。”

我们应该正确看待艰辛探索中的严重曲折。我国在社会主义建设的探索过程中，虽然经历了严重曲折，但党在社会主义革命和建设中取得的独创性理论成果和巨大成就，为在新的历史时期开创中国特色社会主义提供了宝贵经验、理论准备和物质基础。

党在取得伟大成就的同时，也经历了挫折。这也符合马克思主义哲学辩证法的发展观点，即事物发展的趋势是前进性与曲折性的统一，前进中有曲折，曲折中向前进。正是由于党内外强烈要求纠正“文化大革命”的错误，党和国家从危难中重新奋起，于是就有了决定党和国家前途命运的伟大转折——党的十一届三中全会，中国人民从此迈上了改革开放的康庄大道。

总之，一百年恰是风华正茂，新征程仍需砥砺前行。当前，全党上下正在持续推进党史学习教育，作为担当民族复兴大任的时代新人，我们要从党史学习中汲取力量，努力学习，报效祖国！

三、课堂小结与升华

本专题课学习了社会主义制度的确立以及社会主义建设的全面展开和曲折发展等内容。只有社会主义才能救中国，这不是一句口号，这是中国共产党带领中国人民在实践中总结出来的。新民主主义革命的胜利、中华人民共和国的诞生、社会主义基本制度的确立和社会主义建设的全面展开，实现了中华民族从“东亚病夫”到站起来的伟大飞跃，一次又一次证明了只有社会主义才能救中国。我们作为担当民族复兴大任的时代新人，只要坚定对中国共产党和社会主义道路的信心，在学习、实践中汲取力量，积极报效祖国，必然能助力祖国走向更加美好的未来。

考核评价

1. 知识考核

（1）以史为鉴，可以知兴替。在党的历次代表大会中，中共八大尤其值得我们回顾，这是新中国成立后举行的首次党的代表大会。历史证明，中共八大对于党的事业发展有长远而重要的意义。中共八大（　　）

①正确分析了社会基本矛盾的变化，为社会主义事业发展指明了方向

②指出当前的主要任务是集中力量发展社会生产力，尽快把我国变成先进的工业国

③指出社会主义改造完成后社会主义社会将不再有矛盾

④指出国内的主要矛盾是人民对于建立先进的工业国的要求同落后的农业国的现实之间的矛盾

A. ①②　　B. ③④　　C. ①③　　D. ②④

（2）1953年，中共中央提出了过渡时期的总路线，主要内容包括（　　）

①逐步实现社会主义工业化

②提出对农业、手工业、资本主义工商业进行社会主义改造

③实行家庭联产承包责任制

④“一个中心，两个基本点”

A. ①②　　B. ③④　　C. ①③　　D. ②③

（3）________实现了中华民族从“东亚病夫”到站起来的伟大飞跃。（　　）

①社会主义基本制度的确立　②抗日战争最后取得胜利

③中华人民共和国的诞生　④社会主义建设的全面展开

⑤新民主主义革命的胜利　⑥中国共产党的成立

A. ①②③⑥　B. ①②④⑥　C. ①③④⑤　D. ②③④⑤

（4）阅读表2-3所列材料，指出材料中反映的中国城镇人口变化的趋势，并说明这一变化的原因。

表2-3　1950年和1960年中国城镇人口比重

年份	中国总人口／万人	中国城镇人口／万人	中国城镇人口占全国总人口的比重／%
1950年	55196	6169	11.2
1960年	66207	13073	19.7

2. 活动考核

主题演讲：学“四史”精神，担时代使命。

（注：学“四史”指的是学习中国共产党史、新中国史、改革开放史和社会主义发展史。）

参考文献

［1］习近平．习近平谈治国理政（第二卷）［M］．北京：外文出版社，2017.

［2］本书编写组．社会主义发展简史［M］．北京：人民出版社，学习出版社，2021.

［3］本书编写组．改革开放简史［M］．北京：人民出版社，学习出版社，2021.

［4］本书编写组．中华人民共和国简史［M］．北京：人民出版社，学习出版社，2021.

（成都市树德中学　李胜良）

大学段：领悟社会主义建设规律

教学目标

通过讲解新中国成立以后，以毛泽东同志为核心的第一代中央领导集体带领全党全国各族人民建设社会主义取得的伟大成绩和宝贵经验，阐释中国共产党在社会主义建设时期的伟大实践和伟大成绩，教育学生掌握马克思主义关于社会主义建设的基本理论，进一步领悟和理解社会主义社会建设规律。

通过本专题教学，引导大学生牢固树立“四个自信”，增强对中国共产党的认同和拥护，自觉做到“两个维护”；激发大学生爱国热情，调动其学习积极性，为实现中国梦提供强大的青春力量。

教学内容

（1）社会主义发展阶段的科学判断；

（2）社会主义社会主要矛盾的认识；

（3）中国社会主义建设的伟大探索；

（4）中国社会主义建设的主要成绩；

（5）中国社会主义建设的基本规律。

教学重难点

1．教学重点

社会主义建设的发展阶段、基本矛盾、伟大探索、主要成绩、基本规律的内涵十分丰富，如何让学生准确理解其重要内涵和当代价值，内化于心，外化于行，是本次教学的重点内容。

2．教学难点

如何坚持历史与现实相结合的方法，用党的伟大成就激励人，用党的优良传统教育人，用党的成功经验启迪人，用党的历史教训警示人，增强大学生对中国特色社会主义的认同，引导大学生将课堂的理论学习内化为正确的价值观念，进而外化为自己的自觉行动，坚定信仰信念，增强自信自觉，敢于担当担责，不断开拓创新，是本次教学的难点。

学情分析

当代大学生通过之前中小学思政课和历史课的学习，对中国共产党百年奋斗的光辉历史和伟大成就有了一定的认识；尤其是在信息化时代，学生的知识储备较丰富，信息获取方便快捷，为在大学阶段开展相关教育奠定了基础。同时，大学生处于世界观、人生观、价值观塑造的关键时期，既对知识充满渴望，又缺乏一定的辨别能力。因此，在大学思政和历史课堂上通过史论结合等教育方法，引导青年大学生正确认识中国共产党百年伟大成就和宝贵经验，显得十分必要。

设计思路

1．设计理念

以学生为中心，通过采用问题链、混合式、启发式的教学方式，结合视频、图片等材料和多媒体手段，从多角度向学生讲解清楚新中国成立以后，中国共产党带领全国人民开展社会主义革命和建设的科学判断、伟大实践、宝贵经验。在课程讲授的具体环节，增加互动问答、小组讨论、案例分析等，充分调动学生的积极性和参与度，提高学生的课堂学习兴趣，保证学生的课堂学习效果。在具体内容讲授方面，以“社会主义发展阶段”的科学判断作为切入点，引出“领悟社会主义建设规律”这一主题。从“社会主义发展阶段的科学判断、社会主义社会主要矛盾的认识、中国社会主义建设的伟大探索、中国社会主义建设的主要成绩、中国社会主义建设的基本规律”五个方面展开具体内容的讲授。主体内容讲授结束后，作简单小结，以达到情感升华和价值引导的教育目的。

2. 思维导图（见图2–5）

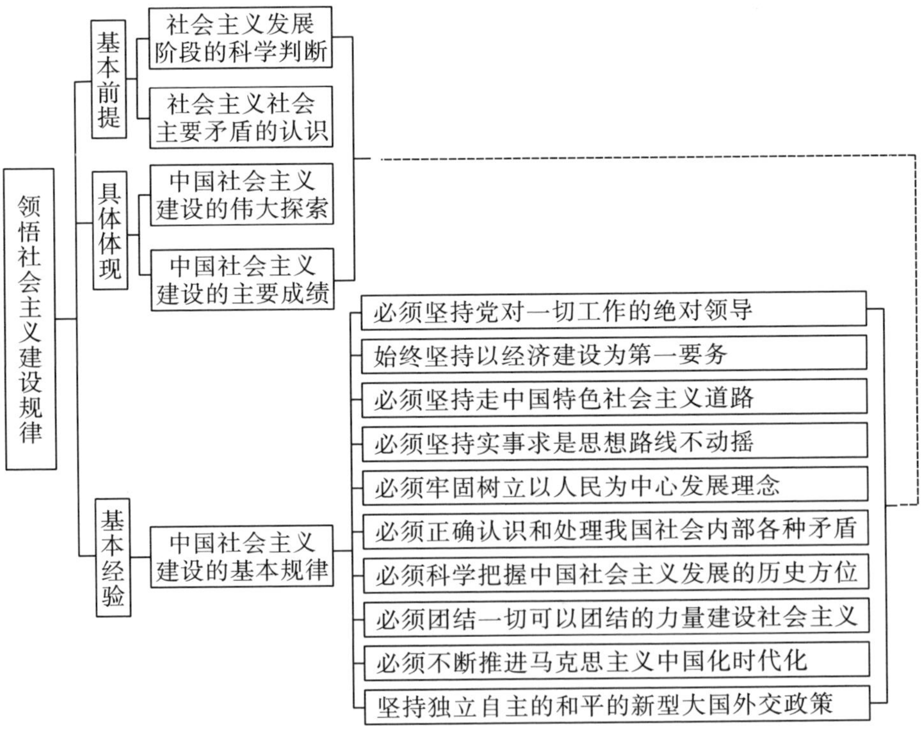

图2–5　专题二大学段思维导图

实施方案

一、社会主义发展阶段的科学判断

问题导入 社会主义要经历哪些发展阶段？我国当前处于什么发展阶段？（这是社会主义国家制定社会主义建设的路线、方针和政策的主要依据，也是本专题教学要牢牢把握的基础性认识。）

学生思考并作答。

教师讲解 对马克思主义经典作家关于社会主义发展阶段的理论进行历史性梳理。

马克思、恩格斯一生执着追求真理，努力探索人类社会发展的客观规律，总结出了人类历史发展的一般规律性和必然性、历史发展的一般趋势，这些思想理论是马克思、恩格斯社会发展阶段理论和共产主义思想的集中反映。在《1844年经济学哲学手稿》及其他一些著作中，马克思进行了有关未来共产主义社会阶段的描述和探讨，预见到未来共产主义社会必将经历一个从低级到高级的发展阶段。在《哥达纲领批判》一文中，马克思对未来共产主义社会两个发展阶段的问题进行了阐述，明确地把两个阶段分别称作“第一阶段”和“一个较高的阶段”。

在苏联社会主义建设过程中，形成了许多关于社会主义发展阶段的理论成果。列宁首次区分了社会主义和共产主义的不同，指出了建设社会主义的长期性。在著作《国家与革命》中，列宁依据马克思、恩格斯关于未来共产主义社会发展阶段学说，把无产阶级夺取政权后的社会划分为三个发展阶段，即过渡时期、社会主义社会、共产主义社会，[①]并从各个方面对每一发展阶段的本质特征做了具体阐述。

马克思主义经典作家关于社会发展阶段的理论，为正确认识我国社会

① 《列宁全集》第31卷，人民出版社，2017年，第79–91页。

主义历史阶段提供了科学方法论。新中国成立后，以毛泽东同志为主要代表的中国共产党人对当时中国社会形势做出了正确分析，提出中国社会要从新民主主义社会逐步过渡到社会主义社会。毛泽东第一次明确地区分了社会主义的“建立”和“建成”。1957年2月，他在《如何处理人民内部的矛盾》中指出：“中国的社会制度才建立，并没有完成，也没有完全巩固。”[①]“我们的社会制度需要一个不断巩固自我的过程。老百姓也还需要一个适应过程，相关工作人员也需要一个学习和积累经验的过程。”[②]也就是说，成功建立了社会主义制度与最终实现社会主义，两者之间并不存在必然的相等关系，需要我们冷静地将社会主义制度的建立和社会主义的建立区分开来，这一认识符合马克思主义的历史唯物主义观点。1959年底，毛泽东在《读苏联〈政治经济学教科书〉的谈话》中指出，社会主义这个阶段，又可能分为两个阶段：第一个阶段是不发达的社会主义，第二个阶段是比较发达的社会主义。后一阶段可能比前一阶段需要更长的时间。经过后一阶段，到了物质产品、精神财富都极为丰富和人们的共产主义觉悟极大提高的时候，就可以进入共产主义社会了。毛泽东这一探索成果，是对马克思主义的重要发展，也是社会主义初级阶段理论的重要来源。毛泽东把社会主义的历史进程划分为两个不同的发展阶段，预计从不发达的社会主义阶段，发展成为发达的社会主义需要100年的时间。毛泽东的这一观点是立足于当时中国的具体实际而提出的，他表示：“中国人口密集，基础太过薄弱，经济落后，如果想使生产力有大的发展，赶上和超过其他先进的国家，离不开100多年。”[③]毛泽东对中国社会主义发展阶段的正确认识，体现了建设社会主义的长期性和艰巨性，为我们如今正确认识社会主义初级阶段理论奠定了重要的理论基础。

学生讨论 如何理解和评价毛泽东在社会主义建设的探索时期提出

① 《毛泽东著作选读》（下），人民出版社，1986年，第126页。
② 《毛泽东文集》第7卷，人民出版社，2004年，第214页。
③ 《毛泽东文集》第8卷，人民出版社，2004年，第301页。

的社会主义分为不发达的阶段和比较发达的阶段?

教师总结　中国共产党历代领导集体对我国社会主义发展阶段的分析与判断秉持了历史唯物主义的基本立场和观点，总结出了我国社会主义建设的基本规律和基本经验，对我国社会主义发展所处的历史方位做出了科学判断。毛泽东充分吸取苏联社会主义建设过程中的经验与教训，他关于社会主义发展阶段的正确观点是对苏联社会主义发展阶段理论的扬弃。准确判断我国社会所处历史阶段，是推进社会主义建设的基本前提。深入研究中国共产党社会主义发展阶段理论，有助于我们科学把握我国目前所处的历史方位和发展阶段，进而坚定中国特色社会主义道路、理论、制度和文化自信，对实现“两个一百年”奋斗目标，实现中华民族伟大复兴的中国梦有着重大的理论价值和现实意义。

二、社会主义社会主要矛盾的认识

问题导入　请回顾并简述中国共产党成立以来，我国社会主要矛盾的演变历史。

学生思考、讨论并作答。

教师总结

（1）近代中国社会主要矛盾是帝国主义和中华民族的矛盾、封建主义和人民大众的矛盾。

（2）抗日战争时期，九一八事变后，中日民族矛盾逐渐超越国内阶级矛盾，上升为主要矛盾。

（3）社会主义改造基本完成以后，党的八大根据我国社会主义改造基本完成后的形势，提出国内主要矛盾已经不再是工人阶级和资产阶级的矛盾，而是人民对于建立先进的工业国的要求同落后的农业国的现实之间的矛盾，是人民对于经济文化迅速发展的需要同当前经济文化不能满足人民需要的状况之间的矛盾。

（4）改革开放后，党明确我国社会主要矛盾是人民日益增长的物质文化需要同落后的社会生产之间的矛盾。

（5）党的十九大，明确我国社会主要矛盾是人民日益增长的美好生活需要和不平衡不充分的发展之间的矛盾。

如何正确认识和处理社会主义社会的矛盾，是科学社会主义发展史上的历史性课题。对于这个问题，马克思主义经典作家曾做过某些原则性论述。

马克思在《〈政治经济学批判〉序言》中，根据他对人类社会的演进和纷繁复杂的社会现象的长期研究，指明了推动社会发展的具有决定作用的基本矛盾，他指出："社会的物质生产力发展到一定阶段，便同它们一直在其中运动的现存生产关系或财产关系（这只是生产关系的法律用语）发生矛盾。于是这些关系便由生产力的发展形式变成生产力的桎梏。那时社会革命的时代就到来了。随着经济基础的变更，全部庞大的上层建筑也或慢或快地发生变革。"①虽然在这里他没有使用"基本矛盾"这一概念，但我们只要仔细领会，就会发现在这个经典表述中已经包含了生产关系和生产力、上层建筑和经济基础这两种基本矛盾推动社会向前发展的重要思想。后来，恩格斯在《社会主义从空想到科学的发展》一文中，曾明确使用过"基本矛盾"的概念，他强调：社会化生产与资本主义占有制之间的矛盾，"是产生现代社会的一切矛盾的基本矛盾，现代社会就在这一切矛盾中运动，而大工业把它们明显地暴露出来了"②。

十月革命之后，列宁根据建立和巩固苏维埃政权斗争的实践经验，在他的许多论述中，分析了社会主义社会存在的许多矛盾。他谈到了社会主义社会中工人阶级内部的矛盾及其处理办法等。他在《评经济浪漫主义》一文中讨论资本主义经济危机的成因时指出："因为危机是由现代经济制度中另一个更深刻的基本矛盾，即生产的社会性和占有的私人性之间的矛

① 《马克思恩格斯选集》第2卷，人民出版社，1995年，第32-33页。
② 《马克思恩格斯选集》第3卷，人民出版社，1995年，第758-759页。

盾引起的”。[1]这个深刻的理论观点，反映了整个人类社会都是建立在社会生产的基础之上，社会的运动和社会的面貌归根到底都是由生产力和生产关系之间的矛盾决定的。

正是在这些理论的滋养下，毛泽东结合我国社会主义建设的经验，总结国际共产主义运动的历史经验，开始对社会主义制度建立后的社会运动的本质和特点进行了深入的思考和研究，对我国社会主义发展阶段的长期性和面临的根本任务有了初步认识。

1956年8月，毛泽东在修改中共八大政治报告稿时加了一段重要论断："社会中的生产力与生产关系的矛盾，人们的主观和客观世界的矛盾，是永远存在的。”[2]同年12月，毛泽东在致民主人士黄炎培的信中又进一步指出："社会总是充满着矛盾。即使社会主义和共产主义社会也是如此，不过矛盾的性质和阶级社会有所不同罢了。”[3]1957年2月27日，在最高国务会议第十一次（扩大）会议上，毛泽东作了题为《如何处理人民内部的矛盾》的讲话。随后，毛泽东对讲话稿进行了多次精心修改，以《关于正确处理人民内部矛盾的问题》为题公开发表。

材料一：《关于正确处理人民内部矛盾的问题》简述

《关于正确处理人民内部矛盾的问题》是毛泽东于1957年2月27日在最高国务会议第十一次（扩大）会议上的讲话，经修改和补充后，发表于《人民日报》。讲话分为十二个小题目：一、两类不同性质的矛盾。二、肃反问题。三、农业合作化问题。四、工商业者问题。五、知识分子问题。六、少数民族问题。七、统筹兼顾、适当安排。八、关于百花齐放、百家争鸣、长期共存、互相监督。九、关于少数人闹事问题。十、坏事能否变成好事？十一、关于节约。十二、中国工业化道路。讲话指出，社会主义社会的基本矛盾仍然是生产关系和生产力之间的矛盾，上层建筑和经

① 《列宁全集》第2卷，人民出版社，1984年，第137页。
② 《建国以来毛泽东文稿》第6册，中央文献出版社，1992年，第137页。
③ 《建国以来毛泽东文稿》第6册，中央文献出版社，1992年，第255页。

济基础之间的矛盾。它们之间不是对抗性的矛盾，可以经过社会主义制度本身，不断地得到解决。讲话明确提出，社会主义社会中存在两类不同性质的社会矛盾，即敌我之间的矛盾和人民内部矛盾，并指出，敌我矛盾是对抗性的矛盾。人民内部矛盾，一般说来，是在人民利益根本一致基础上的矛盾。今后主要是正确划分和处理两类不同性质的矛盾。讲话提出了正确处理人民内部矛盾的一系列方法、方针和政策，主张在处理敌我矛盾时要用专政的方法，解决人民内部矛盾时要用民主的方法，即团结——批评——团结的方法。①

毛泽东发表的《关于正确处理人民内部矛盾的问题》一文，是对“什么是社会主义，如何建设社会主义”这一历史性课题的创造性回答，为巩固和发展社会主义指明了正确方向。这部历史性的文献，不仅具有重要的历史和现实的价值，而且为社会主义理论的进一步发展提供了坚实的基础。

教师提问 《关于正确处理人民内部矛盾的问题》这一重要文献有哪些历史作用？

学生思考并作答。

教师总结

第一，明确指出矛盾仍然是社会主义社会发展的动力，并科学阐述了社会主义社会基本矛盾仍然是生产力和生产关系、经济基础和上层建筑之间的矛盾。

第二，指明社会主义社会存在两类不同性质的矛盾，把正确处理人民内部矛盾作为社会主义国家政治生活的主题。

第三，指明社会主义社会基本矛盾既相适应又相矛盾的特点，为发展社会生产力和自我调整与改革奠定了理论基础。

对社会主义社会主要矛盾的探索，始于党的八大。被称为探索中国社

---

① 《毛泽东文集》第7卷，人民出版社，1999年，第204–244页。

会主义建设道路的开篇之作的《论十大关系》是毛泽东于1956年2—4月在听取国务院35个部委汇报的基础上形成的。十大关系就是和苏联模式的十个不同。党的八大决议明确指出：中国的无产阶级同资产阶级的矛盾已经基本解决，“中国国内的主要矛盾，已经是人民对于建立先进的工业国的要求同落后的农业国的现实之间的矛盾，已经是人民对于经济文化迅速发展的需要同当前经济文化不能满足人民需要的状况之间的矛盾”[①]。这一关于我国社会主义社会主要矛盾的最初表述就其基本精神来说是正确的，就是要实现工作重心的转移，就是要把发展经济作为社会进步的主题。

材料二：《论十大关系》简述

《论十大关系》是毛泽东1956年4月25日在中央政治局扩大会议上的讲话。5月2日，毛泽东在最高国务会议第七次会议上进一步阐述了十大关系。随后在党内高级干部中传达。发表于1976年12月26日《人民日报》。

讲话共十个部分：一、重工业和轻工业、农业的关系；二、沿海工业和内地工业的关系；三、经济建设和国防建设的关系；四、国家、生产单位和生产者个人的关系；五、中央和地方的关系；六、汉族和少数民族的关系；七、党和非党的关系；八、革命和反革命的关系；九、是非关系；十、中国和外国的关系。讲话说明，提出十大关系问题的主要目的在于要以苏联经验为鉴戒，总结我国的经验，调动国内外一切积极因素，寻找一条适合我国情况的社会主义建设道路；指出重工业是建设的重点；要好好利用和发展沿海的工业老底子，以发展和支持内地工业；国防不可不有，加强国防的实现首先要加强经济建设；必须兼顾国家、集体、个人三个方面；提出在巩固中央统一领导的前提下，扩大一点地方的权力，让地方办更多的事情；要着重反对大汉族主义，搞好汉族和少数民族的关系；认为几个党比一个党好，今后也是长期共存，互相监督；肯定了镇压反革命的作用，并提出了今后镇反的要求；对犯了错误的同志，要采取“惩前毖

① 中共中央党史研究室：《中国共产党历史·第二卷（1949—1978）》（上册），中共党史出版社，2011年，第396页。

后，治病救人”的方针；指出向外国学习的口号是对的，并要求学习一定要与中国实际相结合。《论十大关系》是毛泽东关于社会主义建设的代表作，对当时和以后的社会主义建设都有很强的针对性和理论指导作用。[①]

教师总结 关于社会主义社会矛盾学说的理论构建，是毛泽东关于中国社会主义建设道路的理论支撑，是他在社会主义建设时期的最大理论创造。毛泽东把他的名著《矛盾论》的观点全面运用于社会主义社会分析，强调社会主义社会各方面都存在着矛盾，矛盾才是社会主义社会发展的动力。在社会主义思想史中，毛泽东是对社会主义社会的矛盾做过透辟分析的第一人。他着重分析了如下两种矛盾。一是社会主义社会的基本矛盾。他认为其仍然是生产关系和生产力、上层建筑和经济基础的矛盾，与旧社会所不同的是，两者之间既相适应又相矛盾，这比斯大林的“完全适应”前进了一大步，这个论述极大地解放了人们的思想，为后来的改革打开了闸门，提供了最重要的理论依据。所谓社会主义改革，就是从本国国情出发，根据社会生产力的现实水平和进一步发展的客观要求，自觉调整生产关系中与生产力不相适应的部分，调整上层建筑中与经济基础不相适应的部分。二是关于社会主义社会的两类不同性质的矛盾。针对苏联的肃反扩大化，混淆两类矛盾，毛泽东提出社会主义社会存在着人民内部矛盾和敌我矛盾这两类不同性质的矛盾。他强调要严格区分和正确处理这两类矛盾，用不同方法处理不同性质的矛盾。在革命时期大规模的疾风暴雨式的阶级斗争基本结束后，大量的矛盾属于人民内部矛盾，要把正确处理人民内部矛盾作为国家政治生活的主题。毛泽东关于社会主义基本矛盾的学说，是对马克思主义的唯物史观和国家学说的丰富和发展，是对科学社会主义理论的重要贡献。

① 《毛泽东文集》第7卷，人民出版社，1999年，第23–49页。

三、中国社会主义建设的伟大探索

问题导入　怎样建设社会主义？如何推进中国的现代化？这些问题对新中国成立之初的中国共产党来说，是一个全新的课题。中国共产党从学习苏联到“以苏为鉴”，开始探索中国自己的社会主义建设道路。

我国从新民主主义社会过渡到社会主义社会以后，进入了社会主义建设时期。到20世纪50年代中期，苏联自己“揭开了盖子”，我们在实践中也感到苏联有些经验并不好。在这种情况下，毛泽东经过慎重思考，提出要“以苏为鉴”，独立探索一条有别于苏联模式，适合中国国情的中国社会主义建设道路，从此就开始了社会主义建设的艰辛探索和伟大实践。

一是探索区别于苏联模式的中国工业化道路。主要区别有三：一是坚持以农业为基础和以工业为主导。鉴于苏联长期不变地优先发展重工业所造成的产业结构不合理和畸形发展，毛泽东提出调整产业结构和投资比例，强调对轻工业和农业多投资，以后进一步提出以农业为基础和以工业为主导，做出以农轻重为序的建设安排，并把它作为经济建设的总方针。二是坚持沿海工业和内地工业共同发展。鉴于苏联工业主要集中在欧洲领土的某几个地区和我国工业过去主要集中在沿海一带，缺乏经济发展的合理布局，毛泽东提出，沿海的工业基地必须充分利用，但是，为了平衡工业发展的布局，内地工业必须大力发展。三是坚持国防建设必须以经济建设为基础。针对苏联军事开支过大，影响经济发展的问题，毛泽东提出要正确处理经济建设和国防建设的关系。

二是关于中国社会主义现代化的目标和步骤。实现工业化，使中国从落后的农业国变为先进的工业国，这只是第一步，更高的目标是实现社会主义现代化。党中央提出社会主义现代化有个不断规范和丰富的过程。最早是周恩来总理在1954年一届全国人大一次会议的《政府工作报告》中提出工业、农业、交通运输业和国防的“四个现代化”。到1964年，周恩来总理在三届全国人大一次会议的《政府工作报告》中将其调整为全面实现农业、工业、国防和科学技术的“四个现代化”。实行两步走的发展战略，第一步是建立独立的、比较完整的工业体系和国民经济体系，第二步是实现“四个现代化”，使我国经济走在世界的前列。

三是关于发展社会主义的商品生产和商品交换。针对苏联和我国某些经济学家害怕和反对商品生产的错误倾向，毛泽东严厉地批评了这些“可怜的马克思主义者”。他赞同斯大林《苏联社会主义经济问题》一书中所阐述的观点，认为社会主义社会仍存在商品生产，主张大力发展商品生产和商品交换。他还指出，价值法则是一个伟大学校，只有利用它，才有可能教会我们几千万干部和几万万人民，才有可能建设我们的社会主义和共产主义。

四是在文化领域实行“百花齐放，百家争鸣”的方针。社会主义建设不仅包括经济建设，也包括文化建设。苏联在文化方面管得过死，常常用行政方法管理学术，给不同学派贴政治标签，如说米丘林学派是唯物主义的，摩尔根学派是唯心主义的，以米丘林学派为学术权威，不允许摩尔根学派生存和发展。这样做，必然影响科学的发展。鉴于这种情况，毛泽东提出在文化上实行“百花齐放，百家争鸣”的方针。这是促进艺术发展和科学进步的方针，是促进我国社会主义文化繁荣的方针。

五是关于坚持以自力更生为主、争取外援为辅。毛泽东认为，中国是个大国，又是一个穷国，在这样的国家里建设社会主义，必须坚持以自力更生为主、争取外援为辅。自力更生是坚持把立足点放在依靠自己力量的基础上，强调中国的建设主要靠自己的力量去解决；自力更生并不排斥外援，要尽可能多地争取一些外援，但争取外援也是为了增强自力更生的能力。

六是关于实行独立自主的和平外交政策。新中国成立以后，毛泽东、周恩来为我国制定了不受资本主义也不受苏联左右的独立自主的和平外交政策。周恩来依据列宁的两个体系和平共处的思想，进一步提出和平共处五项原则，作为指导不同社会制度国家发展相互关系的准则，为我国的现代化建设提供良好的国际环境。

七是关于调动一切积极因素建设社会主义。毛泽东认为建设社会主义必须化消极因素为积极因素，调动一切积极因素，团结一切可以团结的力量。这就必须处理好如下五个关系：一是中央和地方的关系，二是党和非党的关系，三是国家、集体和个人的关系，四是汉族和少数民族的关系，五是中国和外国的关系。

教师总结　上述几条，就是在艰辛探索中初步形成的中国社会主义建设道路的基本轮廓。应当说，这条道路有别于苏联模式。坚持走这条道路也取得了重大成就。遗憾的是，这条道路后来受到了“左”的干扰，社会主义建设因此经历了曲折。尽管如此，探索者们所提出的一些有价值的观点和所形成的中国社会主义建设道路，为后人开辟新道路架起了一座桥梁。

四、中国社会主义建设的主要成绩

视频导入　观看视频《在社会主义建设中创造了一个又一个的伟大成就》。

教师提问　除了视频呈现的成就，我国社会主义建设还有哪些具体成就？

学生思考并作答。

教师讲解　从1949年中华人民共和国成立到1978年党的十一届三中全会召开的29年，是中国共产党在马克思列宁主义、毛泽东思想指导下，领导中国人民在取得新民主主义革命胜利的基础上，进行社会主义革命和社会主义建设并取得重大成就的历史时期。这些成就从根本上改变了中国人民的前途命运，为当代中国发展进步奠定了坚实基础。

第一，彻底结束旧中国长期分裂的局面，实现了祖国大陆的高度统一。中华人民共和国的成立，从根本上改变了旧中国长期存在的四分五裂状态，实现和巩固了全国范围（除台湾等岛屿外）的国家统一。国家的法律和政令实施于全国各地区直到各基层单位。这种建立在人民民主基础上的统一局面，是中国历史上从未有过的。

第二，建立人民民主专政的国家政权，中国人民掌握了自己的命运。中国是有五千多年悠久历史的文明古国，但人民当家作主，真正成为国家、社会和自己命运的主人，只在中国共产党执政以后才成为现实。中国人民通过各种途径参与管理国家事务，管理经济、文化和社会事务。中国人民和中国社会的面貌由此焕然一新。

第三，建立社会主义制度，实现了中国历史上最广泛最深刻的社会变革。党领导人民创造性地实现从新民主主义到社会主义的转变，全面确立了社会主义基本制度，使占世界人口四分之一的东方大国进入社会主义社会。这是中国社会变革和历史进步的巨大飞跃，也极大地支持和推进了世界社会主义事业和一切进步事业。

第四，实现和巩固了全国各族人民的大团结，极大地增强了中华民族的凝聚力。中华人民共和国彻底结束了旧中国一盘散沙的局面。党制定并实施了一系列促进各民族共同发展繁荣的方针政策，使社会主义祖国成为各民族平等互助、团结友爱、共同进步的大家庭。不断加强和扩大同各爱国民主党派、无党派民主人士和人民团体的通力合作，建立和发展广泛的爱国统一战线，有力促进了全体中华儿女的大团结，推动了祖国统一的进程。在国家遭受外国侵略威胁、发生严重自然灾害和经济困难、出现社会政治动荡等严峻关头，中华民族的大团结经受住考验，显示出巨大的凝聚力。

第五，初步建立起独立的比较完整的国民经济体系，改变了旧中国“一穷二白”的落后面貌。经过几个五年计划的建设，到1978年，我国国民生产总值和财政收入相比新中国成立初期分别有了几倍、十几倍的增长，农业生产条件得到很大改善；原有工业部门大大加强，许多新的工业部门从无到有、从小到大迅速发展起来，几乎所有工业产品相比旧中国最高年产量都有了成倍、几十倍甚至上百倍的增长。基于我国经济发展状况而实行的按劳分配制度和社会福利制度，在保障人民基本生活需要方面发挥了重要作用。

第六，不断发展社会主义文化，人民群众的思想道德素质和科学文化素质有了显著提高。党坚持马克思主义的指导地位，用爱国主义、集体主义和社会主义教育人民，发展社会主义文化。新中国结束了旧中国文盲半文盲占人口绝大多数、中国人被称为“东亚病夫”的历史，教育、科学、文化、卫生、体育等各项事业得到很大发展。人均预期寿命显著延长。新中国拥有的某些尖端科学技术已经接近或达到世界先进水平，对于保障国家安全和增强综合国力具有重要意义。

第七，建立起巩固的国防，不断推进人民武装力量建设。中华人民共和国结束了旧中国屡遭外敌侵略、国防力量与广阔领土极不相称的历史，建立和发展了拥有陆军、海军、空军和其他技术兵种的强大国防力量，人民武装力量体系逐步形成和发展。国防尖端科技事业不断取得突破。人民军队始终坚持党对军队绝对领导的原则和全心全意为人民服务的宗旨，在巩固国防、抵抗侵略，保卫祖国领土完整和人民安全，参加国家社会主义建设和抢险救灾中发挥了重大作用。

第八，国际地位显著提高，为世界和平与进步事业做出重要贡献。新中国彻底结束了近代以来屈辱外交的历史，作为一个独立的、具有完整主权的国家屹立于世界东方。新中国始终不渝地奉行独立自主的外交政策，倡导和坚持和平共处五项原则，有力地维护了国家的主权、安全和民族尊严；坚决支持和援助被压迫民族的解放事业、新独立国家的建设事业和各国人民的正义斗争，坚决反对帝国主义、霸权主义、殖民主义和种族主义，努力维护世界和平，赢得国际社会特别是广大发展中国家和人民的尊重和赞誉。新中国同许多国家和地区发展经济、政治和文化往来，在国际事务中发挥着越来越重要的作用。

第九，党的领导不断巩固加强，党的组织日益发展壮大。党注重在新的历史条件下加强自身建设，时刻教育广大党员干部艰苦奋斗，谦虚谨慎，戒骄戒躁，密切联系群众。党勇于正视党员和干部队伍中存在的问题，努力依靠全体党员和人民群众加以解决。党员干部队伍不断发展壮大。在对中国自己的建设社会主义道路进行艰辛探索的过程中，党注意总结经验，坚持真理，最终纠正了“以阶级斗争为纲”的“左”倾错误，把工作重点转移到社会主义现代化建设上来。

教师总结 社会主义革命和建设时期，党面临的主要任务是实现从新民主主义到社会主义的转变，进行社会主义革命，推进社会主义建设，为实现中华民族伟大复兴奠定根本政治前提和制度基础。

材料三：中国社会主义建设成就简述

中华人民共和国成立后，党带领全国人民迅速医治战争创伤，恢复国民经济，发展新民主主义经济，进行各项社会改革，进而不失时机地提出过渡时期总路线，创造性地完成了从新民主主义到社会主义的转变，在中国建立起社会主义基本制度。在全面转入大规模的社会主义建设后，党又带领全国人民对适合中国国情的建设社会主义道路进行艰辛探索，不仅建立起独立的比较完整的工业体系和国民经济体系，而且积累了进行社会主义建设的重要经验。在中国这样一个经济文化落后和地区发展很不平衡的大国建设社会主义，是十分艰巨而复杂的任务。由于国际局势复杂多变，由于国内建设任务艰巨繁重，由于缺乏领导社会主义建设的现成经验，1957年后发生了把阶级斗争扩大化和在经济建设上急躁冒进的错误，后来，又发生了“文化大革命”这样全局性的、长时间的严重错误。但是，综观新中国成立后29年的历史，中国共产党领导社会主义革命和社会主义建设取得的成就是具有决定意义的。对于以毛泽东同志为核心的党的第一代中央领导集体带领全党全国各族人民为中国社会主义事业所做出的巨大贡献，中国共产党和中国人民永远铭记。对于新中国成立后29年所取得的历史性进步，中国共产党和中国人民倍加珍惜。[①]

五、中国社会主义建设的基本规律

问题导入　中国共产党领导人民进行波澜壮阔的社会主义建设，在取得举世瞩目的伟大成就的同时，探索出了社会主义建设的哪些基本规律？

学生分组讨论并作答。

教师讲解　第一，必须坚持党对一切工作的绝对领导。“党政军民学，东西南北中，党是领导一切的。”[②]没有共产党，就没有新中国，就没有生机勃勃的中国特色社会主义，这是被中国革命、建设和改革实践证明了的真理。早在1954年，毛泽东就明确指出：“领导我们事业的核心力量是中国共产党。”[③]中国特色社会主义最本质的特征是中国共产党领导，中国特色社会主义制度的最大优势是中国共产党领导，党是最高政治领导力量。中国人民和中华民族之所以能够扭转近代以后的历史命运，取得今天的伟大成就，最根本的是有中国共产党的坚强领导。历史和现实都证明，没有中国共产党，就没有新中国，就没有中华民族伟大复兴。治理好我们这个世界上最大的政党和人口最多的国家，必须坚持党的全面领导特别是党中央集中统一领导，坚持民主集中制，确保党始终总揽全局、协调各方。只要我们坚持党的全面领导不动摇，坚决维护党的核心和党中央权威，充分发挥党的领导政治优势，把党的领导落实到党和国家事业各领域各方面各环节，就一定能够确保全党全军全国各族人民团结一致向前进。历史和人民选择中国共产党领导中华民族伟大复兴的事业是正确的，必须

① 中共中央党史研究室：《党领导社会主义革命和建设的伟大成就和基本经验》，《中共党史研究》2011年第2期。

② 《习近平谈治国理政》第3卷，外文出版社，2020年，第85页。

③ 《建国以来毛泽东文稿》第4册，中央文献出版社，1990年，第554页。

长期坚持、永不动摇。

第二，始终坚持以经济建设为第一要务。解放和发展生产力是社会主义的本质要求，社会主义建设必须把改革开放贯穿始终。贫穷不是社会主义，社会主义的根本任务是发展生产力，这是总结我国社会主义建设经验教训得出的重要结论。马克思主义经典作家认为，社会主义经济形态是计划经济。新中国成立后，我们党带领人民进行社会主义建设，逐步建立起高度集中的计划经济体制。在社会主义改造基本完成以后，我国社会的主要矛盾是人民日益增长的物质文化需要同落后的社会生产之间的矛盾。党和国家的工作重点必须坚定不移地转移到以经济建设为中心的社会主义建设上来，大力发展社会生产力，并在这个基础上逐步改善人民的物质文化生活。社会主义生产关系的变革和完善必须适应于生产力的状况，有利于生产的发展。社会主义生产关系的实现形式并不存在一套固定的模式，要根据我国生产力发展的水平和要求，通过变革，在每一个阶段上创造出与之相适应的生产关系的具体实现形式。一味追求提高生产资料公有化程度和“以阶级斗争为纲”来推进生产力发展，必然会遭受挫折。

第三，必须坚持走中国特色社会主义道路。历史告诉我们，道路关乎党的命脉，关乎国家前途、民族命运、人民幸福。中国共产党在百年奋斗中始终坚持从我国国情出发，探索并形成符合中国实际的正确道路。毛泽东同志提出把马克思列宁主义基本原理同中国具体实际进行“第二次结合”，以毛泽东同志为主要代表的中国共产党人，结合新的实际丰富和发展毛泽东思想，提出关于社会主义建设的一系列重要思想，包括社会主义社会是一个很长的历史阶段，严格区分和正确处理敌我矛盾和人民内部矛盾，正确处理我国社会主义建设的十大关系，走出一条适合我国国情的工业化道路。这些独创性理论成果至今仍有重要指导意义。中国特色社会主义道路是创造人民美好生活、实现中华民族伟大复兴的康庄大道。习近平总书记指出，当代中国的伟大社会变革，不是简单延续我国历史文化的母版，不是简单套用马克思主义经典作家设想的模板，不是其他国家社会主义实践的再版，也不是国外现代化发展的翻版。要充分认识我国社会主义建设所取得的伟大成就和成功经验，同时也要充分认识我国社会主义建设的长期性、复杂性、艰巨性，既反对消极情绪，也反对急躁倾向。只要我们既不走封闭僵化的老路，也不走改旗易帜的邪路，坚定不移走中国特色社会主义道路，就一定能够把我国建设成为富强民主文明和谐美丽的社会主义现代化强国。

第四，必须坚持实事求是思想路线不动摇。坚持实事求是，不懈探索真理，是党带领人民推动实现各项事业成功的重要思想武器，是党的思想路线的精髓。恩格斯深刻指出："马克思的整个世界观不是教义，而是方法。它提供的不是现成的教条，而是进一步研究的出发点和供这种研究使用的方法。"[①]正是坚持正确思想路线，我们党能够坚持真理、修正错误、实事求是再出发，及时果断调整党和国家的工作重心，转向以经济建设为中心；也正是在实事求是思想路线指引下，党对党情、国情、世情的认识不断深化并与时俱进，制定了社会主义初级阶段基本路线。历史经验表明，实事求是是我们党带领人民进行革命、建设、改革伟大实践不断取得胜利的密码。习近平总书记深刻指出："实事求是，是马克思主义的根本观点，是中国共产党人认识世界、改造世界的根本要求，是我们党的基本思想方法、工作方法、领导方法。不论过去、现在和将来，我们都要坚持一切从实际出发，理论联系实际，在实践中检验真理和发展真理。"[②]回顾百年党史，我们愈加认识到实事求是这一精髓和灵魂来之不易、弥足珍贵。

第五，必须牢固树立以人民为中心发展理念。历史告诉我们，人民是历史的创造者，是决定党和国家前途命运的根本力量。历史事实表明，中国共产党的群众路线是党的生命线和根本工作路线。习近平总书记指出：

① 《马克思恩格斯选集》第4卷，人民出版社，1995年，第742–743页。
② 习近平：《在纪念毛泽东同志诞辰120周年座谈会上的讲话》，人民出版社，2013年，第15–16页。

“人民是我们党执政的最大底气，是我们共和国的坚实根基，是我们强党兴国的根本所在。”[①]党的根基在人民、血脉在人民、力量在人民，人民是党执政兴国的最大底气。民心是最大的政治，正义是最强的力量。党的最大政治优势是密切联系群众，党执政后的最大危险是脱离群众。党代表中国最广大人民根本利益，没有任何自己特殊的利益，从来不代表任何利益集团、任何权势团体、任何特权阶层的利益，这是党立于不败之地的根本所在。只要我们始终坚持全心全意为人民服务的根本宗旨，坚持党的群众路线，始终牢记江山就是人民、人民就是江山，坚持一切为了人民、一切依靠人民，坚持为人民执政、靠人民执政，坚持发展为了人民、发展依靠人民、发展成果由人民共享，坚定不移走全体人民共同富裕道路，就一定能够领导人民夺取中国特色社会主义新的更大胜利，任何想把中国共产党同中国人民分割开来、对立起来的企图就永远不会得逞。中国力量是中国各族人民大团结的力量，是我们党克服各种困难、战胜各种风险挑战的力量源泉。实现中华民族伟大复兴是全体中华儿女的共同心愿和共同事业，必须紧紧依靠人民，建立起最广泛的爱国统一战线，聚合起磅礴之力。

第六，必须正确认识和处理我国社会内部各种矛盾。对社会主要矛盾的认识，决定着党的中心工作和根本任务，事关党和国家事业发展全局。1956年召开的党的八大，提出国内主要矛盾已经不再是工人阶级和资产阶级之间的矛盾，而是人民对于经济文化迅速发展的需要同当前经济文化不能满足人民需要的状况之间的矛盾，全国人民当前的主要任务是集中力量发展社会生产力，实现国家工业化，逐步满足人民日益增长的物质和文化需要。为此，我们党通过制定第二个五年计划，逐步建立了比较完备的工业体系和较为坚实的工业基础，为之后的现代化建设奠定了坚实基础。我国社会主要矛盾的变化是关系全局的历史性变化，对党和国家工作提出了许多新要求。当下，我们要在继续推动发展的基础上，坚定不移贯彻创

① 《习近平谈治国理政》第3卷，外文出版社，2020年，第137页。

新、协调、绿色、开放、共享的发展理念，坚持科学发展，激发全社会创造力和发展活力，着力解决好发展不平衡不充分问题，努力实现更高质量、更有效率、更加公平、更可持续的发展，让改革发展成果更多更公平惠及全体人民，更好满足人民在经济、政治、文化、社会、生态等方面日益增长的需要，更好推动人的全面发展、社会全面进步。

第七，必须科学把握中国社会主义发展的历史方位。准确判断我国社会所处历史阶段，是推进社会主义建设的基本前提。明确方位才能找准方向，把握大势才能赢得未来。回望走过的路，我们党团结带领中国人民推进革命、建设和改革事业所取得的全部胜利，都与党在各个时期准确判断国家发展的历史方位，进而明确阶段性中心任务、制定相应路线方针政策密切相关。新中国成立不久，我们党就提出建设社会主义现代化国家的目标。进入新发展阶段，眺望前行的路，我们的任务已转向全面建设社会主义现代化国家、基本实现社会主义现代化。这既是社会主义初级阶段我国发展的要求，也是我国社会主义从初级阶段向更高阶段迈进的要求。进入新发展阶段，是中华民族伟大复兴历史进程的大跨越，我们面临的机遇和挑战之大都前所未有。国际格局发展演变的复杂性、世界经济调整的曲折性、逆全球化动向的顽固性、国际矛盾斗争的尖锐性、国际秩序重塑的长期性，变得越来越突出；周期性因素和结构性因素叠加、短期问题和长期问题交织、外部冲击和内部冲击等多重影响共存，我国经济发展承受着不小的压力。当下，要在全面建设社会主义现代化国家的新征程中开好局、起好步，同样必须科学把握新发展阶段的历史方位。

第八，必须团结一切可以团结的力量建设社会主义。团结就是力量。建立最广泛的统一战线，是党克敌制胜的重要法宝，也是党执政兴国的重要法宝。建立统一战线，实现最广泛的政治团结，扩大社会基础，团结一切可以团结的力量，是中国共产党在各个历史时期取得胜利的一条成功经验。党始终坚持大团结大联合，团结一切可以团结的力量，调动一切可以调动的积极因素，促进政党关系、民族关系、宗教关系、阶层关系、海内外同胞关系和谐，最大限度凝聚起共同奋斗的力量。只要我们不断巩固和发展各民族大团结、全国人民大团结、全体中华儿女大团结，铸牢中华民族共同体意识，形成海内外全体中华儿女心往一处想、劲往一处使的生动局面，就一定能够汇聚起实现中华民族伟大复兴的磅礴伟力。习近平总书记指出："我们搞统一战线，从来不是为了好看、为了好听，而是因为有用、有大用、有不可或缺的作用。说到底，统一战线是做人的工作，搞统一战线是为了壮大共同奋斗的力量。"[①]我们要不断发展壮大新时代的爱国统一战线，促进政党关系、民族关系、宗教关系、阶层关系、海内外同胞关系和谐，寻求最大公约数，画出最大同心圆，为祖国统一和实现中华民族伟大复兴中国梦增添强大力量。

第九，必须不断推进马克思主义中国化时代化。"中国共产党为什么能，中国特色社会主义为什么好，归根到底是因为马克思主义行！"[②]马克思主义是我们立党立国的根本指导思想，是我们党的灵魂和旗帜。中国共产党坚持马克思主义基本原理，坚持实事求是，从中国实际出发，洞察时代大势，把握历史主动，进行艰辛探索，不断推进马克思主义中国化时代化，指导中国人民不断推进伟大社会革命。历史证明，推进社会主义建设事业，必须把马克思主义基本原理同中国具体实际相结合，走自己的路。马克思主义理论不是教条而是行动指南，必须随着实践发展而发展，必须中国化才能落地生根，必须本土化才能深入人心。党之所以能够领导人民在一次次求索、一次次挫折、一次次开拓中完成中国其他各种政治力量不可能完成的艰巨任务，根本在于坚持解放思想、实事求是、与时俱进、求真务实，坚持把马克思主义基本原理同中国具体实际相结合、同中华优秀传统文化相结合，坚持实践是检验真理的唯一标准，坚持一切从实际出

① 中共中央文献研究室：《十八大以来重要文献选编》（中），中央文献出版社，2016年，第562–563页。

② 习近平：《在庆祝中国共产党成立100周年大会上的讲话》，《人民日报》2021年7月2日第1版。

发，及时回答时代之问、人民之问，不断推进马克思主义中国化时代化。只要我们勇于结合新的实践不断推进理论创新、善于用新的理论指导新的实践，就一定能够让马克思主义在中国大地上展现出更强大、更有说服力的真理力量。

第十，坚持独立自主的和平的新型大国外交政策。独立自主，自力更生，无论过去、现在和将来，都是我们的立足点。社会主义建设时期，党坚持独立自主的和平外交政策，倡导和坚持和平共处五项原则，坚定维护国家独立、主权、尊严，支持和援助世界被压迫民族解放事业、新独立国家建设事业和各国人民正义斗争，反对帝国主义、霸权主义、殖民主义、种族主义，彻底结束了旧中国的屈辱外交。党审时度势调整外交战略，推动恢复我国在联合国的一切合法权利，打开对外工作新局面，推动形成国际社会坚持一个中国原则的格局。党提出划分三个世界的战略，做出中国永远不称霸的庄严承诺，赢得国际社会特别是广大发展中国家尊重和赞誉。独立自主是中华民族精神之魂，是我们立党立国的重要原则。党历来坚持独立自主开拓前进道路，坚持把国家和民族发展放在自己力量的基点上，坚持中国的事情必须由中国人民自己作主张、自己来处理。但是，独立自主不是闭关自守，自力更生不是盲目排外。中国的发展离不开世界，关起门来搞建设是不能成功的。我国的社会主义现代化建设，需要继承和发扬中华民族优秀文化传统，也需要学习和吸收世界各国包括资本主义国家创造的优秀文明成果。要科学判断时代特点，正确分析国际形势，准确把握时代特点和国际形势发展变化，制定和及时调整我国的外交战略，积极创造有利于进行社会主义现代化建设的外部条件。

教师总结 党领导人民进行伟大奋斗，在进取中突破，于挫折中奋起，从总结中提高，积累了宝贵的历史经验。以上十个方面，是经过长期实践积累的宝贵经验，也是对我国社会主义建设的规律性认识，是党和人民共同创造的精神财富，必须倍加珍惜、长期坚持，并在新时代实践中不断丰富和发展。

专题总结 从新中国成立到改革开放前夕，党领导人民完成社会主义革命，消灭一切剥削制度，实现了中华民族有史以来最为广泛而深刻的社会变革，实现了一穷二白、人口众多的东方大国大步迈进社会主义社会的伟大飞跃。在探索过程中，虽然经历了严重曲折，但党在社会主义革命和建设中取得的独创性理论成果和巨大成就，为在新的历史时期开创中国特色社会主义提供了宝贵经验、理论准备和物质基础。

中国共产党和中国人民以英勇顽强的奋斗向世界庄严宣告：中国人民不但善于破坏一个旧世界，也善于建设一个新世界；只有社会主义才能救中国，只有社会主义才能发展中国。

考核评价

1．知识考核

（1）社会主义制度在我国初步建立起来的标志是（　　）

A．1949年新中国成立

B．1956年底“三大改造”的完成

C．1976年“文化大革命”结束

D．1978年改革开放

（2）新中国成立以后，我国进行的社会主义建设主要做了哪些探索？

（3）新中国成立以后，党和国家做出抗美援朝的决策具有哪些重要意义？

（4）请简述近代以来我国社会主要矛盾的变化及其启示。

2．活动考核

（1）举行“坚定信念跟党走”主题征文比赛。

（2）举办“回顾新中国建设成就和历史经验”主题演讲比赛。

（3）走进红色教育基地，开展“党史学习加油站”等党史学习教育。

资源链接

1.《党课开讲啦：中国共产党团结带领中国人民创造了社会主义革命和建设的伟大成就》（视频），共产党员网，https://www.12371.cn/2021/10/17/VIDE1634449681526544.shtml。

2.《建立新中国的构想及其实践》，共产党员网，https://www.12371.cn/2020/07/20/VIDE1595226001628177.shtml。

3.《新民主主义向社会主义过渡》，共产党员网，https://www.12371.cn/2020/07/22/VIDE1595388840504377.shtml。

4.《党对中国社会主义建设道路的探索》，共产党员网，https://www.12371.cn/2020/07/20/VIDE1595225400809105.shtml。

参考文献

［1］中国共产党关于百年奋斗重大成就和历史经验的决议［M］. 北京：人民出版社，2021.

［2］本书编写组. 中华人民共和国简史［M］. 北京：人民出版社，2021.

［3］中共中央党史研究室. 中国共产党历史［M］. 北京：中共党史出版社，2011.

［4］中共中央党史和文献研究院. 中国共产党一百年大事记（1921年7月—2021年6月）［M］. 北京：人民出版社，2021.

［5］习近平. 论中国共产党历史［M］. 北京：人民出版社，2021.

［6］中共中央党史研究室. 党领导社会主义革命和建设的伟大成就及基本经验［J］. 中共党史研究，2011（2）：12-16.

[7] 曲青山. 中国共产党一百年的光辉历程和伟大成就 [N]. 人民日报，2021-07-05（9）.

[8] 曲青山. 中国共产党百年伟大贡献 [N]. 人民日报，2021-03-30（9）.

（四川大学马克思主义学院　罗文双）

专题三

Topic 3

翻天覆地

——创造了改革开放和社会主义现代化建设的富国伟业

| 一体化设计目标及思路 |

自改革开放以来，中国共产党以马克思列宁主义、毛泽东思想、邓小平理论、“三个代表”重要思想、科学发展观、习近平新时代中国特色社会主义思想为指导，开创、坚持、捍卫和发展了中国特色社会主义，实现了马克主义中国化的三次伟大飞跃。中国发生了翻天覆地的变化，取得了巨大的历史成就。本专题按照小学段“感受社会主义现代化建设伟大成就”、初中段“坚定社会主义现代化建设伟大道路”、高中段“推进社会主义现代化建设伟大事业”、大学段“认识社会主义现代化建设规律”的逻辑，在回顾历史中感悟党所取得的伟大历史功绩与宝贵经验，并针对不同阶段的学情，展开一系列教学活动，让大中小学教学有机衔接，从而培养学生的情感认同，增强学生的使命担当，帮助学生坚定“四个自信”，练就过硬本领，深化对社会主义现代化建设规律的认识，争做时代新人（见图3–1）。

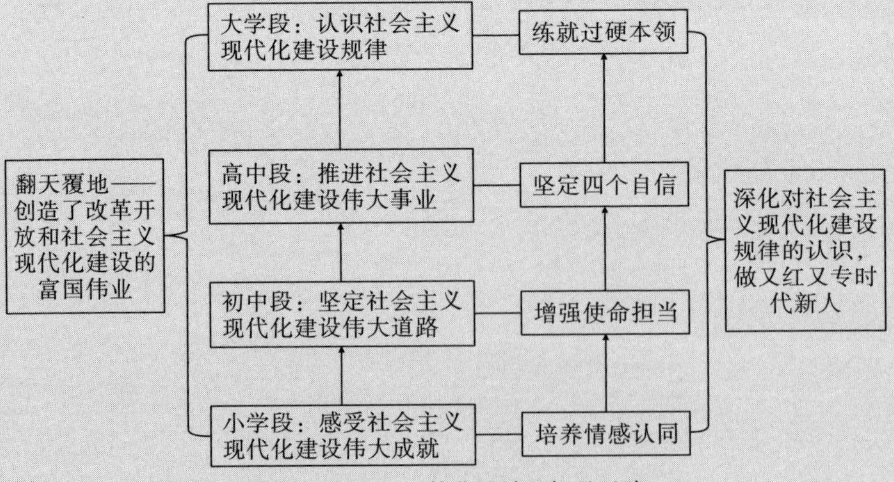

图3–1　专题三一体化设计目标及思路

小学段：感受社会主义现代化建设伟大成就

教学目标

引导学生以小组合作学习的方式查找资料、调查访问，进行今昔对比，感受改革开放以来人民生活发生的巨大变化，并追根溯源，初步感悟只有改革开放才能发展中国，改革开放是关乎中国命运的关键抉择，进而理解美好生活的实现需要继续发扬改革开放的精神。

教学内容

（1）“四大件”的变迁；

（2）衣食住行的变化——感受幸福生活；

（3）春天的故事——感悟城市快速发展；

（4）重大事件——凸显国家富强。

教学重难点

1．教学重点

通过调查访问、课堂汇报，呈现学生家庭祖孙三代在衣食住行等方面的变化，使学生切实感受改革开放后中国的飞速发展。

2. 教学难点

通过探究式学习及教师讲解，追根溯源，使学生初步感悟只有改革开放才能发展中国，人民生活越来越美好、国家越来越富强离不开党的领导。

学情分析

当代小学生没有经历过艰苦岁月，对改革开放前人们的生活状况不是很了解，对改革开放的重要影响与意义理解不深。因此，本专题教学将采取教师讲解与学生探究式学习相结合的方式，让学生感受到改革开放后，人民生活大为改善，城市飞速发展，中国的综合国力大幅提升，并进一步探究巨变背后的原因，理解今天的美好生活离不开中国共产党的领导和改革开放的政策。

设计思路

1. 设计理念

从“四大件”的变迁入手，请学生分小组调查身边人衣食住行的变化、城市的发展，并在课堂上进行汇报，让学生通过自身的真实体验和所见所闻，了解我国改革开放所取得的成绩，感受社会主义现代化建设取得的伟大胜利。在此基础上，指导学生对我国为什么能取得如此大的成就进行探究，使学生初步感悟只有改革开放才能发展中国，改革开放是关乎中国命运的关键抉择，并理解美好生活的实现需要继续发扬改革开放的精神。

2．思维导图（见图3–2）

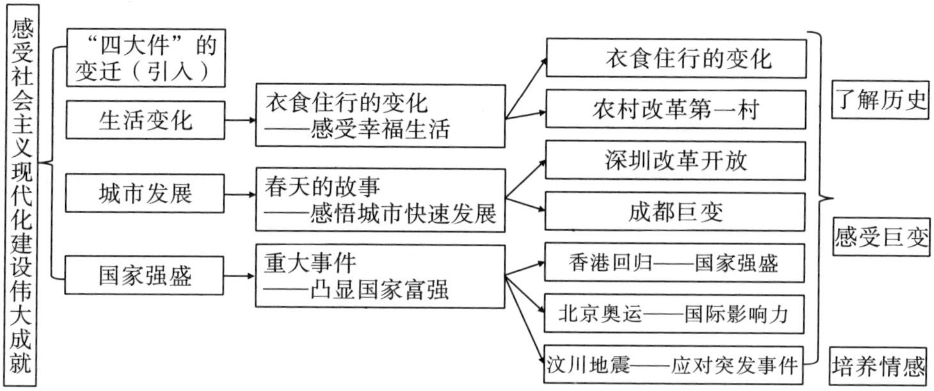

图3–2　专题三小学段思维导图

实施方案

一、引入：“四大件”的变迁

1．20世纪70年代的“四大件”（PPT展示）

教师：改革开放前，“四大件”无疑是美好生活的象征，是人们引以为荣的稀罕物件。那时，骑着一辆自行车在街上闲逛的人，甭提有多神气了。

那时，要买这四样东西，光有钱还买不到，为什么？因为少，只能凭票供应。为什么少？因为我国的生产能力有限。在那时，谁家要是集齐了“四大件”，那可是不得了的事情。

2．20世纪90年代的“四大件”（PPT展示）

教师：随着时间的推移，人们的生活发生了变化。到了1990年代，“四大件”也发生了变化。

3．21世纪初的“四大件”

教师提问　（1）21世纪初的“四大件”应该是什么？（学生利用平

板电脑作答。）

（2）从1970年代到21世纪初，“四大件”有什么变化？（科技含量变高了，越来越高档。）

教师：其实，除了“四大件”在变化，人们的衣食住行也有变化，请同学们汇报一下你们的调查结果吧！

二、衣食住行的变化——感受幸福生活

（一）学生分享，展现巨变

（1）以小组为单位，通过情景表演，展现一家三代从吃不饱穿不暖到丰衣足食的巨大变化。

（2）以“视频展示+互动答题”（借助平板电脑完成）的形式，展现祖孙三代在住和行两方面的变化。

住：祖孙三代的住房由筒子楼变为大平层。（视频展示）

行：出行方式由骑自行车变为坐汽车，再变为乘地铁；道路从泥土路变为柏油马路，再变为高速公路、高架道路。（互动答题）

（3）通过对比，展现人们休闲方式的变化。

①列表展示过去和现在的休闲方式，如表3-1所示。

表3-1　过去和现在的休闲方式

过去的休闲方式	现在的休闲方式
听收音机、看电视	老年大学、广场舞、旅游（国内游、出国游）、看电影、玩电脑、打游戏……

②借助视频，展示中国人与外国人的出境旅游数据对比。

（二）小组讨论，畅谈感受

教师提问　看了刚才各组的分享、汇报，你有什么感受？

学生分组讨论后回答。

（三）探究原因，提升总结

教师提问　根据马斯洛需求层次理论，人只有解决了最根本的生理需求（如食物和衣服），才会有更高层次的需求。我们从原来的温饱不足到现在的总体小康，是什么时候实现的？其间的困难又是怎样解决的？

1. 展示材料，引发思考

教师通过PPT展示“按满红手印的契约”。

教师：这是一件被永久收藏在中国国家博物馆的编号为GB54563的国家一级文物。看到这件文物，你想到些什么？

2. 查阅资料，追根溯源

学生以小组为单位，根据学习任务单（见表3-2），查询关于农村改革第一村——小岗村的资料。

表3-2　学习任务单

时间：	地点：	人物：
改革原因：		
改革内容：		
改革结果（带来的变化）：		

3．相机补充，回顾历史

资料准备　1978年12月的一个冬夜，安徽省凤阳县小岗村18户村民以敢为天下先的精神，在一纸分田到户的“秘密契约”上按下鲜红的手印，实行农业“大包干”。

当晚，生产队的土地、耕牛、农具等按人头分到了各家各户，轰轰烈烈的“大包干”由此开启。我国农村改革的序幕从此拉开，彻底打破“一大二公”的人民公社体制，解放了农村生产力，解决了农民的温饱问题。

1979年秋收，小岗村就迎来大丰收，农民实现了“一季翻身”“一年翻身”，整个生产队粮食总产量达13.3万斤，相当于1966年至1970年产量的总和，一举结束吃国家救济粮20多年的历史，并首次归还国家贷款800元。

4．教师总结，深化理解

家庭联产承包责任制是中国农民的伟大创造，是以家庭承包为主要形式的包产到户、包干到户的生产责任制。

1980年9月27日，中共中央在印发的《关于进一步加强和完善农业生产责任制的几个问题》中指出，可以包产到户，也可以包干到户，并在一个较长时期内保持稳定。“大包干”从此在全国推广开来。我国的改革就是从农村开始的，解决了人们的温饱问题。

三、春天的故事——感悟城市快速发展

（一）城市改革先锋——深圳

1．图片对比，初步感知

教师出示两张照片（分别为改革开放前后的深圳），请学生用两三个词语概括看到图片后的感受。

以前的深圳：破旧、荒凉、贫瘠。

现在的深圳：繁华、大都市、发达。

教师：其实，大家刚才看到的图片所记录的是同一个地方——深圳。

2. 观看微课，引发思考

播放微课视频：《深圳的变化》（讲述深圳由小渔村变成繁华大都市的故事）。

教师提问：看完视频，你有什么想问的吗？

3. 小组讨论，探究原因

（1）以小组为单位展开讨论，完成学习任务单（见表3-3）。

表3-3　学习任务单

时间：	地点：	人物：
改革原因：		
改革内容：		
改革结果（带来的变化）：		

（2）以小组为单位进行汇报。

（3）教师相机补充、追问。

教师提问　①为什么要把深圳设为经济特区？经济特区的优势是什么？（以减免关税等优惠措施为手段，通过创造良好的投资环境，鼓励外商投资，引进先进技术和科学管理方法，以达到促进特区所在国经济技术发展的目的。）

②你知道深圳速度吗？（“深圳速度”就是指速度很快、进展神速，超出常规预期。）

资料准备　“深圳速度”这一说法，源自20世纪80年代中期。深圳人在建设当时的“神州第一高楼”——深圳国际贸易中心大厦（即“国贸大厦”）时，创造了“三天一层楼”的建筑速度，震惊世人。不过，出现“深圳速度”这一说法的真正原因在于，当时的深圳经济特区，从各方面来看都属超常规发展。甚至从世界历史上来看，这样的城市发展速度也是不多见的。

（4）数据对比，彰显巨变。

教师出示深圳1979年、2012年和2020年的地区GDP数据（见表3-4）。

表3-4　深圳1979年、2012年和2020年的地区GDP数据

年份	1979年	2012年	2020年
地区GDP/亿元	1.96	13496.3	27670.24

4. 总结提升，培养情感

学生每4人为一小组，围绕以下话题进行讨论和汇报。

（1）对于深圳的变化，你有什么感受？

（2）深圳为什么会发生这么大的变化？

教师总结　1978年12月党的十一届三中全会以后，全党和全国人民在以邓小平同志为核心的党的第二代中央领导集体的领导下，实行改革开放，集中力量进行社会主义现代化建设，我国从此进入了改革开放和社会主义现代化建设的历史新时期。正是有了党的正确领导和改革开放的政策，深圳才会变成如今的模样；正是有了党的正确领导和改革开放的政策，我们的国家才越来越富强，走到了世界第二大经济体的位置。

（二）身边的城市——成都

1. 联系生活，引入过渡

教师：深圳改革开放取得巨大成绩后，“深圳经验”被推广到全国。自此，许多城市发生了巨变，我们生活的城市——成都也发生了翻天覆地的变化。

2．播放视频，体会变化

播放成都市城市形象宣传片，让学生感受成都的繁华、进取。

3．数据对比，分享感受

教师出示成都1979年、2012年和2020年的地区GDP数据（见表3–5）。

表3–5　成都1979年、2012年和2020年的地区GDP数据

年份	1979年	2012年	2020年
地区GDP/亿元	41.4	8619.6	17716.7

教师提问　看到这组数据，你有什么感受？（请学生作答。）

4．图片对比，感知变化

教师出示府南河整治前后的图片，请学生谈谈切身感受。

整治前的府南河：脏、臭、烂。

整治后的府南河：美丽、宜居。

5．补充追问，总结提升

教师提问　（1）除了整治府南河，你还知道成都有哪些变化？为什么会发生这么大的变化？（学生每4人为一小组，展开讨论、汇报。）

（2）大量农村居民开始进城务工，是为什么？说明了什么？（党的十一届三中全会以后，人们的观念发生了变化，社会更具活力。）

教师总结　家乡成都的变化，只是我国众多城市巨大变化的冰山一角，更多新型城市拔地而起，展示了中国改革开放的成果。

四、重大事件——凸显国家富强

（一）了解重大事件，感受祖国强盛

教师提问　党的十一届三中全会以后，中国进入飞速发展时期，其间经历了许多重大事件，凸显了中国的强盛。你知道哪些重大事件？

1．1997年香港回归——国家强盛

（1）播放香港回归交接仪式视频。

（2）分析原因。

教师提问　①大家还记得香港是在哪一年、因为什么被割让给英国的吗？（1842年的《南京条约》。）

②我们为什么能收回香港？

资料准备　1982年，中国政府正式通知英国：中国政府决定不迟于1997年恢复对香港行使主权。邓小平同志以伟大政治家的智慧和胆略，提出了“一国两制”的伟大构想，通过外交谈判和平解决香港问题。

学生分小组讨论、汇报。

教师总结　香港回归是因为改革开放使中国的综合国力增强、国际地位提高。

2．2008年北京奥运会——国际影响力增强

（1）话题引入。

1908年，《天津青年》杂志发出“奥运三问”，其中提到“中国何时能自己举办一届奥运会”。在积贫积弱、内忧外患的年代，“更快、更高、更强”的奥林匹克之于中国，只是一个遥不可及的梦。而100年后的2008，中国终于梦圆奥运。

（2）播放2008年北京奥运会开幕式视频。

（3）分享感受。

教师提问　看了2008年北京奥运会开幕式视频，你有什么感受？（时任国际奥委会主席罗格用“无与伦比”一词对北京奥运会做出高度评价。）

（4）总结提升。

教师提问　北京奥运会向世界展示了什么？

教师总结　2008年北京奥运会是中国改革开放取得举世瞩目伟大成就的历史丰碑。快速发展、开放自信的现代中国正展现在世界面前，再次证明了中国的强大，向世界展示了中国的国际影响力。

3．2008年汶川大地震——应急管理能力提高

（1）教师借助PPT介绍震中的汶川。

2008年5·12汶川特大地震共造成69227人死亡，374643人受伤，17923人失踪，是唐山大地震后造成伤亡最严重的一次地震，也是中华人民共和国成立以来破坏力最大的地震。

教师提问　面对如此大的灾难，我们是怎样做的？（总理亲临灾区一线指挥，人民军队、志愿者参加救援。）

（2）播放灾后重建视频。

资料准备　“一方有难，八方支援”，这是中国战胜各种灾难的重要法宝。5·12汶川特大地震的救援动用了全国的力量，全国各地大量救援人员前往灾区，广大百姓捐款捐物支援灾区。尽管这场大灾难夺去了灾区8万多人的生命，但是灾区很快清空了废墟，建起了大量更加坚固的楼房，灾区人民也重获新生。

（3）深入思考，探究根源。

教师提问　在5·12汶川特大地震的抗震救灾中，你感受到了什么？为什么面对如此大的灾难，我们的救援和重建工作能做得这么好？

学生分小组讨论、汇报。

4．学生分享重大事件

教师提问　据你所知，改革开放以来还发生了哪些大事，凸显了国家的强盛？

学生分享　澳门回归、抗洪救灾、中国加入WTO……

（二）对比数据，发现巨变

教师：除了刚才提到的一些重大事件凸显了我国国力强盛，我们从几组数据中也可以看出中国的巨大发展。

（1）教师列举我国与南非在不同年份的GDP及人均GDP数据（见图

3–3）。

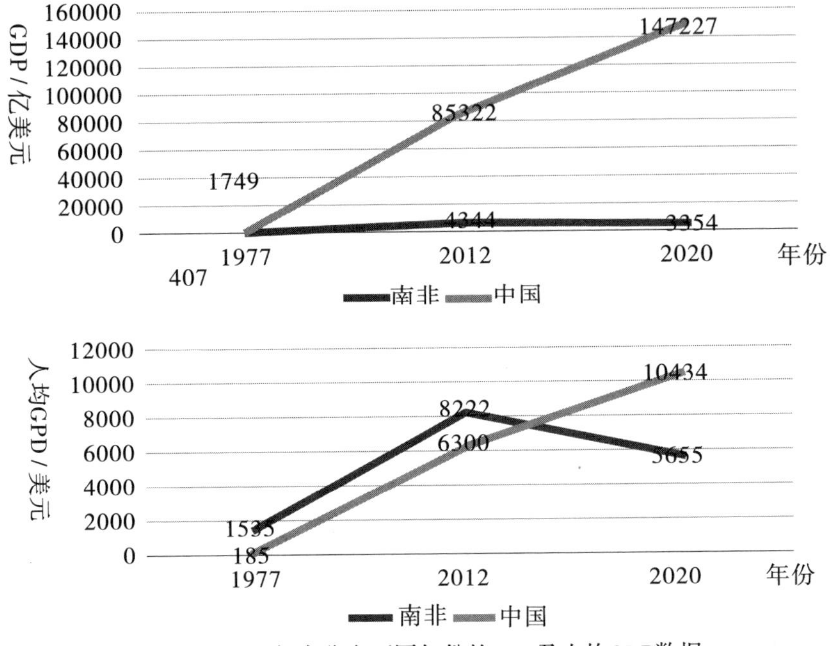

图3–3　我国与南非在不同年份的GDP及人均GDP数据

（2）教师列举1979年、2012年和2020年我国普通高等学校毕业人数对比（见表3–6）。

表3–6　1979年、2012年和2020年我国普通高等学校毕业人数对比

年份	1979年	2012年	2020年
人数 / 万人	8.5	624.7	874

教师提问　通过以上数据，你发现了什么？这些数据说明了什么？

学生讨论、汇报。

五、总结提升，激发情感

学生分组讨论：

（1）我们现在人民幸福、城市发展、国家富强，靠的是什么？（党的

正确领导和改革开放的政策）

（2）我们要过上更美好的生活、建设更美好的家园，需要怎样做？（坚持党的领导，发扬改革开放的精神）

教师总结 党的十一届三中全会做出了把党和国家工作重心转移到经济建设上来，实行改革开放的历史性决策，实现了从人民生活温饱不足到总体小康、奔向全面小康的历史性跨越，推进了中华民族从站起来到富起来的伟大飞跃。

【考核评价】

单元主题：翻天覆地——创造了改革开放和社会主义现代化建设的富国伟业	**本课主题：感受社会主义现代化建设伟大成就**	**等级：□A □B □C □D**
学习目标	评价标准	评价工具
通过查找资料、调查走访、小组合作学习等方式，进行今昔对比，感受我国改革开放以来人民生活极大改善，城市快速发展，国家走上富强之路，并追根溯源，探讨巨变背后的原因	A——能通过调查访问、参观考察等方式，了解改革开放前后人们在衣食住行等方面的变化，能探究成都这座城市有哪些变化及其背后的原因，了解我国在教育、科技、农业、工业、医疗等方面的成就并思考其原因	多元评价、高层次纸笔评测、实作（自己制作变化对比表）
	B——能通过调查访问、参观考察等方式，了解改革开放前后人们在衣食住行等方面的变化，了解成都这座城市的1~2个变化及其背后的原因，了解我国在教育、科技、农业、工业、医疗等某一方面的成就并思考其原因	

学习目标	评价标准	评价工具
	C——能通过调查访问、参观考察等方式，了解改革开放前后人们在衣食住行等方面的变化，了解我国在教育、科技、农业、工业、医疗等某一方面的成就并思考其原因	
	D——未达C级	

资源链接

深圳、成都地区GDP数据来源：https://m.gotohui.com/gdp-300.html。

中国、南非GDP数据来源：世界银行，hppt://data.worldbank.org。

（成都市龙江路小学　钱红）

初中段：坚定社会主义现代化建设伟大道路

教学目标

通过对改革开放这一段历史的学习探究，引导学生了解改革开放中的重大历史事件，认识改革开放的意义，理解中国特色社会主义道路的形成与发展。

通过对改革开放的伟大成就的学习，培养学生分析问题的能力，增强学生的改革发展意识，坚定学生的制度自信、道路自信、理论自信和文化自信。

教学内容

（1）吹响改革号角——党的十一届三中全会；

（2）农村改革——家庭联产承包责任制；

（3）搞活经济——城市经济体制改革；

（4）中国特色社会主义市场经济体制改革；

（5）中国打开开放之门；

（6）中国人民富起来了。

教学重难点

1．教学重点

通过学习改革开放给我国带来的翻天覆地的变化，理解中国特色社会主义道路的科学性。

2．教学难点

改革开放的历史进程。

学情分析

相较于小学生，初中生的认知能力和思维能力都有了较大提高，已经具有一定的抽象思维和辩证思维能力，且获取社会信息的方式和渠道越来越多样化。初中生能够理解改革开放给我国经济社会发展和人民生活带来的巨大变化，体会到深深的民族自豪感和自信心，也能感受到我国在经济发展过程中遇到的问题、对人民生活产生的直接影响以及我国采取的相应措施。但是，由于受其生活经验和思维能力的限制，初中生看问题容易片面化、表面化，需要教师加以合理引导。

设计思路

1．设计理念

首先，通过经典歌曲《春天的故事》引入改革开放的总设计师——邓小平，并介绍与之相关的故事，由此进入改革开放的背景知识学习，激发学生的学习热情。其次，通过有趣的小故事，让学生了解改革开放的历史进程。再次，通过讲解中国特色社会主义理论的发展进程，让学生体悟中国特色社会主义道路的先进性和优越性。最后，通过展示改革开放取得的成就，让学生在深深的自豪感中培养热爱祖国的感情，坚定走中国特色社会主义道路的信念。

2．思维导图（见图3–4）

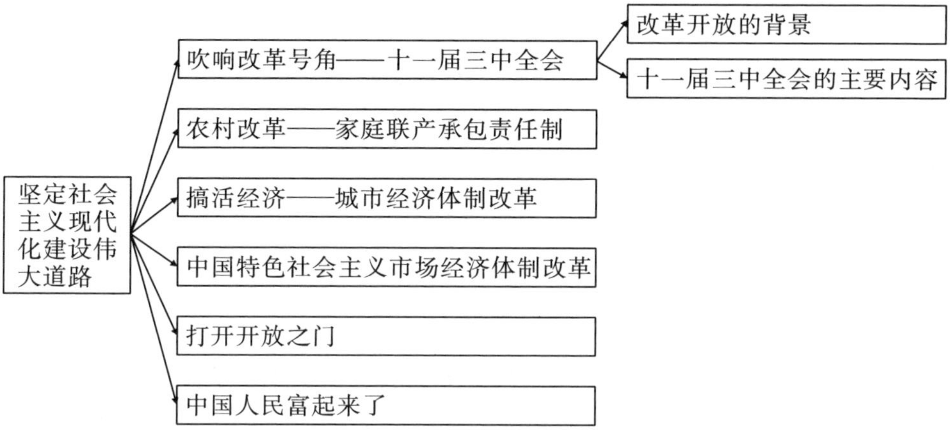

图3–4　专题三初中段思维导图

实施方案

议题一：吹响改革号角——十一届三中全会

【议学情境一】

播放歌曲《春天的故事》。

春雷唤醒了长城内外，春晖暖透了大江两岸，春风吹绿了东方神州，春雨滋润了华夏故园……从此，中国展开了一幅新画卷，捧出万紫千红的春天。

同学们，说到为中国带来春天的这一位老人，大家知道他是谁吗？是的，他就是邓小平，大家都亲切地称呼他为“小平同志”。

小平同志的故事　1978年10月22日，时任国务院副总理的邓小平抵达东京，展开了为期8天的对日访问。根据行程安排，小平同志10月26日要从东京去京都。东京到京都的距离大约是370公里，比北京到石家庄的距离稍远一点。日方极力向中方推荐乘坐新干线，于是小平同志最终选择乘坐日本的“光”号新干线去京都。在小平同志乘坐的“光-81号”新干线列车上，工作人员问他乘坐新干线有什么想法。小平同志回答说：“就感觉到快，有催人跑的意思，所以我们现在更合适了，我们现在正合适坐这样的车。就像推着我们跑一样，我们现在很需要跑！”此时的中国还在使用蒸汽机车牵引，不到9000台火车中，有8000多台是蒸汽机车，就是那种冒着烟的“古董火车”，高级一点的电力机车只有不到200台。最可怕的是，时速只有区区40公里，跟现在的电瓶车的速度差不多。

——摘编自环球网《小平同志，今日高铁如你所愿》

当时的中国　（日本）普通工人家庭一般都有四五十平方米的住宅，每两户有一辆汽车，95%的家庭有电冰箱、洗衣机、吸尘器等耐用消费品。而中国，农村还有2.5亿人食不果腹，城市职工20多年没涨工资，城市人均住房面积只有3.6平方米，电视机、电冰箱等更是见都没见过。

——董怀良《我国改革开放的动因分析》

GDP，即国内生产总值，是一个国家（或地区）所有常住单位在一定时期内生产活动的最终成果。GDP是国民经济核算的核心指标，也是衡量一个国家（或地区）经济状况和发展水平的重要指标。1978年，美国的GDP是23566亿美元，日本的GDP是10084亿美元，中国的GDP是1495亿美元，美国的GDP约是中国的15.8倍，日本的GDP约是中国的7倍。人民的生活条件也存在着非常大的差异。当时，国内市场商品供应不足，为保证群众基本生活的需要，国家决定实行“计划经济”，通过发放各种商品票证来分配商品。当时的票证包括粮票、肉票、食用油票、布票，可以说，小小一张票证，囊括了人们生活的方方面面。

议学活动　结合改革开放前中国的社会现实，谈谈中国为什么要大力推动改革？

学生讨论。

议学总结

（1）从国际形势看，十年“文化大革命”给我国带来巨大灾难，严重破坏了社会生产力，恶化了人民的生活，使国民经济到了崩溃的边缘。当十年动乱结束，中国人再观察世界时，发现世界经济的高速发展与中国的落后状态形成鲜明对比，必须把党和国家的工作重点转移到现代化建设上来。

（2）从国内情况看，票证供应既反映了人民生活条件和经济发展状况不容乐观，也反映了计划经济体制约束了人民的生产积极性，束缚了生产力的发展，阻碍了经济进步，急需通过改革革除弊端，发展经济。

【议学情境二】

1979年的春天，是一个特别的春天。那么，大家知道是什么带来了1979年的春天吗？那是一次载入史册的伟大会议——1978年12月18日至22日，中国共产党第十一届中央委员会第三次全体会议，简称十一届三中全会。全会做出了把工作重点转移到社会主义现代化建设上来的战略决策，揭开了改革开放的序幕。以此为起点，中国走上了建设中国特色社会主义的新道路。我们来看两段材料。

材料一：真理标准大讨论启动思想解放运动

1978年5月10日，中央党校内部刊物《理论动态》刊登《实践是检验真理的唯一标准》一文。文章论述了马克思列宁主义的实践第一的观点，正确地指出任何理论都要接受实践的考验。马克思主义的理论并不是一堆僵死不变的教条，要在实践中不断增加新的内容。5月11日，《光明日报》以特约评论员名义发表这篇文章。随后，该文章引发了全国范围内关于真理标准问题的大讨论，启动了一场思想解放运动。

材料二：邓小平发表讲话奠定改革基础

1978年12月13日，邓小平在中央工作会议闭幕会上发表《解放思想，实事求是，团结一致向前看》的讲话，他指出：首先是解放思想，只有思想解放了，我们才能正确地以马列主义、毛泽东思想为指导，解决过去遗留的问题，解决新出现的一系列问题。一个党，一个国家，一个民族，如果一切从本本出发，思想僵化，迷信盛行，那它就不能前进，它的生机就停止了，就要亡党亡国。他还提出改革经济体制的任务，语重心长地告诫全党“再不实行改革，我们的现代化事业和社会主义事业就会被葬送”。这篇讲话成为随后召开的十一届三中全会的主题报告。

1978年12月18日至22日，中国共产党第十一届中央委员会第三次全体会议在北京举行。全会的中心议题是把全党的工作重点转移到社会主义现代化建设上来。

——摘编自《中国共产党简史》

议学活动 请你谈谈十一届三中全会的重大历史意义。

议学总结 党的十一届三中全会结束了粉碎“四人帮”之后党和国家工作在徘徊中前进的局面，实现了新中国成立以来党的历史的伟大转折。这个伟大转折是全局性的、根本性的，集中表现在以下几个方面：

（1）实现了思想路线的拨乱反正。

十一届三中全会冲破了党的指导思想上存在的教条主义和个人崇拜的严重束缚，坚决批判和否定了“两个凡是”的错误方针，高度评价了关于真理标准问题的讨论，指出实践是检验真理的唯一标准，是党的思想路线的根本原则，从而重新确立了马克思主义的实事求是的思想路线。

（2）实现了政治路线的拨乱反正。

十一届三中全会果断地做出把全党工作着重点和全国人民的注意力转移到社会主义现代化建设上来的战略决策。这是对党的八大确立的正确路线的恢复和发展，是在新的历史条件下对建设中国特色社会主义道路的探索。

（3）做出了实行改革开放的新决策，启动了农村改革的新进程。

十一届三中全会提出了改革开放的任务，指出要采取一系列新的重大的经济措施，对经济管理体制和经营管理方法进行认真的改革，在自力更生的基础上积极发展同世界各国平等互利的经济合作。

十一届三中全会还讨论了农业问题，认为我国农业这个国民经济的基础就整体来说还十分薄弱，一些重要的农业方面的文件相继制定和发布施行，有力地推动了农村改革的进程。

议题二：农村改革——家庭联产承包责任制

【议学情境一】敢为天下先的小岗村

在改革开放之前，我国农村实行的是人民公社体制。在人民公社体制下，农民所得并不直接与个人付出成正比，出现“平均主义”的风气。有人将之形象地称为“吃大锅饭”，即干与不干一个样，干多干少一个样。这样最直接的结果是农民的生产积极性受到影响，农业生产和发展自然受到限制，人们吃不饱饭是常事，一旦遇到自然灾害，那更是难以糊口。

改革开放的号角已经吹响，安徽凤阳小岗村敢为天下先，率先拉开了农村改革的序幕。1978年11月24日晚上，安徽省凤阳县凤梨公社小岗村西头严立华家低矮残破的茅屋里挤满了18位农民。关系全村命运的一次秘密会议此刻正在这里召开。这次会议的直接成果是诞生了一份不到百字的包干保证书。其中最主要的内容有三条：一是分田到户；二是不再伸手向国家要钱要粮；三是如果干部坐牢，社员保证把他们的小孩养活到18岁。那张揿满红手印的大包干秘密誓言，宣布了一种新的生产关系悄悄降临。大包干极大地解放了农村生产力，把农民从“人民公社”的僵化体制中解放了出来。小岗村的小小一步，催生了中国农村改革历史性的一大步——家庭联产承包责任制。

【议学情境二】　推行家庭联产承包责任制

1979年9月，党的十一届四中全会通过了《关于加快农业发展若干问题的决定》，允许农民因时因地制宜，经营自主。

1980年5月，邓小平在一次重要谈话中公开肯定了小岗村“大包干”的做法，传达了一个明确的信息：农村改革势在必行。9月，中共中央印发了《关于进一步加强和完善农业生产责任制的几个问题》，认为包产到户“没有什么资本主义复辟的危险”。

1982年1月1日，中国共产党历史上第一个关于农村工作的“一号文件”正式出台，明确指出包产到户、包干到户都是社会主义集体经济的生产责任制。由此，家庭联产承包责任制被确定下来。家庭联产承包责任制实施与推广之后，农民获得了自主经营权，极大调动了农民的积极性，促进了农业生产发展，粮食产量大幅度提升。中国因此创造了令世人瞩目的用世界上7%的土地养活世界上22%人口的奇迹。

议学活动 说说家庭联产承包责任制的特点和意义。

议学总结 与人民公社体制相比，家庭联产承包责任制有如下特点：

（1）经营方式：以家庭为单位，包产到户，包干到户。

（2）分配方式：“保证国家的，留足集体的，剩下都是自己的”，实质是按劳分配。

（3）土地归属：所有权归国家，承包经营权属于农民。

其意义是：农民获得了自主经营权，极大调动了农民的积极性，促进农业生产发展，粮食产量大幅度提升。

议题三：搞活经济——城市经济体制改革

【议学情境一】点燃民营经济之火——允许个体经济发展

个体经济，指在劳动者个人占有生产资料的基础上，从事个体劳动和个体经营的私有制经济。个体经济具有规模小、工具简单、操作方便、经营灵活等特点。个体经济有两个明显的特征：一是生产资料和劳动成果归个人所有，二是劳动者以自己的劳动为基础。生产者既是直接的劳动者，又是生产资料的私有者，劳动者主要依靠自己的劳动取得收入。1979年4月，国家工商行政管理局召开局长会议，提出各地可以批准一些有正式户口的闲散劳动力从事修理、服务和手工业个体劳动，但不准雇工。这是十一届三中全会以后第一次允许个体经济发展。

【议学情境二】国营企业争做排头兵——推动国企改革试点

国有企业（党的十四大将国营经济更名为国有经济，国营企业相应更名），就是全民所有制企业，实质就是企业生产资料归全体人民共同所有的企业。改革前，我国实行计划经济体制，企业实行高度集中的管理方式，国家下达多少任务就生产多少，企业没有自主决定生产活动的权利，分配上也难以调动劳动者的积极性。

1984年5月10日，国务院颁发《关于进一步扩大国营工业企业自主权的暂行规定》。十二届三中全会以后，经济体制改革的中心环节是搞活国营大中型企业。在所有权与经营权分离的条件下，出现了承包经营责任制、租赁制、资产经营责任制、税利分流以及股份制试点，探索搞活企业的多种经营方式。

议学活动　个体经济发展和国有企业改革带来了什么变化？有什么意义？

议学总结　个体经济发展和国有企业改革带来的变化如表3–7所示。

表3–7　个体经济发展和国有企业改革带来的变化

对比项	改革前	改革后
管理方式	高度集中	政企分开，扩大企业自主权
所有制	单一公有制	公有制为主体，多种所有制并存
分配方式	平均主义	按劳分配为主体，多种分配方式并存

所有制和分配制度的改革，极大调动了劳动者的生产积极性和创造性，让一切创造社会财富的源泉充分涌流，解放和发展了生产力，促进了人民生活水平的提高和经济的快速发展。

议题四：中国特色社会主义市场经济体制改革

【议学情境】

1992年1月18日至2月23日，邓小平先后到武昌、深圳、珠海、上海等地视察，发表了一系列重要谈话。邓小平强调，改革开放的胆子要大一些，敢于试验。看准了的，就大胆地试，大胆地闯。判断是姓“资”还是姓“社”的问题的标准，应该主要看是否有利于发展社会主义社会的生产力，是否有利于增强社会主义国家的综合国力，是否有利于提高人民的生活水平。邓小平明确提出，计划多一点还是市场多一点，不是社会主义与资本主义的本质区别。计划经济不等于社会主义，资本主义也有计划；市场经济不等于资本主义，社会主义也有市场。计划和市场都是经济手段。

邓小平此次谈话是对僵化思潮的致命一击，结束了姓“社”还是姓“资”之类的争论。同时，邓小平南方谈话很快成为中央的决策主轴，随后的十四大明确提出建立社会主义市场经济体制的目标。邓小平南方谈话对中国20世纪90年代的经济改革与社会进步起到了关键的推动作用，被视为一个历史性的转折点。

1993年11月，党的十四届三中全会在北京召开，全会通过了《中共中央关于建立社会主义市场经济体制若干问题的决定》。全会指出，社会主义市场经济体制是同社会主义基本制度结合在一起的。建立社会主义市场经济体制，就是要使市场在国家宏观调控下对资源配置起基础性作用。要进一步转换国有企业经营机制，建立适应市场经济要求，产权清晰、权责明确、政企分开、管理科学的现代企业制度。

议学活动 什么是市场经济体制？市场经济体制有什么优点？

议学总结 计划和市场都是资源配置的方式。市场的作用主要表现在以下几方面：

（1）分配收入。在市场经济中，生产者的收入高低和盈亏状况首先取决于市场价格，价格的高低决定着生产者之间的经济利益。

（2）传递信息。市场通过价格机制向商品生产者传递经济信息，价格上升表示供不应求，反之则供过于求，生产者可根据价格信息自主调节生产。

（3）刺激生产。市场在分配收入和传递信息的同时，又可以刺激商品生产者不断改进技术，加强经营管理，提高劳动生产率，从而推动生产的不断发展。

（4）调节供求。在市场经济中，生产和需求的平衡是通过供求和价格的相互作用来实现的。供大于求，价格下降，生产减少；供不应求，价格上升，生产增加；供求平衡，各个部门的生产比例得到合理分配，资源配置实现合理化。

议题五：打开开放之门

【议学情境一】 邓小平登上《时代》周刊封面

1979年1月1日出版的《时代》周刊将邓小平评选为年度风云人物，标题为《邓小平：中国新时代的形象》。在内文中，《时代》周刊惊叹："一个崭新中国的梦想者——邓小平向世界打开了'中央之国'的大门，这是人类历史上气势恢宏、绝无仅有的一个壮举。"

【议学情境二】 中国开放的脚步

1. 改革开放试验田，建设深圳经济特区

在1978年底的一次中央工作会议上，邓小平提出了一个新理论："让一部分城市先富起来"。他当时一口气列举了十来个城市，第一个就是深圳。1979年初，广东省委、省政府经过研究后初步决定，先在深圳、珠海两地试办出口特区。深圳，一个贫穷落后的边陲渔村，一夜间成了中国改革开放的窗口和试验场。如今，这里已崛起为经济总量居全国前列的现代化大都市，创造了世界城市发展史上的奇迹。

2. 开放14个沿海城市，扩大对外开放

1984年3月26日—4月6日，中央召开沿海部分城市座谈会，决定进一步开放14个沿海港口城市。会议建议进一步开放天津、上海、大连、秦皇岛、烟台、青岛、连云港、南通、宁波、温州、福州、广州、湛江和北海14个沿海港口城市，并扩大地方权限，给予外商若干优惠政策和措施。

3. 中国加入世界贸易组织，对外开放步入新阶段

2001年12月11日，我国正式加入世界贸易组织（WTO），成为其第143个成员。加入WTO是中国参与经济全球化的重要战略部署，是对外开放步入新阶段的标志。加入WTO是我国改革开放和现代化建设的历史必然，促进了我国对外贸易发展，取得了在WTO框架内的话语权，推动了国内经济体制改革。

4. 加快自贸区建设，进一步扩大开放

党的十七大把自由贸易区建设上升为国家战略，党的十八大提出要加快实施自由贸易区战略。党的十八届三中全会提出要以周边为基础加快实施自由贸易区战略，形成面向全球的高标准自由贸易区网络。

议学活动 我国越来越快的开放脚步形成了什么样的开放格局？

议学总结 我国自改革开放以来，已基本形成了全方位、多层次、宽领域的对外开放格局。这种格局从对外开放的基本形式来看，包括对外贸易、对外技术交流、利用外资、对外投资、对外经济援助、劳务合作、对外承包工程等；从对外开放的地域来看，包括经济特区，沿海开放城市，沿海经济开放区，沿边、沿江和内陆中心城市的开放。

对外开放是十一届三中全会以来我国的基本国策。习近平总书记多次强调“中国开放的大门不会关闭，只会越开越大”，这是对我国基本国策长期性、连续性和连贯性的宣誓。

议题六：中国人民富起来了

【议学情境】

1978年，中国的经济总量仅占全球的1.8%，当时的中国是一个贫穷和落后的国家。如今，中国早已是全球第二大经济体。2020年，中国经济总量占到全球14.8%，GDP接近日本的三倍。国家经济平稳健康发展，人民的生活水平越来越高，这是改革开放带来的福祉，更是中国坚定走中国特色社会

主义道路取得的伟大成就。

2008年，中国改革开放30周年之际，《时代》周刊刊发的专栏文章写道："想想吧，在几个世纪的边缘化后，全球四分之一的人口重新汇入人类发展的主流。这正是我们这个时代的伟大故事，每个人的故事，不仅是中国的，而这就是邓小平的遗产。"

2021年2月25日，脱贫攻坚总结表彰大会宣布：我国脱贫攻坚战取得了全面胜利，现行标准下9899万农村贫困人口全部脱贫，822个贫困县全部摘帽，12.8万个贫困村全部出列，区域性整体贫困得到解决，完成了消除绝对贫困的艰巨任务，创造了一个彪炳史册的人间奇迹！

议学活动　你能感受到改革开放带来了哪些成就？

议学总结　改革开放以来，我国经济取得了突飞猛进的发展，国内生产总值快速增长，全体人民创造出了巨大的社会财富；就业机会不断增多，就业结构发生巨大变化；增收渠道日益拓宽，城乡居民收入快速增长；消费支出水平不断提高，由生存型消费逐步提升到发展型享受型消费。人民生活水平显著提高，人民群众切切实实享受到了改革发展的成果，家庭财产由无到有，由少到多，实现了从温饱到小康的历史性跨越，并逐步向富裕迈进。

40余年的实践证明，改革开放是发展中国特色社会主义、实现中华民族伟大复兴的必由之路；只有社会主义才能救中国，只有改革开放才能发展中国、发展社会主义、发展马克思主义。改革开放符合党心民心、顺应时代潮流，方向和道路是完全正确的，成效和功绩不容否定，停顿和倒退没有出路。这是党和人民从历史和现实中得出的不可动摇的结论。我们也坚信，随着改革开放的不断深入和发展，中华民族必将实现真正的伟大复兴。

考核评价

（1）参观探访：参观一处能反映改革开放历史的博物馆，深入了解改革开放的成就与意义。

（2）交流走访：和长辈们交流改革开放以来生活的巨大改变，感受改革开放给人民生活带来的真切改变。

（3）撰写报告：收集改革开放以来我国取得的各方面的巨大成就，并撰写一份调查报告。

参考文献

[1] 邓小平．邓小平文选 [M]．北京：人民出版社，2009.

[2] 本书编写组．改革开放简史 [M]．北京：人民出版社，学习出版社，2021.

[3] 傅高义．邓小平时代 [M]．冯克利，译．北京：生活·读书·新知三联书店，2013.

[4] 董怀良．我国改革开放的动因探析：以邓小平理论为中心 [J]．渭南师范学院学报，2013，28（5）：42-44.

（成都市树德中学　余徐林）

高中段：推进社会主义现代化建设伟大事业

教学目标

（1）政治认同：引导学生感悟改革开放的伟大意义，认识到改革开放是发展中国特色社会主义的必由之路，是实现中华民族伟大复兴的关键一招；认识到改革开放以来取得的巨大成就，其根本原因就是中国共产党领导人民开辟了中国特色社会主义道路，形成了中国特色社会主义理论体系，确立了中国特色社会主义制度，发展了中国特色社会主义文化。

（2）科学精神：帮助学生掌握改革开放的进程，学会结合马克思主义在中国的发展，用联系和全面的观点分析中国特色社会主义理论体系与马克思主义的关系，用发展的观点分析中国特色社会主义的发展和完善。

（3）公共参与：引导学生感悟中国特色社会主义建设的伟大成就，坚定“四个自信”，自觉投入到社会主义建设中去，为中国特色社会主义建设贡献自己的力量。

教学内容

（1）伟大的改革开放。

①改革开放的原因；

②改革开放的过程；

③改革开放的意义。

（2）中国特色社会主义的创立、发展与完善。

①改革开放以来党的全部理论和实践的主题；

②中国特色社会主义道路、理论、制度和文化。

教学重难点

1．教学重点

（1）改革开放的历史进程和意义。改革开放40多年来，我国取得了巨大成就，了解其历史进程和意义显得尤为重要。

（2）改革开放以来党的全部理论和实践的主题。改革开放以来，我国不仅在实践层面取得了巨大成就，在理论层面也取得了巨大成就，这两方面内容均应作为教学重点。

（3）中国特色社会主义道路、理论、制度、文化。因为改革开放取得重大成就的根本原因就在于坚持“四个自信”，所以这一内容应作为教学重点。

2．教学难点

（1）党的十一届三中全会重新确立了马克思主义的思想路线、政治路线和组织路线。高一学生对当时的历史背景了解不够，所以这一部分内容为教学难点。

（2）中国特色社会主义道路、理论、制度、文化及其关系。这是中国特色社会主义取得成功的根本原因，具有很强的理论性和实践性，学生在理解上有一定难度，故应作为教学难点。

学情分析

通过初中阶段的学习，学生对“改革开放的进程”有所了解，加之已学习高中思想政治（必修1）前两课特别是“只有社会主义才能救中国”的有关内容，形成了相应的知识积累，为本课知识的学习奠定了一定的基础。

高一学生具有一定生活体验，对问题有一定的探究能力，且具备一定的阅读能力、信息收集能力、分析能力、逻辑思维能力。但由于高一学生刚开始学习高中思想政治课，在对学习重点、难点的把握，对基础知识的梳理、知识体系的建构等方面还有欠缺，对于耳熟能详的“中国特色社会主义”这个概念缺乏深入的理性认识，相关理论知识碎片化，抽象思维能力较弱。

本专题课教学应充分运用音乐、视频、图片等资源，通过案例教学激发学生的求知欲，使其在探究中理解改革开放的现实意义和中国特色社会主义道路、理论、制度、文化等知识，增强对中国特色社会主义的自信心和自豪感，提高运用知识分析和解决问题的能力，为大学阶段的学习奠定基础。

设计思路

1. 设计理念

在以人为本教学理念指导下，围绕立德树人这一根本任务和提高中学生学科核心素养这一中心，采用情境教学法、合作探究法等教学方法，通过选取典型的生活案例和改革开放的关键事件作为话题，设置能指向教材知识和核心素养的议题，引导学生进行合作式学习、探究式学习，启发学生思维，在互动探究中生成观点，帮助学生树立正确的政治方向，坚定“四个自信”，形成正确的世界观、人生观、价值观，助力学生形成适应终身发展和社会需要的政治认同、科学精神、公共参与等必备品格和分析解决问题的关键能力。

2. 思维导图（见图3–5）

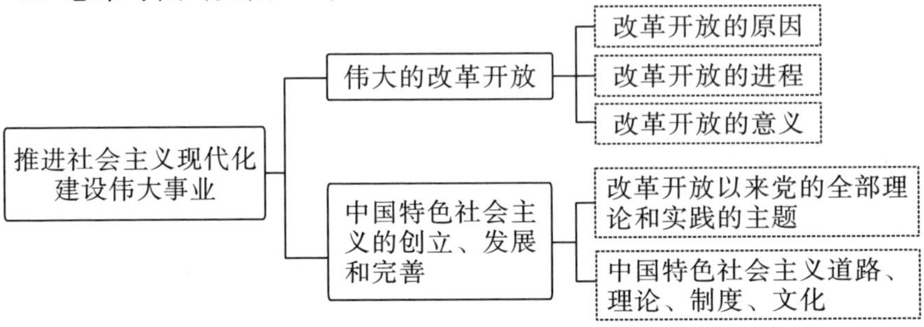

图3–5　专题三高中段思维导图

实施方案

一、决定当代中国命运的关键一招——伟大的改革开放

导入新课　播放歌曲《春天的故事》。请同学们想一想：这首歌反映的是什么历史事件？为什么会发生这一历史事件？

讲授新课

（一）中国之困——改革开放的原因

设计意图：从人类社会的基本矛盾运动和中国改革开放前的状况出发，分析改革开放的必然性，总结党的十一届三中全会的重要内容以及意义，增强学生对改革开放的认同和对祖国发展的关注。

【议学情境一】

“文化大革命”导致我国经济濒临崩溃的边缘，人民温饱都成问题，国家建设百业待兴。“文化大革命”结束后，“中国向何处去”成为摆在党和人民面前头等重要的问题，广大干部群众强烈要求纠正“文化大革命”的错误，就关系党和国家前途命运的大政方针作出政治决断和战略抉择，但遇到了严重阻碍，党和国家工作在前进中出现徘徊局面。邓小平同志等老一辈革命家深刻认识到，决不能再回到“文化大革命”的老路上去。1978年12月，邓小平同志在中央工作会议上指出，“如果现在再不实行改革，我们的现代化事业和社会主义事业就会被葬送”。[①]

议学活动一 请同学们谈一谈：改革开放前的中国在政治、经济、社会生活、思想等方面面临着哪些困难？需要进行怎样的转变？

议学总结

政治方面：面临“以阶级斗争为纲”的指导思想，需要转移工作重心。

经济方面：面临单一的公有制、平均主义的分配制度和僵化的计划经济体制，需要进行基本经济制度和经济体制的改革。

社会生活方面：收入低、温饱不足、基础设施落后、公共事业停滞、科技教育落后，需要大力发展生产力。

思想方面：人们对社会主义的优越性产生疑问，需要正确认识什么是社会主义、怎样建设社会主义。

“文化大革命”结束后，党和国家面临何去何从的重大历史关头。1978年召开的党的十一届三中全会重新确立了马克思主义的思想路线、政治路线和组织路线，确定把党和国家工作的重点转移到社会主义现代化建设上来，做出实行改革开放的重大决策，实现了中华人民共和国成立以来党的历史上具有深远意义的伟大转折，开启了改革开放和社会主义现代化建设新时期。

（二）中国之变——改革开放的过程

设计意图：通过改革开放重大事件时间轴的构建，引导学生感悟伟大的改革开放的历程，提升学生自主解决问题的能力，增强学生对改革开放和中国特色社会主义实践的认知。

① 《党的十九届六中全会〈决议〉学习辅导百问》，学习出版社、党建读物出版社，2021年，第59-60页。

议学活动二 自主阅读教材第31～33页，同桌合作完成改革开放重大事件时间轴的构建，找出标志性事件，将改革开放的进程划分为三个阶段，并描述改革开放的进程（见图3-6）。

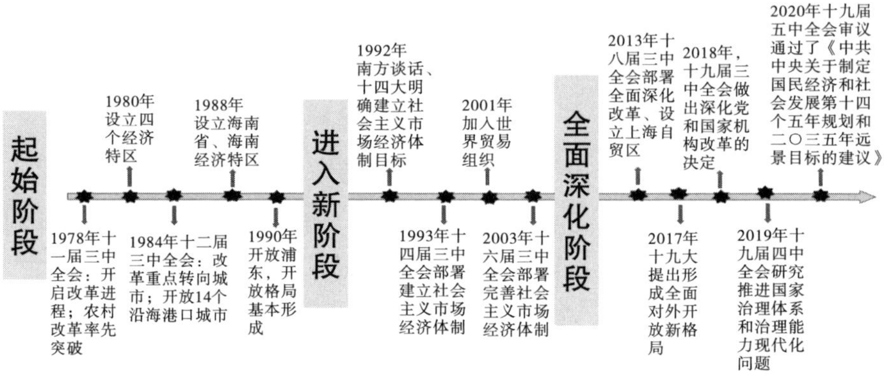

图3-6 改革开放重大事件时间轴

议学总结

1．改革开放的起始阶段（1978—1991）

改革的具体表现：

（1）1978年的十一届三中全会后，农村改革率先取得突破。

（2）1984年，党的十二届三中全会召开，标志着中国改革重点从农村转向城市，企业改革迈出重要步伐。

开放的具体表现：

（1）1980年，设立4个经济特区。

（2）1984年，开放14个沿海港口城市。

（3）1988年，设立海南省及海南经济特区。

（4）1990年，开发开放上海浦东，我国全方位、多层次、宽领域的对外开放格局基本形成。

2．改革开放进入新阶段（1992—2012）

标志性事件：1992年邓小平南方谈话和党的十四大明确建立社会主义市场经济体制目标。

改革的具体表现：

（1）1993年党的十四届三中全会就建立社会主义市场经济体制进行部署。

（2）2003年党的十六届三中全会围绕完善社会主义市场经济体制进行了部署，社会主义市场经济体制初步建立和初步完善。

开放的具体表现：2001年中国成功加入世界贸易组织，标志着我国对外开放达到新水平。

3．改革开放的全面深化阶段（2012年至今）

改革的具体表现：

（1）2013年召开的十八届三中全会做出全面深化改革的重要部署，提出要使市场在资源配置中发挥决定性作用和更好发挥政府作用，进一步完善社会主义市场经济体制。

（2）2018年党的十九届三中全会做出深化党和国家机构改革的决定。

（3）2019年党的十九届四中全会专题研究了坚持和完善中国特色社会主义制度、推进国家治理体系和治理能力现代化问题。

开放的具体表现：

（1）2013年设立中国（上海）自由贸易试验区。

（2）2017年党的十九大提出形成全面对外开放新格局。

（3）2020年，党的十九届五中全会审议通过了《中共中央关于制定国民经济和社会发展第十四个五年规划和二〇三五年远景目标的建议》。2021年《中华人民共和国国民经济和社会发展第十四个五年规划和二〇三五年远景目标纲要》对全面深化改革和实行高水平的对外开放做出部署。这使得改革开放向纵深发展，推动经济社会发展取得历史性的伟大成就。

（三）关键一招——改革开放的意义

设计意图：通过引用习近平总书记对改革开放40年来取得的伟大成就

的评价作为情境，引导学生感悟改革开放的伟大成就，增强对改革开放伟大意义的认知，增强政治认同。

【议学情境二】

40年来，我们始终坚持以经济建设为中心，不断解放和发展社会生产力，我国国内生产总值由3679亿元增长到2017年的82.7万亿元，年均实际增长9.5%，远高于同期世界经济2.9%左右的年均增速。我国国内生产总值占世界生产总值的比重由改革开放之初的1.8%上升到15.2%，多年来对世界经济增长贡献率超过30%。我国货物进出口总额从206亿美元增长到超过4万亿美元，累计使用外商直接投资超过2万亿美元，对外投资总额达到1.9万亿美元。我国主要农产品产量跃居世界前列，建立了全世界最完整的现代工业体系，科技创新和重大工程捷报频传。我国基础设施建设成就显著，信息畅通，公路成网，铁路密布，高坝矗立，西气东输，南水北调，高铁飞驰，巨轮远航，飞机翱翔，天堑变通途。现在，我国是世界第二大经济体、制造业第一大国、货物贸易第一大国、商品消费第二大国、外资流入第二大国，我国外汇储备连续多年位居世界第一，中国人民在富起来、强起来的征程上迈出了决定性的步伐！

——习近平《在庆祝改革开放40周年大会上的讲话》

议学活动三　结合议学情境和自身家庭生活实际，分组讨论我国改革开放取得的伟大成就，并分析改革开放的伟大意义。

活动要求：

（1）按活动小组分组展示课前准备的资料。

（2）每组派一名同学发言，汇报讨论成果。

（3）回答要有理有据。

议学总结　改革开放的伟大意义主要体现在以下三个方面。

（1）改变面貌：改革开放极大改变了中国的面貌、中华民族的面貌、中国人民的面貌、中国共产党的面貌。

（2）实现飞跃：改革开放使中华民族迎来了从站起来、富起来到强起来的伟大飞跃，使中国特色社会主义迎来了从创立、发展到完善的伟大飞跃，使中国人民迎来了从温饱不足到小康富裕的伟大飞跃。

（3）历史地位：实践充分证明，改革开放是党和人民大踏步赶上时代的重要法宝，是坚持和发展中国特色社会主义的必由之路，是决定当代中国命运的关键一招，也是决定实现“两个一百年”奋斗目标、实现中华民族伟大复兴的关键一招。

二、中国特色社会主义的创立、发展与完善

导入新课　观看纪录片《改革开放40年的伟大成就》（片段）。请同学们谈谈观看视频后的感触，并思考我国40多年来取得伟大成就是因为我们开创了一条什么道路。

讲授新课

（一）中国特色社会主义的创立

【议学情境一】

20世纪80年代末90年代初，苏联解体、东欧剧变，世界社会主义运动陷入低潮。中国向何处去？

邓小平指出：“我们现在所干的事业是一项新事业，马克思没有讲过，我们的前人没有做过，其他社会主义国家也没有干过，所以，没有现成的经验可学。我们只能在干中学，在实践中摸索。”[①]

习近平指出：“中国特色社会主义是改革开放以来党的全部理论和实践的主题，是党和人民历尽千辛万苦、付出巨大代价取得的根本成就。”[②]

议学活动一　中国特色社会主义这一主题提出于什么时间？标志是

① 《邓小平文选》第3卷，人民出版社，1993年，第258-259页。
② 《习近平谈治国理政》第3卷，外文出版社，2020年，第13页。

什么？

议学总结 1982年，党的十二大开幕式上，邓小平明确提出了“走自己的路，建设有中国特色的社会主义”这一鲜明主题。从此以后，中国共产党所有的理论创新和实践创新都是紧紧围绕这个主题展开的。改革开放以来，中国共产党坚持把马克思主义基本原理同当代中国实际和时代特点相结合，不断推进理论创新、实践创新、制度创新，成功开创、坚持和发展了中国特色社会主义。

（二）中国特色社会主义理论体系的发展

【议学情境二】

改革开放和社会主义现代化建设新时期，党面临的主要任务是，继续探索中国建设社会主义的正确道路，解放和发展社会生产力，使人民摆脱贫困、尽快富裕起来，为实现中华民族伟大复兴提供充满新的活力的体制保证和快速发展的物质条件。

党的十一届三中全会以后，以邓小平同志为主要代表的中国共产党人，团结带领全党全国各族人民，深刻总结新中国成立以来正反两方面经验，围绕什么是社会主义、怎样建设社会主义这一根本问题，借鉴世界社会主义历史经验，创立了邓小平理论，解放思想，实事求是，作出把党和国家工作中心转移到经济建设上来、实行改革开放的历史性决策，深刻揭示社会主义本质，确立社会主义初级阶段基本路线，明确提出走自己的路、建设中国特色社会主义，科学回答了建设中国特色社会主义的一系列基本问题，制定了到二十一世纪中叶分三步走、基本实现社会主义现代化的发展战略，成功开创了中国特色社会主义。

党的十三届四中全会以后，以江泽民同志为主要代表的中国共产党人，团结带领全党全国各族人民，坚持党的基本理论、基本路线，加深了对什么是社会主义、怎样建设社会主义和建设什么样的党、怎样建设党的认识，形成了“三个代表”重要思想，在国内外形势十分复杂、世界社会主义出现严重曲折的严峻考验面前捍卫了中国特色社会主义，确立了社会主义市场经济体制的改革目标和基本框架，确立了社会主义初级阶段公有制为主体、多种所有制经济共同发展的基本经济制度和按劳分配为主体、多种分配方式并存的分配制度，开创全面改革开放新局面，推进党的建设新的伟大工程，成功把中国特色社会主义推向二十一世纪。

党的十六大以后，以胡锦涛同志为主要代表的中国共产党人，团结带领全党全国各族人民，在全面建设小康社会进程中推进实践创新、理论创新、制度创新，深刻认识和回答了新形势下实现什么样的发展、怎样发展等重大问题，形成了科学发展观，抓住重要战略机遇期，聚精会神搞建设，一心一意谋发展，强调坚持以人为本、全面协调可持续发展，着力保障和改善民生，促进社会公平正义，推进党的执政能力建设和先进性建设，成功在新形势下坚持和发展了中国特色社会主义。

党的十八大以来，中国特色社会主义进入新时代。党面临的主要任务是，实现第一个百年奋斗目标，开启实现第二个百年奋斗目标新征程，朝着实现中华民族伟大复兴的宏伟目标继续前进。党领导人民自信自强、守正创新，创造了新时代中国特色社会主义的伟大成就。以习近平同志为主要代表的中国共产党人，坚持把马克思主义基本原理同中国具体实际相结合、同中华优秀传统文化相结合，坚持毛泽东思想、邓小平理论、“三个代表”重要思想、科学发展观，深刻总结并充分运用党成立以来的历史经验，从新的实际出发，创立了习近平新时代中国特色社会主义思想。习近平同志对关系新时代党和国家事业发展的一系列重大理论和实践问题进行了深邃思考和科学判断，就新时代坚持和发展什么样的中国特色社会主义、怎样坚持和发展中国特色社会主义，建设什么样的社会主义现代化强国、怎样建设社会主义现代化强国，建设什么样的长期执政的马克思主义政党、怎样建设长期执政的马克思主义政党等重大时代课题，提出一系列原创性的治国理政新理念新思想新战略，是习近平新时代中国特色社会主义思想的主要创立者。

——《中共中央关于党的百年奋斗重大成就和历史经验的决议》

议学活动二　全班分为4个小组，分别围绕中国特色社会主义理论体系在四个阶段的理论创新成果进行讨论，总结这些理论成果的形成时间、代表人物、主题及意义。

议学总结

表3-8　中国特色社会主义理论体系

重要理论	形成时间	主　题	意　义
邓小平理论	十一届三中全会以后	什么是社会主义、怎样建设社会主义	成功开创了中国特色社会主义
“三个代表”重要思想	十三届四中全会以后	什么是社会主义、怎样建设社会主义，建设什么样的党、怎样建设党	开创全面改革新局面，推进党的建设新的伟大工程，成功把中国特色社会主义推向21世纪
科学发展观	十六大以后	新形势下实现什么样的发展、怎样实现发展	在新的历史起点上坚持和发展了中国特色社会主义
习近平新时代中国特色社会主义思想	十八大以来	新时代坚持和发展什么样的中国特色社会主义、怎样坚持和发展中国特色社会主义，建设什么样的社会主义现代化强国、怎样建设社会主义现代化强国，建设什么样的长期执政的马克思主义政党、怎样建设长期执政的马克思主义政党	推动党和国家事业发生历史性变革、取得历史性成就，中国特色社会主义进入了新时代

议学活动三　请同学们思考：中国特色社会主义理论体系在各个时期的发展之间的关系是怎样的？

议学总结　中国特色社会主义理论体系在各个时期的发展之间的关系是一脉相承、与时俱进的。邓小平理论、“三个代表”重要思想、科学发展观和习近平新时代中国特色社会主义思想既坚持了科学社会主义的基本原则，又结合了中国的具体国情和时代特点，它们是马克思主义中国化的理论成果，继承和发展了马克思列宁主义、毛泽东思想，是一脉相承和与时俱进的关系。

（三）坚定“四个自信”

议学活动四　请同学们结合家乡或国家的现实情况，谈谈改革开放以来我国取得的巨大成就，并分析改革开放取得巨大成就的原因。

议学总结

（1）改革开放以来我国取得的巨大成就：

①经济：社会主义市场经济体制的建立和完善；极大地解放和发展了生产力；人民生活水平显著提高；经济总量稳居世界第二位；新发展理念深入人心。

②政治：坚持和完善中国特色社会主义制度；建设社会主义法治国家；推进国家治理体系和治理能力现代化。

③文化：坚持中国特色社会主义文化发展道路，建设社会主义文化强国；树立文化自信，增强文化软实力；文化事业和文化产业大力发展，满足人民的精神文化需求；科技教育发展成果显著，创新型国家建设取得进展。

④社会：建立社会主义和谐社会，自由、平等、公正、法治观念深入人心；基本建立起覆盖全民的社会保障体系，全体人民在共建共享中享有更多获得感。

⑤生态文明：贯彻绿色发展理念，建设美丽中国，生态文明体制体系加快形成，全面节约资源有效推进。

（2）改革开放取得巨大成就的原因：

改革开放以来，我国取得一切成绩和进步的根本原因在于中国共产党领导人民开辟了中国特色社会主义道路，形成了中国特色社会主义理论体系，确立了中国特色社会主义制度，发展了中国特色社会主义文化。

议学活动五　结合自身实际，说说如何在实践中坚持四个自信。

议学总结　中国特色社会主义道路、理论、制度和文化。

（1）中国特色社会主义道路就是在中国共产党领导下，立足基本国情，以经济建设为中心，坚持四项基本原则，坚持改革开放，解放和发展社会生产力，建设社会主义市场经济、社会主义民主政治、社会主义先进文化、社会主义和谐社会、社会主义生态文明，促进人的全面发展，逐步实现全体人民共同富裕，建设富强民主文明和谐美丽的社会主义现代化强国。

中国特色社会主义道路是实现社会主义现代化、创造美好生活的必由之路，是实现中华民族伟大复兴的必由之路。

（2）中国特色社会主义理论体系就是包括邓小平理论、“三个代表”重要思想、科学发展观和习近平新时代中国特色社会主义思想在内的科学理论体系。

中国特色社会主义理论体系是指导党和人民实现中华民族伟大复兴的正确理论，是立足时代前沿、与时俱进的科学理论。

（3）中国特色社会主义制度是党和人民在长期实践探索中形成的科学制度体系，我国国家治理一切工作和活动都依照中国特色社会主义制度展开，我国国家治理体系和治理能力是中国特色社会主义制度及其执行能力的集中体现。

中国特色社会主义制度和国家治理体系是以马克思主义为指导、植根中国大地、具有深厚中华文化根基、深得人民拥护的制度和治理体系，是具有强大生命力和巨大优越性的制度和治理体系，是能够持续推动拥有十四亿多人口大国进步和发展、确保拥有五千多年文明史的中华民族实现“两个一百年”奋斗目标进而实现伟大复兴的制度和治理体系。

（4）中国特色社会主义文化源自中华民族五千多年文明历史所孕育的中华优秀传统文化，熔铸于党领导人民在革命、建设、改革中创造的革命文化和社会主义先进文化，植根于中国特色社会主义伟大实践。

中国特色社会主义文化是激励全党全国各族人民奋勇前进的强大精神力量。

（5）中国特色社会主义道路、理论、制度、文化相互联系、相互作用，统一于中国特色社会主义伟大实践（见图3-7）。

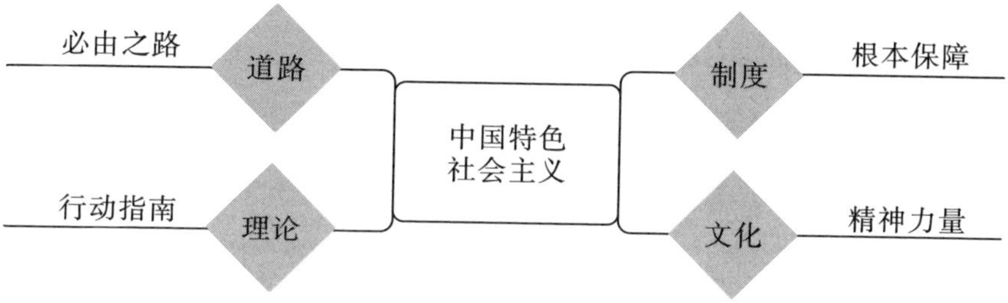

图3-7　中国特色社会主义道路、理论、制度、文化的关系

在当代中国，坚持和发展中国特色社会主义，就是真正坚持社会主义。我们要始终高举中国特色社会主义伟大旗帜，坚定道路自信、理论自信、制度自信、文化自信。

我们中学生要自觉加强理论学习，树立正确的世界观、人生观、价值观，坚定四个自信，成长为担当民族复兴大任的时代新人。

考核评价

1．知识考核

（1）改革开放以来，中华民族迎来了从________、________到________的伟大飞跃！中国特色社会主义迎来了从________、________到________的伟大飞跃！中国人民迎来了从温饱不足到________的伟大飞跃。

（2）改革开放以来，我国取得一切成绩和进步的根本原因，归纳起来就是：中国共产党领导人民，开辟了中国特色社会主义________，形成了中国特色社会主义________，确立了中国特色社会主义________，发展了中国特色社会主义________。

2．活动考核

（1）请选取一位你感兴趣的改革先锋，以“请党放心，强国有我”为主题，写一篇感想，不少于300字。

（2）办一期学习党的十九届六中全会精神的黑板报。要求图文并茂，主题鲜明。

参考文献

[1] 邓小平．邓小平文选［M］．北京：人民出版社，2009．

[2] 习近平．习近平谈治国理政（第二卷）［M］．北京：外文出版社，2017．

[3] 本书编写组．社会主义发展简史［M］．北京：人民出版社，学习出版社，2021．

[4] 本书编写组．改革开放简史［M］．北京：人民出版社，学习出版社，2021．

（成都市树德中学　冯维东）

大学段：认识社会主义现代化建设规律

教学目标

结合大学生的知识储备和实际学习特点，与高中段的教学相衔接，通过一系列教学活动，让学生深入了解和掌握中国共产党是如何带领全国人民开创、坚持和发展中国特色社会主义的，包括深化对中国特色社会主义理论体系的建立、发展过程和一系列社会主义初级阶段所建立的制度体系的认识，最终使学生深化对社会主义现代化建设规律的认识，进而增强“四个意识”、坚定“四个自信”、做到“两个维护”，争做“又红又专”的时代新人。

教学内容

（1）中国特色社会主义的开创：什么是社会主义、怎样建设社会主义。

（2）中国特色社会主义的坚持：建设一个什么样的党、怎样建设党。

（3）中国特色社会主义的发展：实现什么样的发展、怎样发展。

（4）认识社会主义现代化建设规律。

教学重难点

1. 教学重点

①邓小平理论的主要内容；②改革开放的起步与发展；③“三个代表”重要思想的主要内容；④科学发展观的主要内容；⑤社会主义现代化建设规律。

2. 教学难点

①社会主义初级阶段所建立的一系列制度；②中国特色社会主义理论体系的形成过程；③社会主义现代化建设规律的内在逻辑。

学情分析

在信息化时代，发达的网络技术既为大学生教育事业带来了便利，也带来了挑战。一方面，当代大学生思想活跃、善于思考，自主学习能力强，互联网为其提供了丰富的知识；另一方面，他们的心智尚未完全成熟，对于多样化的信息缺乏判断能力，思想观念可塑性强，需要对其加强教育引导。此外，由于受高中文理分科以及大学学科划分的影响，不同学科的学生在基础知识、学习兴趣、思维方式上有明显差异，需要因材施教、有的放矢。

设计思路

1. 设计理念

遵循思想政治工作规律和学生成长规律，在小学段“感受社会主义现代化建设伟大成就”、初中段“坚定社会主义现代化建设伟大道路”、高中段“推进社会主义现代化建设伟大事业”的基础上，充分发挥大学生的主体作用，以探究式学习的方式，围绕中国特色社会主义理论体系的创立和发展，学习此历史阶段我国在政治、经济、文化等各方面取得的伟大成就，进而深化学生对社会主义现代化建设规律的认识。

2. 思维导图（见图3–8）

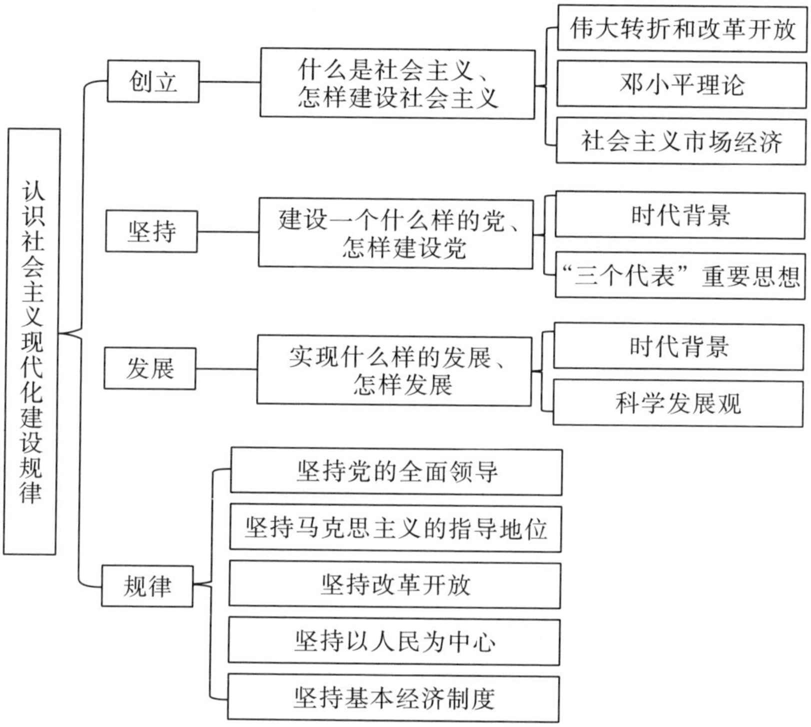

图3–8　专题三大学段思维导图

实施方案

一、中国特色社会主义的开创：什么是社会主义、怎样建设社会主义

课程导入　教师展示材料1、材料2。

材料1：打破“两个凡是”的禁锢

“文革”十年，中国经历了一场深重的灾难。“四人帮”的倒台，让从梦魇中醒来的人们看到了希望，也充满了期待。然而，中国要前进，就必须打破“两个凡是”的精神枷锁。

…………

1977年3月的中央工作会议召开后不久，邓小平对前来看望他的中央办公厅的两位负责人说："两个凡是"不行。在1977年4月10日写给党中央的信中，他提出，"必须世世代代地用准确的完整的毛泽东思想来指导我们全党、全军和全国人民"。所谓"准确""完整"，就是强调要把毛泽东思想作为一个科学的理论体系看待，强调着重掌握贯穿其中的科学观点和科学方法，而不是搞断章取义和"句句是真理"。"准确的完整的毛泽东思想"概念的提出，为批判"两个凡是"提供了有力的理论武器。[①]

材料2：实践是检验真理的唯一标准

1978年5月11日，《光明日报》发表本报特约评论员文章《实践是检验真理的唯一标准》，由此引发了一场关于真理标准问题的大讨论。

文章指出，检验真理的标准只能是社会实践，理论与实践的统一是马克思主义的一个最基本的原则，任何理论都要不断接受实践的检验。这是从根本理论上对"两个凡是"的否定。

这场讨论冲破了"两个凡是"的严重束缚，推动了全国性的马克思主义思想解放运动，是中国共产党第十一届中央委员会第三次全体会议实现新中国成立以来中国共产党历史上具有深远意义的伟大转折的思想先导，为中国共产党重新确立马克思主义思想路线、政治路线和组织路线，做了重要的理论准备。

分组讨论 学生思考、讨论："文革"结束后，中国应该向何处去？为什么要进行改革开放？中国应该建设什么样的社会主义？怎样建设社会主义？

教师点评 教师结合时代背景，进一步阐述十一届三中全会的历史意义，引导学生了解这一伟大历史转折的重要性。在此基础上，结合材料3，

① 于化民：《"两个凡是"的禁锢是如何打破的？》，《党史博览》2008年第5期。

阐述中国共产党做出的改革开放的伟大决策，从国民经济的调整、对外开放、创办经济特区等方面讲述改革开放是如何起步的。

材料3：家庭联产承包责任制

1978年11月24日晚上，安徽省凤阳县凤梨公社小岗村西头严立华家低矮残破的茅屋里挤满了18位农民。关系全村命运的一次秘密会议此刻正在这里召开。这次会议的直接成果是诞生了一份不到百字的包干保证书。其中最主要的内容有三条：一是分田到户；二是不再伸手向国家要钱要粮；三是如果干部坐牢，社员保证把他们的小孩养活到18岁。在会上，队长严俊昌特别强调："我们分田到户，瞒上不瞒下，不准向任何人透露。"在1978年，这个举动是"冒天下之大不韪"，也是一个勇敢的甚至是伟大的壮举。

1979年10月，小岗村打谷场上一片金黄，经计量，当年粮食总产量达66吨，相当于全队1966年到1970年5年粮食产量的总和。

从1958年人民公社化以来，在关于农村的文字中，"包产到户"是个出现频率很高的词，也是常被质疑和批判的。即使在小岗村获得丰收的1979年，批评"包产到户"的声音也是不绝于耳。

1980年5月31日，邓小平在一次重要谈话中公开肯定小岗村"大包干"的做法。当时国务院主管农业的副总理万里和改革开放的总设计师邓小平对这一举动表示的支持传达了一个明确的信息：农村改革势在必行。

1980年9月，中央下发《关于进一步加强和完善农业生产责任制的几个问题》，肯定在生产队领导下实行的包产到户，不会脱离社会主义轨道。①

1982年1月1日，中国共产党历史上第一个关于农村工作的"一号文件"正式出台，明确指出包产到户、包干到户都是社会主义集体经济的生产责任制。其后几年的"一号文件"均充分肯定家庭联产承包责任制。此后，中国政府不断稳固和完善家庭联产承包责任制，鼓励农民发展多种经营，使广大农村地区迅速摘掉贫困落后的帽子，逐步走上富裕的道路，中国因

① 中共中央党史研究室：《中国共产党的九十年》，中共党史出版社、党建读物出版社，2016年，第692页。

此创造了令世人瞩目的用世界上7%的土地养活世界上22%人口的奇迹。

教师解析　中国特色社会主义理论的开篇之作。

教师结合时代背景讲述邓小平理论的形成过程、核心要义、主要内容及重要意义。

邓小平理论的11个主要内容：①解放思想、实事求是的思想路线；②一切从社会主义初级阶段的实际出发；③党在社会主义初级阶段的基本路线；④社会主义的根本任务是发展生产力；⑤分“三步走”基本实现社会主义现代化；⑥改革是中国的第二次革命；⑦社会主义也可以搞市场经济；⑧两手抓，两手都要硬；⑨“一国两制”战略构想；⑩独立自主和平外交；⑪解决中国的问题关键在党。

学生在学习邓小平理论的过程中感悟“什么是社会主义、怎样建设社会主义”，了解中国特色社会主义是如何开创的以及党在这个阶段取得的伟大成就。

二、中国特色社会主义的坚持：建设一个什么样的党、怎样建设党

课程导入　教师展示材料4“党的历史方位和党员队伍发生了深刻变化”。

材料4：党的历史方位和党员队伍发生了深刻变化

中国共产党历经革命、建设和改革，已经从领导人民为夺取全国政权而奋斗的党，成为领导人民掌握全国政权并长期执政的党；已经从受到外部封锁和实行计划经济条件下领导国家建设的党，成为对外开放和发展社会主义市场经济条件下领导国家建设的党。这一时期，正值党的队伍进入整体性交接的关键时刻，一大批年轻干部走上了各级领导岗位。尽管党的干部队伍总体是好的，但在一些党员干部中，还存在着不同程度的思想僵化、信念动摇、道德滑坡、组织涣散和腐败现象。在新的历史条件下，党如何经受长期执政和市场经济的考验，提高党员干部特别是各级领导干部

拒腐防变的能力，提高党的领导水平和执政水平，取信于民，造福于民，就成了党面临的重大时代课题。

分组讨论　引导学生思考：20世纪90年代，中国特色社会主义的发展面临着怎样的境遇？在这样的时代背景下，我国的社会主义事业又该何去何从？

教师点评　党的十三届四中全会以来，党从容应对一系列关系我国主权和安全的国际突发事件，经受住一次又一次考验，排除各种干扰，保证了改革开放和现代化建设的航船始终沿着正确的方向破浪前进。随着我国社会就业方式、分配方式的多样化，社会出现了更为复杂的利益关系。原有的社会阶层发生了极大变化，除工人、农民、知识分子、干部等社会阶层外，还出现了一些新的社会阶层。在这样的情况下，党如何正确处理社会主义现代化建设中的若干重大关系，如何完善社会主义市场经济体制，如何推进政治体制改革，如何解决人与资源、环境的矛盾，保持国民经济的可持续发展，都是摆在党面前必须研究解决的紧迫而重大的问题。这正是“三个代表”重要思想形成的实践基础。

教师讲解苏联解体背后的原因、对我国发展产生的影响，以及我们应该从中吸取哪些教训，让学生深刻理解坚持中国特色社会主义的必要性和重要性。

教师解析　“三个代表”重要思想。

教师结合世情、国情、党情的新变化，讲述“三个代表”重要思想的产生背景、形成过程、核心要义、主要内容及重大意义。

“三个代表”重要思想的主要内容：①发展是党执政兴国的第一要务；②建立社会主义市场经济体制；③全面建设小康社会；④建设社会主义政治文明；⑤以改革的精神推进党的建设新的伟大工程。

教师搜集相关资料，引导学生了解党在这一阶段取得的重大成就，从而感悟我们党在世界社会主义运动陷入低潮之际是如将中国特色社会主义推向21世纪的。

三、中国特色社会主义的发展：实现什么样的发展、怎样发展

课程导入 改革开放以来，中国坚持以经济建设为中心，创造了堪称奇迹的经济增长。20世纪80到90年代，中国经济的年均增长率达到两位数。“中国道路”“中国经验”“中国模式”在国际上引起广泛热议。同时，也应清楚地看到，伴随着我国经济建设取得巨大成就，中国特色社会主义发展面临着工业化、信息化、城镇化、市场化、全球化深入发展的新形势新任务，面临着维护国内社会和谐稳定的新情况新问题，面临着一些西方国家从各个领域加大对我国的防范和遏制，外部环境的考验更趋复杂和严峻。

教师引导学生思考：进入新世纪，我国的国情是否发生了变化？我国的经济发展面临怎样的新情况？

教师解析 我国进入发展关键期、改革攻坚期和社会矛盾凸显期，呈现出一系列新的阶段性特征。这些特征是社会主义初级阶段基本国情在新世纪新阶段的具体表现，反映了我国经济社会发展取得的巨大成绩和面临的新矛盾、新问题。社会主义初级阶段新的阶段性特征，是中国特色社会主义坚持发展的现实依据。

从2002年党的十六大到2012年党的十八大，这十年中国经济的年均增长率达到了10.7%。中国经济总量从世界第六位跃升到第二位，其中：2007年超越德国，成为世界第三大经济体；2012年超过日本，成为世界第二大经济体。经济总量占世界份额由4.4%提高到10.4%。改革开放以来，中国共产党根据新的形势和任务不断深化改革，扩大开放，推动我国经济社会发展取得了新的成就，积累了丰富经验。这些经验集中体现为党的十七大概括的“十个结合”（参见材料5）。在这个阶段，中国战胜了突如其来的“非典”疫情；夺取了抗击汶川特大地震等严重自然灾害和灾后恢复重建的重大胜利；有效应对了波及广泛的国际金融危机冲击，在全球率先实现经济企稳回升；妥善处置了一系列重大突发事件，维护了国家安全和社会

和谐稳定。北京奥运会、残奥会和上海世博会的成功举办，向世界展示了中华民族几千年的灿烂文明、新中国成立几十年的伟大成就、我国人民昂扬向上的精神风貌。党带领人民战胜各种风浪考验、坚持和发展中国特色社会主义的成功探索，是科学发展观形成的实践基础。

材料5：党的十七大概括的“十个结合”

把坚持马克思主义基本原理同推进马克思主义中国化结合起来，把坚持四项基本原则同坚持改革开放结合起来，把尊重人民首创精神同加强和改善党的领导结合起来，把坚持社会主义基本制度同发展市场经济结合起来，把推动经济基础变革同推动上层建筑改革结合起来，把发展社会生产力同提高全民族文明素质结合起来，把提高效率同促进社会公平结合起来，把坚持独立自主同参与经济全球化结合起来，把促进改革发展同保持社会稳定结合起来，把推进中国特色社会主义伟大事业同推进党的建设新的伟大工程结合起来。[①]

教师解析　科学发展观。

进入21世纪，世界处在大发展大变革大调整之中。和平与发展仍然是时代主题，世界多极化不可逆转，经济全球化深入发展，科技革命加速推进，国际力量对比朝着有利于维护世界和平的方向发展。同时，国际环境中不稳定不确定因素增多，我国发展的外部条件复杂多变。经过改革开放以来的发展，当代中国同世界的关系已经发生历史性变化，我国发展对世界发展的作用和影响不断提高，国际环境发展变化对我国发展的作用和影响也不断增大。还要看到，由于单纯追求经济增长，或者照搬别国发展模式，一些国家发展遇到了这样那样的问题，有的经济结构失衡、社会发展滞后、能源资源紧张、生态环境恶化，有的出现了两极分化、失业增加、社会腐败、政治动荡等问题。特别是2008年国际金融危机的爆发，充分暴露了资本主义制度的固有矛盾，暴露了世界经济增长模式的弊端。各国反

① 胡锦涛：《高举中国特色社会主义伟大旗帜　为夺取全面建设小康社会新胜利而奋斗——在中国共产党第十七次全国代表大会上的报告》，人民出版社，2007年。

思和调整发展方式、发展战略，推动强劲、可持续、平衡增长成为各国共同关注的重大问题。当今世界发展大势、国外发展的经验教训，是科学发展观形成的时代背景。

在阐明时代背景的基础上，教师要进一步向学生讲述科学发展观的核心要义、核心立场、基本要求、根本方法及重大意义。

科学发展观的主要内容：①加快转变经济发展方式；②发展社会主义民主政治；③推进社会主义文化强国建设；④构建社会主义和谐社会；⑤推进生态文明建设；⑥全面提高党的建设的科学化水平。

学生在此过程中深刻体悟党在坚持和发展中国特色社会主义中所遵循的规律，体悟我们应“实现什么样的发展、怎样发展”。

四、深化对社会主义现代化建设规律的认识

（一）坚持党的全面领导

课程导入 教师向学生展示材料6、材料7。

材料6：中央决策项目落地缓慢，河南问责9名“不担当”干部

为提高河南省伊洛河防护能力，中央下达补助资金1.5亿元，对其进行治理。作为重大民生工程，该项目本应于2015年完工，但督查发现，截至2015年5月，伊洛河宜阳、偃师、巩义段尚未开工建设。其中宜阳段2015年10月8日才完成招投标工作，2015年11月，部分采砂企业还未撤离……

本是为民务实的政策，却硬生生被拖成了“挂在墙上的标语和口号”。对此，河南省委高度重视，迅速组成调查组对有关问题进行了核查，并对相关人员进行了问责。

“如果认识到位，如果重视到位，如果担当到位，完全可以尽早开工，也完全可以按期完工……”一位被问责的干部表示。然而，落实中央决策部署没有“如果”，必须不折不扣、坚定不移，决不能有丝毫的含糊

和动摇。[1]

材料7：大气污染防治不力，8名县（市、区）主管领导被追责

点开石家庄市政府官方网站“中国石家庄”，在“公告公示”一栏的醒目处可以看到每月空气质量排名靠后县（市）区情况通报。

推进生态文明建设是关系人民福祉、关乎民族未来的长远大计，治理大气污染是推进生态文明建设的重要任务。为甩掉“重污染城市”这顶“帽子”，石家庄市在加大通报力度之外，还出台相关制度强化问责，既问责大气污染防治不力的直接责任人，又问责相关领导干部，以严格的责任追究，促进环境污染治理工作的落实。

“石家庄市有关县（市、区）应对重污染天气不力，责任落实不到位……”2015年冬天，在重污染天气应急响应期间，石家庄市有关县（市、区）推进不力，被上级督导组点名通报。随后，该市成立调查组，对有关问题进行了调查核实。问题查实后，经石家庄市委常委会研究同意，按照干部管理权限，分别对晋州市、灵寿县等县（市、区）的8名县（市、区）主管领导、54名相关责任人进行了责任追究。[2]

教师点评 教师通过上述案例向学生阐述有权必有责、有责要担当。党员领导干部要把权力与责任、义务与担当对应起来，充分发挥党的领导核心作用，厚植党执政的政治基础。如果党的领导弱化，党的理论和路线方针政策、党中央的决策部署没有得到有效贯彻落实，那么各方面的工作执行落实必然会出问题。党政军民学、东西南北中，都离不开党的坚强领导。同时，结合我国所取得的辉煌成就，引导学生思考我国改革开放以来能取得伟大成就的原因。

---

① 摘编自中央纪委监察部网，https://www.ccdi.gov.cn/special/gcdwztl/algs_gcdwztl/201607/t20160722_83993.html。

② 摘编自中央纪委监察部网，https://www.ccdi.gov.cn/special/gcdwztl/algs_gcdwztl/201607/t20160722_83993.html。

教师解析 习近平总书记曾指出：中国共产党是中国特色社会主义事业的领导核心，处在总揽全局、协调各方的地位。党政军民学，东西南北中，党是领导一切的，是最高的政治领导力量。我国社会主义政治制度优越性的一个突出特点是党总揽全局、协调各方的领导核心作用，形象地说是“众星捧月”，这个“月”就是中国共产党。在国家治理体系的大棋局中，党中央是坐镇中军帐的“帅”，车马炮各展其长，一盘棋大局分明。要把坚持党的领导贯彻和体现到改革发展稳定、内政外交国防、治党治国治军各个领域各个方面，确保党始终总揽全局、协调各方。

习近平总书记指出，中国特色社会主义最本质的特征是中国共产党领导，中国特色社会主义制度的最大优势是中国共产党领导。结合本节课前面所学内容，纵观中国特色社会主义的开创、坚持和发展阶段，我们取得的所有辉煌成就都离不开中国共产党的坚强领导。办好中国的事情，关键在党。坚持中国共产党领导，是历史的选择、人民的选择。1954年，毛泽东同志指出：“领导我们事业的核心力量是中国共产党。”党的十一届三中全会以后，针对改革开放面临的新情况新问题，我们党提出了包括坚持中国共产党的领导在内的四项基本原则，将其作为社会主义初级阶段党的基本路线的重要内容。实践证明，只有坚持党的领导，社会主义现代化建设才能顺利推进。[①]中国特色社会主义道路，是我们党领导人民开创拓展的；中国特色社会主义理论体系，是我们党集体智慧的结晶；中国特色社会主义制度，是在我们党的领导下建立的，并将坚持党的领导摆在第一位；中国特色社会主义文化，是在我们党的领导下繁荣发展起来的。毋庸置疑，没有党的领导就没有中国特色社会主义。坚持党的全面领导是我们党执政兴国的一大规律，也是社会主义现代化建设应该遵循的规律。

中国共产党执政地位的确立，不是自封的，而是历史的选择、人民的选择。近百年来，中国共产党始终围绕着争取民族独立、实现国家富强

① 唐洲雁：《不断深化对社会主义建设规律的认识》，《理论导报》2019年第8期。

而努力，带领人民结束了任人宰割的屈辱历史，踏上了寻求自身发展的全新征程，中国特色社会主义焕发出前所未有的勃勃生机。中国共产党之所以能取得如此伟大的成就，一个非常重要的原因就在于党高度重视自身建设，始终不断坚持和完善党的领导制度。实践证明，坚持和完善党的领导，是党和国家的根本所在、命脉所在，是全国各族人民的利益所在、幸福所在，是战胜一切困难和风险的“定海神针”。因此，坚持党对一切工作的领导，是我们持续推进中国特色社会主义事业发展的重要前提。[①]

（二）坚持马克思主义的指导地位

课程导入　教师展示材料8：习近平总书记《在庆祝中国共产党成立100周年大会上的讲话》（节选）。

材料8：

以史为鉴、开创未来，必须继续推进马克思主义中国化。马克思主义是我们立党立国的根本指导思想，是我们党的灵魂和旗帜。中国共产党坚持马克思主义基本原理，坚持实事求是，从中国实际出发，洞察时代大势，把握历史主动，进行艰辛探索，不断推进马克思主义中国化时代化，指导中国人民不断推进伟大社会革命。中国共产党为什么能，中国特色社会主义为什么好，归根到底是因为马克思主义行！

新的征程上，我们必须坚持马克思列宁主义、毛泽东思想、邓小平理论、“三个代表”重要思想、科学发展观，全面贯彻新时代中国特色社会主义思想，坚持把马克思主义基本原理同中国具体实际相结合、同中华优秀传统文化相结合，用马克思主义观察时代、把握时代、引领时代，继续发展当代中国马克思主义、21世纪马克思主义！

师生互动　教师结合前面所学内容，引导学生思考：我们党是如

① 弓永艳、张清雅：《坚持党对一切工作领导的理论基础、历史依据与实践路径》，《中共山西省委党校学报》2020年第5期。

何将马克思主义基本原理与中国发展实际相结合的？产生了哪些新的理论成果？

教师点评 40多年来，改革开放与马克思主义创新发展是相互促进、相辅相成、有机统一的历史进程。马克思主义中国化的创新成果指引改革开放的伟大实践，改革开放的伟大实践推动马克思主义中国化的理论飞跃。

在坚持和发展的有机统一中推进马克思主义中国化新飞跃。马克思主义是我们立党立国的根本指导思想，背离或放弃马克思主义，我们就会失去灵魂、迷失方向。中国特色社会主义是社会主义，不是别的什么主义。40多年来，我们党始终保持清醒坚定，保持强大前进定力，既不走封闭僵化的老路，也不走改旗易帜的邪路，而是坚定不移走中国特色社会主义道路。同时坚持解放思想、实事求是、与时俱进、求真务实，勇于推进理论创新。改革开放以来，特别是党的十八大以来，我们党发展马克思主义的最集中体现、最新理论成果，就是形成了习近平新时代中国特色社会主义思想，实现了马克思主义中国化的新飞跃。

在回答时代新课题中开辟马克思主义发展新境界。改革开放以来，几代中国共产党人接续回答“什么是社会主义、怎样建设社会主义”“建设一个什么样的党、怎样建设党”“实现什么样的发展、怎样发展”等一系列时代课题，形成了中国特色社会主义理论体系。党的十八大以来，以习近平同志为核心的党中央带领全党从理论和实践的结合上系统回答“新时代坚持和发展什么样的中国特色社会主义、怎样坚持和发展中国特色社会主义”这个重大时代课题，形成了习近平新时代中国特色社会主义思想，构建了21世纪马克思主义的最新理论形态。这一伟大思想，科学回答了时代之问、人民之问，进一步深化了对共产党执政规律、社会主义建设规律、人类社会发展规律的认识，为发展马克思主义做出了原创性贡献。

立足中国实际，继续坚持和发展马克思主义。世界每时每刻都在发生变化，中国也每时每刻在发生变化，时代变化和我国发展的广度和深度远远超出了马克思主义经典作家的想象。这就要求我们必须在理论上跟上时代，不断认识规律，不断推进理论创新、实践创新、制度创新、文化创新以及其他各方面创新。习近平总书记指出："新中国成立以来特别是改革开放以来，中国发生了深刻变革，置身这一历史巨变之中的中国人更有资格、更有能力揭示这其中所蕴含的历史经验和发展规律，为发展马克思主义做出中国的原创性贡献。"我们要坚持用马克思主义基本原理观察时代、解读时代、引领时代，强化问题意识、时代意识、战略意识，及时总结党领导人民创造的新鲜经验，用鲜活丰富的当代中国实践推动马克思主义发展，以更加宽阔的眼界审视马克思主义在当代发展的现实基础和实践需要，继续发展21世纪马克思主义、当代中国马克思主义，使马克思主义放射出更加灿烂的真理光芒。[①]

（三）坚持改革开放

课程导入 教师展示材料9，让学生谈谈对"上海有今天的发展，依靠的是改革开放，下一步发展要继续深化改革开放"这句话的理解。

材料9：

2018年首个工作日，时任上海市委书记李强调研本市改革开放工作，主持召开"进一步深化改革、扩大开放"座谈会并讲话。李强强调，上海有今天的发展，依靠的是改革开放，下一步发展要继续深化改革开放。改革开放是决定当代命运的关键一招。改革开放特别是浦东开发开放以来，上海发扬敢闯敢试、敢为天下先的精神，实现了一系列"零"的突破，实现了上海发展的历史性跨越。

教师点评 教师从习近平总书记《在庆祝改革开放40周年大会上的讲话》（参见材料10）切入，带领学生回顾改革开放40年来，我国在政

① 姜辉：《必须坚持马克思主义指导地位》，《求是》2018年第24期。

治、经济、文化、社会、生态文明等方面取得的伟大成就，让学生感受“改革开放是党和人民大踏步赶上时代的重要法宝，是坚持和发展中国特色社会主义的必由之路，是决定当代中国命运的关键一招，也是决定实现‘两个一百年’奋斗目标、实现中华民族伟大复兴的关键一招”。坚持改革开放是我国全面建设社会主义现代化国家必须坚持的一大规律。

材料10：习近平总书记《在庆祝改革开放40周年大会上的讲话》（节选）

艰难困苦，玉汝于成。40年来，我们解放思想、实事求是，大胆地试、勇敢地改，干出了一片新天地。从实行家庭联产承包、乡镇企业异军突起、取消农业税牧业税和特产税到农村承包地“三权”分置、打赢脱贫攻坚战、实施乡村振兴战略，从兴办深圳等经济特区、沿海沿边沿江沿线和内陆中心城市对外开放到加入世界贸易组织、共建“一带一路”、设立自由贸易试验区、谋划中国特色自由贸易港、成功举办首届中国国际进口博览会，从“引进来”到“走出去”，从搞好国营大中小企业、发展个体私营经济到深化国资国企改革、发展混合所有制经济，从单一公有制到公有制为主体、多种所有制经济共同发展和坚持“两个毫不动摇”，从传统的计划经济体制到前无古人的社会主义市场经济体制再到使市场在资源配置中起决定性作用和更好发挥政府作用，从以经济体制改革为主到全面深化经济、政治、文化、社会、生态文明体制和党的建设制度改革，党和国家机构改革、行政管理体制改革、依法治国体制改革、司法体制改革、外事体制改革、社会治理体制改革、生态环境督察体制改革、国家安全体制改革、国防和军队改革、党的领导和党的建设制度改革、纪检监察制度改革等一系列重大改革扎实推进，各项便民、惠民、利民举措持续实施，使改革开放成为当代中国最显著的特征、最壮丽的气象。

课后思考 教师以美国一而再再而三“退群”为例，请学生思考：当前多边主义面临阻碍，经济逆全球化是否会成为必然趋势？我国的对外开放面临着哪些挑战？

（四）坚持以人民为中心

课程导入 教师列举抗洪救灾、抗震救灾、阻击新冠肺炎疫情、扫黑除恶专项斗争等事件，引导学生思考我们党是如何坚持以人民为中心的执政理念的。

教师解析 教师借助对十九大报告的解读（参见材料11），向学生讲解人民群众始终是实现中华民族伟大复兴的磅礴力量之源。党的十九大报告通篇都体现了党的宗旨，从大会的主题“不忘初心”，到“新时代”的特征，从“新矛盾”的新判断，到具体的方略布局，都凸显了人民至上的理念。在报告中，有很多精彩的表述，例如，“要坚持把人民群众的小事当作自己的大事”“从人民群众关心的事情做起”“从让人民群众满意的事情做起”，这些表述，体现了中国共产党人的初心和使命。

材料11：以人民为中心

如今，中国正进行着人类历史上最为宏大而独特的理论和实践创新。进入新时代，明确新使命，阐明新思想，提出新方略，擘画新蓝图，开启新征程……在党的十九大这一铭刻历史的重要时刻，习近平同志用“不忘初心、牢记使命”作为十九大报告的主题，饱含着共产党人家国情怀。

报告开宗明义，中国共产党人的初心和使命，就是为中国人民谋幸福，为中华民族谋复兴。“以人民为中心”是中国共产党全心全意为人民服务的根本要求，是一切工作的落脚点和着力点，也是习近平新时代中国特色社会主义思想的灵魂。党的十九大报告开篇就简明扼要地突显出“人民”主体地位，彰显出中国共产党坚持立党为公、执政为民的执政理念。

在党的十九大报告中，“以人民为中心”是一以贯之的红线。这再次提醒全党上下要牢记“我是谁”，明确共产党人对自我身份的准确定位；要明确“我从哪里来”，担负起实现中华民族伟大复兴的历史责任；要把握“我现在在哪里”，廓清标定党和国家事业当前所处的历史方位与现实坐标；要清晰回答“我将要到哪里去”，指明继续前进的方向与目标。

此外，党的十九大报告的十三个部分，每一部分都能反映出中国共产党“立党为公、执政为民”的理念。以习近平同志为核心的党中央把为民理念转化为党的路线方针政策，融入执政目标、执政方略、执政方式等治国理政的要素之中，这更是习近平新时代中国特色社会主义思想的核心要义。

党的十九大报告提出的“八个明确”和“十四个坚持”，凸显了“新时代”、定位于“新目标”，聚焦于中国特色社会主义，着力解决“新矛盾”，体现了当代中国共产党人的使命担当、锐意创新，更深含着中国共产党人一切为了人民的不变初心。[①]

教师总结 以人民为中心的发展思想，充分体现了马克思主义最鲜明的理论品格，体现了中国共产党人的初心和使命，彰显了党的人民性的基本方略。“人民”是习近平新时代中国特色社会主义话语体系中的高频词。党的十八大以来，以习近平同志为核心的党中央，在多个场合和多次讲话中都强调要始终坚持“以人民为中心”的价值取向，要“始终把人民放在心中最高的位置，始终全心全意为人民服务，始终为人民利益和幸福而努力工作”。以人民为中心是中国共产党的根本立场，是新时代中国特色社会主义的显著优势和基本方略。以人民为中心的发展思想有着深厚的理论基础，是在批判与继承中国传统文化的民本思想、坚持与发展马克思主义人民观、丰富与发展中国共产党人民观的基础上提出来的。全心全意为人民服务、以人民为中心、发展为了人民就意味着党除了人民利益之外没有任何自身的私利，充分展现了党的人民立场和为民情怀。

课后思考 中国共产党是如何践行以人民为中心的执政理念的？为保证人民当家作主，做了哪些制度设计？

---

① 袁元、夏宇、屈辰等：《习近平新时代中国特色社会主义思想何以诞生？》，《理论导报》2017年第10期。

（五）坚持基本经济制度

课程导入　教师展示材料12《“数”说历史性跨越——统计数据展现改革开放40年中国经济社会发展成就》，引导学生从统计数据中直观感受改革开放40年来党在经济建设上取得的伟大成就。

材料12：“数”说历史性跨越——统计数据展现改革开放40年中国经济社会发展成就

国家统计局27日发布的改革开放40年经济社会发展成就报告显示，40年来，中国经济社会发展取得举世瞩目的历史性成就，实现前所未有的历史性变革。

经济跃上新台阶。数据显示，2017年，我国国内生产总值按不变价计算比1978年增长33.5倍，年均增长9.5%，远高于同期世界经济2.9%左右的年均增速。1978年，我国国内生产总值只有3679亿元，2017年首次站上80万亿元的历史新台阶。

人均国内生产总值不断提高。2017年，我国人均国内生产总值59660元，扣除价格因素，比1978年增长22.8倍，年均实际增长8.5%。我国人均国民总收入（GNI）由1978年的200美元提高到2016年的8250美元，超过中等偏上收入国家平均水平，在世界银行公布的217个国家（地区）中排名上升到第95位。

财政实力显著增强。1978年，国家一般公共预算收入仅1132亿元，2017年达到172567亿元，1979年至2017年年均增长13.8%。

经济规模跃居世界第二位。1978年，我国经济总量居世界第十一位；2010年超过日本，成为世界第二大经济体。2017年，我国国内生产总值占世界经济总量的15%左右，比1978年提高13个百分点左右。

外汇储备大幅增长。1978年，我国外汇储备仅1.67亿美元，位居世界第38位，2017年末外汇储备余额达31399亿美元，稳居世界第一位。

城镇化稳步推进。2017年末，我国常住人口城镇化率为58.52%，比1978

年末上升40.6个百分点；我国户籍人口城镇化率达42.35%，与常住人口城镇化率的差距缩小到16.17个百分点。

基础产业跨越式发展。统计显示，农业基础地位不断强化。2017年，我国粮食总产量稳定在1.2万亿斤以上，比1978年翻一番。近年来，我国谷物、肉类、花生、茶叶产量稳居世界第一位，油菜籽产量稳居世界第二位，甘蔗产量稳居世界第三位。

工业生产能力不断提升。2017年，钢材产量10.5亿吨，比1978年增长46.5倍；水泥产量23.4亿吨，增长34.8倍；汽车产量2902万辆，增长193.8倍。

交通运输建设成效突出。2017年末，铁路营业里程达到12.7万公里，比1978年末增长1.5倍，其中高速铁路达到2.5万公里，占世界高铁总量的60%以上。2017年末，公路里程477万公里，比1978年末增长4.4倍。

邮电通信业快速发展。2017年末，全国移动电话普及率达到102.5部/百人；建成了全球最大的移动宽带网，移动宽带用户达11.3亿户。

全方位开放新格局逐步形成。统计显示，我国贸易规模稳步扩张。2017年，货物进出口总额达到4.1万亿美元，比1978年增长197.9倍，年均增长14.5%，居世界第一位。

外商投资规模和领域不断扩大。2017年，我国实际使用外商直接投资1310亿美元，比1984年增长91.3倍，年均增长14.7%。1979年至2017年，我国累计吸引外商直接投资达18966亿美元，是吸引外商直接投资最多的发展中国家。

对外投资合作快速发展。2017年，我国对外直接投资额（不含银行、证券、保险）1201亿美元，比2003年增长41.1倍，年均增长30.6%。

科技发展逐步壮大。数据显示，我国科技投入不断增加。2017年，我国研究与试验发展（R&D）经费支出17606亿元，比1991年增长122倍，年均增长20.3%。我国研发经费总量在2013年超过日本，成为仅次于美国的世界第二大研发经费投入国家。

科技队伍发展壮大。2017年，按折合全时工作量计算的全国研发人员全时当量403.4万人年，比1991年增长5倍。按折合全时工作量标准，我国研发人员总量在2013年超过美国，连续5年居世界首位。

人民生活条件改善。统计显示，我国就业规模稳步扩大。1978年至2017年，我国就业人员从40152万人增加到77640万人，年均增加961万人。

城乡居民收入大幅提升。2017年，全国居民人均可支配收入达到25974元，扣除价格因素，比1978年实际增长22.8倍。2017年，全国居民人均财产净收入占全部可支配收入的比重达到8.1%。

居民生活条件不断改善。2017年，全国居民人均消费支出18322元，扣除价格因素，比1978年实际增长18倍，年均增长7.8%。居住条件显著改善。2017年，城镇居民、农村居民人均住房建筑面积分别比1978年增加30.2、38.6平方米。居民预期寿命由1981年的67.8岁提高到2017年的76.7岁。

竞技体育和群众体育共同发展。1978年至2017年，我国运动员共获得世界冠军3314个。全民健身运动蓬勃发展，近4亿人经常参加体育锻炼。①

分组讨论　学生分组讨论：我国在经济建设中取得巨大成就的制度原因是什么？我国的基本经济制度是什么？

教师解析　教师带领学生回顾改革开放以来中国特色社会主义经济制度的建立与发展历程，理解社会主义市场经济为何能够适应我国国情，并使我国的经济发展用短短三四十年时间就取得了许多西方资本主义大国几百年才完成的成就。

习近平总书记强调，实行公有制为主体、多种所有制经济共同发展的基本经济制度，是中国共产党确立的一项大政方针，必须毫不动摇巩固和发展公有制经济，毫不动摇鼓励、支持和引导非公有制经济发展。非公有制经济在我国经济社会发展中的地位和作用没有变，我们鼓励、支持、引

---

① 陈炜伟：《“数”说历史性跨越——统计数据展现改革开放40年中国经济社会发展成就》，中国政府网，http://www.gov.cn/xinwen/2018-08/27/content_5316994.htm，访问日期：2022年3月1日。

导非公有制经济发展的方针政策没有变，我们致力于为非公有制经济发展营造良好环境和提供更多机会的方针政策没有变。坚持基本经济制度是社会主义现代化建设的又一规律。

教师总结 教师对社会主义现代化建设的五大规律加以总结，深化学生的认识。

考核评价

（1）知识考核：通过课堂提问、课后练习、考试等方式对学生掌握本专题相关基本知识的情况进行考核评价。

（2）能力考核：通过小专题自主学习与汇报、课堂讨论辨析等方式考查学生运用马克思主义立场、观点和方法分析解决问题的能力。

（3）考核模式：注重过程考核与结果考核相统一，对学生进行综合评价；将教师评价与学生评价相结合，发挥学生在考核中的主体作用。

参考文献

[1] 邓小平. 邓小平文集[M]. 北京：人民出版社，2014.

[2] 邓小平. 邓小平思想年编[M]. 北京：中央文献出版社，2011.

[3] 中共中央文献研究室. 江泽民思想年编（1989—2008）[M]. 北京：中央文献出版社，2010.

[4] 江泽民. 江泽民文选：第1卷[M]. 北京：人民出版社，2006.

[5] 江泽民. 江泽民文选：第2卷[M]. 北京：人民出版社，2006.

[6] 江泽民. 江泽民文选：第3卷[M]. 北京：人民出版社，2006.

[7] 江泽民. 论党的建设[M]. 北京：中央文献出版社，2001.

[8] 江泽民《论“三个代表”》学习辅导编写组. 江泽民《论“三个

代表”》学习辅导［M］. 北京：中共党史出版社，2001.

［9］胡锦涛. 胡锦涛文选：第1卷［M］. 北京：人民出版社，2016.

［10］胡锦涛. 胡锦涛文选：第2卷［M］. 北京：人民出版社，2016.

［11］胡锦涛. 胡锦涛文选：第3卷［M］. 北京：人民出版社，2016.

（四川大学马克思主义学院 赵永林）

专题四

Topic 4

惊天动地

——创造了新时代中国特色社会主义的强国伟业

| 一体化设计目标及思路 |

新时代中国特色社会主义是我们党领导人民进行伟大社会革命的成果，也是我们党领导人民进行伟大社会革命的继续，必须一以贯之进行下去。本专题遵循思想政治工作规律、教书育人规律、学生成长规律，本着循序渐进、螺旋上升的大中小学思想政治理论课一体化教学理念，按照小学段“感受‘强起来’的中国”、初中段“认识统筹推进‘五位一体’总体布局”、高中段“体悟实现中华民族伟大复兴的中国梦”、大学段“理解新时代中国特色社会主义对人类文明新贡献”的逻辑思路进行整体教学设计，通过一系列符合各学段学生身心特点的教学活动，让学生坚定道路自信、理论自信、制度自信、文化自信，以实现中华民族伟大复兴为己任，让青春在不懈奋斗中绽放绚丽之花。（见图4-1）

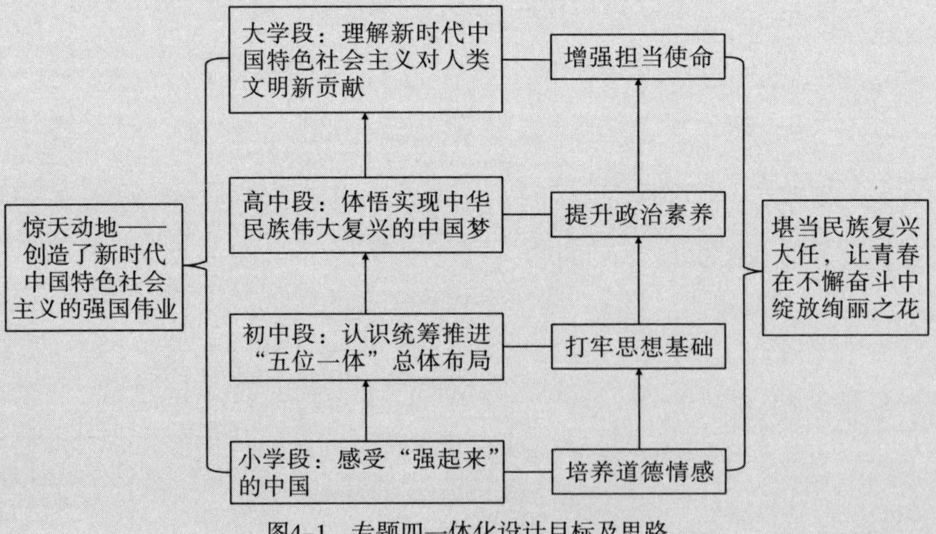

图4-1　专题四一体化设计目标及思路

小学段：感受“强起来”的中国

教学目标

通过对“科技强国”“精准扶贫”典型事例的学习，引导学生了解在党的带领下，祖国“强起来”的成就，理解中国梦的内涵，明白复兴中华是每个中国人的责任，进而增强学生的民族认同感与身份认同感，提升学生的自豪感，帮助学生从小树立家国责任意识，知道如何做一名新时代好少年。

教学内容

（1）中国“强起来”的发展变化；
（2）中国梦的内涵；
（3）以实际行动，争做新时代好少年。

教学重难点

1. 教学重点

通过课前查阅资料与课上分享，以“科技强国”和“精准扶贫”为突破口，引导学生了解在党的带领下，祖国“强起来”的成就与进程，让学生在真切体验中提升自豪感，增强身份认同感与民族认同感。

2. 教学难点

从“我的梦”谈起，引导学生理解中国梦的内涵，明白复兴中华是每个中国人的责任；树立家国意识，立足实际，发愤图强，争做新时代好少年，长大后为建设祖国贡献自己的力量。

学情分析

小学阶段是孩子们的价值观形成期。经过前面的学习，五年级学生已初步形成一定的价值观，但不够完善，且还未养成区分是非的能力。由于社会上有一些不合规范的言行易对这一学段的学生产生影响，所以本专题课的教学要帮助学生建立正确的价值观，提升学生的自豪感，增强学生的民族认同感和身份认同感。

中国特色社会主义已进入新时代。学生在生活中见过一些关于民族复兴、中国梦的宣传语，且通过网络等途径，对祖国的成就有一定了解。但是，调查发现，学生不了解中国梦的具体内涵。此外，责任担当是中国学生发展核心素养的重要内容之一。所以，本专题课教学以帮助学生了解中国梦具体内涵，明白复兴中华是每个中国人的责任，树立家国意识为重点。

设计思路

1. 设计理念

2016年，《中国学生发展核心素养》正式发布。责任担当是中国学生核心素养的重要内容之一，是指学生在处理与社会、国家、国际等关系方面所形成的情感态度、价值取向和行为方式，具体包括社会责任、国家认同、国际理解等基本要点。

围绕培养学生的责任担当意识，本专题课教学以“科技强国”“精准扶贫”两项国家战略为抓手，通过合作式学习、探究式学习，帮助学生了解国家“强起来”的成就，了解实现中华民族伟大复兴的中国梦的伟大宏图，理解中国梦的具体内涵。同时，回应时代需求，引导学生正确认识新时代青少年肩负的使命与责任，树立家国意识，并落实到自己的实践行动中，争做新时代好少年。

2．思维导图（见图4–2）

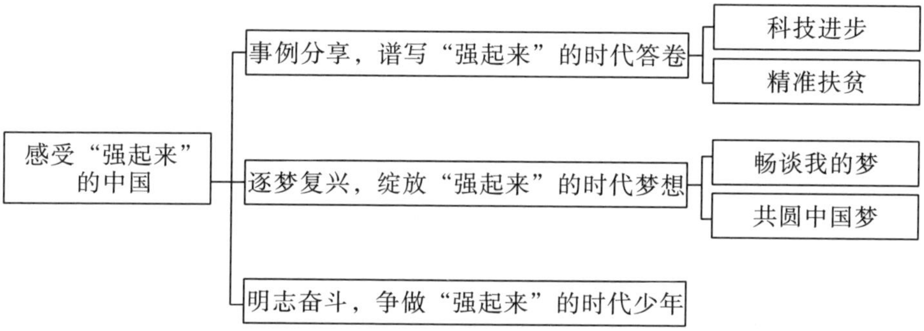

图4–2　专题四小学段思维导图

实施方案

一、导入新课

观看视频　观看习近平总书记在党的十九大上作报告的视频片段，明确中国的发展经历了“站起来”“富起来”“强起来”三个阶段，以及现在所处阶段。

教师提问　习近平总书记在党的十九大报告中指出：中国特色社会主义进入了新时代，意味着近代以来久经磨难的中华民族迎来了从站起来、富起来到强起来的伟大飞跃，迎来了实现中华民族伟大复兴的光明前景。在你的认识中，中国“强起来”的表现有哪些？

（预设：神舟十三号载人飞船发射成功、“天问一号”探测器登陆火星……）

教师小结　在党的带领下，中国以创新奋进姿态向科技强国迈进，越来越多的高新科技成果丰富着人们的美好生活。

二、强国路上的时代答卷

（一）科技进步

1. 链接生活，感受进步

教师提问　在你的身边，有哪些高新科技成果丰富了我们的美好生活呢？引导学生从日常生活入手，感受科技的进步。

（预设：“墨子号”量子科学实验卫星、“天舟一号”探测器、C919大飞机、港珠澳大桥、北斗卫星导航系统、智能手环、机器人、天府国际机场、磁悬浮列车……）

教师小结　高新科技成果从衣食住行多个方面，让我们的生活更美好。

2. 体验高铁，体悟强大

教师引导　我国新研制的一款高速磁浮列车，时速高达600千米，这是当前可实现的“地表最快”交通工具。因此，高速磁浮列车也被形象地称为“贴地飞行”。西南交通大学拥有磁浮列车实验室，感兴趣的同学可前往参观。

学生分享　高速磁浮列车是“地表最快”的交通工具。我们到西南交通大学参观了磁浮列车实验室，并拍摄了视频。它可用“快、静、稳”三个字形容。请看视频。（播放学生拍摄的视频《运行中的高速磁浮列车》）

教师小结　这款磁浮列车是高铁和时速800~900千米的飞机之间的速

度级补充，将成为我国更高速度的先进陆地交通工具。

学生补充　中欧班列的开通及其意义。

3. 链接时代，发现创新

材料展示　出示袁隆平的照片，回顾袁隆平的事迹。

话题拓展　袁隆平爷爷的杂交水稻技术让我们吃饱了饭、吃好了饭。那在水稻种植方面，我们能有什么再创新呢？

播放介绍无人植物工厂水稻育种加速器的视频。通过视频，了解“藏粮于技”的创新故事。

（资料准备：无人植物工厂水稻育种加速器通过光照、营养、温度等的精准匹配，使水稻的生长周期从120天缩短到60天，实现了水稻种植史上的颠覆性突破。该技术未来可实现水稻每年繁育5~6代，也可用于小麦、玉米、大豆等作物的快速繁育，为加快育种速度、保障粮食安全提供了全新的解决途径。）

教师相机补充中国农民在沙漠中种植水稻的案例。

4. 探究原因，总结提升

课堂讨论　科技让我们的生活越来越美好。为什么我们的科技能发展得这么快？分组讨论，引导学生思考科技发展进步的原因。

教师总结　邓小平爷爷说过，中国社会主义制度的明显优越性是“集中力量办大事”。正是这种优势，让我们在科技强国路上走得又快又好。

（二）精准扶贫

1. 分析数据，了解过去

材料展示　教师展示2018年的中国贫困数据，使学生直观了解中国曾经的贫困状况。

（国家统计局2019年发布数据显示，按现行国家农村贫困标准测算，截至2018年末全国农村贫困人口达1660万人，贫困发生率为1.7%。）

2．探究原因，提出方案

教师提问　怎样改变贫困的状况？（引导学生提出解决方案）

学生讨论　什么是“精准扶贫”？

（材料准备：精准扶贫是粗放扶贫的对称，是指针对不同贫困区域环境、不同贫困农户状况，运用科学有效程序对扶贫对象实施精确识别、精确帮扶、精确管理的治贫方式。一般来说，精准扶贫主要是就贫困居民而言的，谁贫困就扶持谁。）

3．今昔对比，感受巨变

案例导入　用图片展示四川省凉山州布拖县阿布洛哈村过去的生存环境。

（准备资料：阿布洛哈村三面环山，一面临崖。从该村三组海拔670米的西溪河岸到海拔2650米的乌依乡客运站，垂直落差几近2000米，徒步上坡最快4小时。村民们购买化肥、学校教科书、生活物资全靠人背和马驮。崇山峻岭中的阿布洛哈村是全国最后一个通公路的建制村。）

教师提问　大家能想象阿布洛哈村村民过去的生活是什么样的吗？大家是否愿意去阿布洛哈村生活？为什么？阿布洛哈村现在可能是什么样的？用几句话简单描述。

对比分析　通过图片对比阿布洛哈村的过去与现在，思考阿布洛哈村为什么会发生翻天覆地的变化。

观看视频《百年奋斗·新时代答卷》中有关阿布洛哈村修建公路的片段，寻找阿布洛哈村发生翻天覆地变化的原因。

教师小结　绝壁变通途，脱贫路更宽。在党的带领下，一群群优秀的共产党员投身到阿布洛哈村的脱贫事业中，修通了这里的第一条公路，打破了阿布洛哈村与世隔绝的状态。从此，村里的养殖业、旅游业等发展欣欣向荣，曾经封闭、贫穷和落后的阿布洛哈村迎来了期盼已久的“蝶变”。

4．连线现场，聆听故事

与在甘孜州白玉县支教的党员教师视频连线，了解白玉县的教育贫困状况以及党员教师的事迹。

5．读懂数据，奔向美好

材料展示 脱贫成就："十三五"期间，全国贫困人口每年净减少1000万以上。截至2020年底，全国所有贫困人口全部实现脱贫摘帽。

教师提问 为什么截至2020年底，全国所有贫困人口能实现脱贫摘帽？（引导学生明白党一心为人民谋幸福，带领中国奔向美好生活。）

二、强国路上的时代梦想

1．畅所欲言，梦想发芽

（1）摘掉贫困帽子是阿布洛哈村的梦想，那你的梦想是什么？

（2）你有梦想，我有梦想，他有梦想，我们的祖国也有梦想，那就是________。（中国梦）

2．观看视频，明确内涵

（1）教师提问：什么是中国梦呢？观看课前采访视频《我的中国梦》。

（2）教师小结，引导学生明确中国梦是国泰民安梦，是建成社会主义小康社会梦，是实现中华民族伟大复兴梦。

3．分享成就，了解历史

请学生分古代、近现代、当代三个时期，分享祖国所取得的成就，由此了解中华民族伟大复兴的历史进程，知道中华民族复兴进程的"三大里程碑"事件。教师相机追问、补充、总结。

（1）古代：

①学生分享四大发明、医学成就等。

②教师追问四大发明的产生原因及在当时产生的影响。

③教师小结：四大发明是中华民族杰出的发明创造，对人类社会发展和世界文明进步产生了深远影响。

（2）近现代：

①学生分享中国共产党的诞生、新中国的成立等成就。

②教师小结：有了中国共产党的领导，中国人民就有了自己的旗帜、有了自己的主心骨，中华民族就找到了实现伟大复兴的光明道路，中国革命的面貌焕然一新，中国人民的命运、中华民族的命运焕然一新。

③引导学生对比新中国成立前后人民地位的变化。

④教师小结：有了人民自己当家作主的共和国、有了社会主义基本制度，中国人民就真正成了自己命运的主人，为实现中华民族伟大复兴奠定了坚实基础。

（3）当代：

①学生从建筑、航天、航海等领域进行分享。

②教师相机追问：中国从什么时候开始迅速发展？当代中国能迅速发展的原因是什么？

③教师小结：有了改革开放、有了中国特色社会主义，中国的发展就驶上了快车道，中国人民就过上了全面小康的好日子，中华民族就迎来了实现伟大复兴的光明前景。

4. 总结提炼，升华认识

建立中国共产党、成立中华人民共和国、推进改革开放和中国特色社会主义事业，是中华民族伟大复兴进程中的三大里程碑。引导学生明白党的领导是实现中华民族伟大复兴的根本保证，中国特色社会主义是实现中华民族伟大复兴的康庄大道。

5. 展望未来，建立联系

（1）学习“分两步走”战略：2020年至2035年，在全面建成小康社会的基础上，再奋斗十五年，基本实现社会主义现代化；从2035年至本世纪中叶，在基本实现现代化的基础上，再奋斗十五年，把我国建成富强民主文明和谐美丽的社会主义现代化强国。请学生畅想2035年、2050年的自己。

（2）我们个人的梦想和中国梦有什么关系呢？分组讨论，引导学生思考个人梦想与国家梦想的关系，将个人的小梦想和国家的大梦想结合起来，明确自身肩负的使命与责任，树立家国意识。

三、强国路上的时代少年

1. 诵读寄语，明确方向

齐读习近平总书记寄语，明白总书记对少年儿童的希望与嘱咐。

广大少先队员在少先队这所大学校里立志向、修品行、练本领，从小培养热爱党、热爱祖国、热爱人民的情怀，展现出朝气蓬勃的精神风貌。

——2020年习近平致中国少年先锋队第8次全国代表大会贺信

希望广大少年儿童，刻苦学习知识，坚定理想信念，磨练坚强意志，锻炼强健体魄，为实现中华民族伟大复兴的中国梦时刻准备着。

——2020年习近平寄语广大少年儿童

新时代少先队员要热爱祖国，热爱人民，热爱中国共产党，树立远大理想，培养优良品德，勤奋学习知识，锻炼强健体魄，培养劳动精神，从小学先锋、长大做先锋，努力成长为能够担当民族复兴大任的时代新人。

——2019年习近平致中国少年先锋队建队70周年贺信

2. 榜样力量，感召引领

邀请时代楷模，如抗震救灾英雄，讲述先锋故事；邀请身边榜样，如少先队大队长，讲述成长故事，引导学生树榜样、学榜样。

3. 实践奋斗，圆梦未来

作为新时代少年，你们是未来建设社会主义现代化强国的主力军、生力军，现在你能为实现中国梦做点什么呢？引导学生立足实际，发愤图强，争做担当民族复兴大任的时代新人，长大后为实现中国梦贡献力量。

考核评价

单元主题：惊天动地——创造了新时代中国特色社会主义的强国伟业	**本课主题：感受“强起来”的中国**	**等级：□A　□B　□C　□D**
学习目标	评价标准	评价工具
（1）通过查找资料、调查走访等方式，了解中国“强起来”的成就，为祖国发展感到自豪	A——知道科技强国、精准扶贫等国家战略，知道中国共产党团结带领人民创造的强国伟业，能讲述中国“强起来”背后的故事，感受中国共产党的伟大与不易	多元评价 (如手抄报、分享会等)
	B——知道“强起来”的含义与发展历程，有身为中国人的自豪感	
	C——能列举中国“强起来”的成就，并知道“强起来”的成就是中国共产党带领人民创造的，为欣欣向荣的祖国感到骄傲	
	D——未达C级	
（2）明白中华民族伟大复兴是每个中国人的责任，树立家国意识，争做新时代好少年	A——知道个人梦与中国梦的关系，能树立远大目标，同时能将远大目标落实到自己的行动中，发愤图强，好好学习，为实现中国梦而努力	多元评价 (如梦想清单、发小红花等)
	B——知道中国梦的含义，清楚自己在实现中国梦路上的责任，并能将责任落实到行动中	
	C——知道党的十九大对实现第二个百年奋斗目标做出的“两个阶段”战略安排的内容及意义，明白自己所肩负的使命	
	D——未达C级	

资源链接

1.《百年奋斗·新时代答卷》（视频），中国新闻网，https://www.chinanews.com.cn/gn/shipin/2021/11-07/news906361.shtml。

2. 十九大会议视频，中国政府网，http://www.gov.cn/zhuanti/19thcpc/video.htm。

3.《发动中国》（《大国重器》第二季第二集），http://tv.cctv.com/2018/03/07/VIDEHKwTL9ezQUF72oewjydj180307.shtml。

（成都市龙江路小学　黄瑞雪）

初中段：认识统筹推进“五位一体”总体布局

教学目标

从“十三五”规划到“十四五”规划，以实现“两个一百年”奋斗目标为时间轴，增强学生感知历史、了解历史的能力，培养学生强烈的国家认同感和民族自豪感，提高学生的人文底蕴和科学精神。

以成都夺得“2020年中国最具幸福感城市”桂冠为主线，选取学生身边事，总结成都在提升人民获得感、幸福感、安全感的历程中取得的成就和经验，培育初中生热爱祖国、健康生活、珍爱自己的意识。

教师在课堂中带领学生共同探讨2035年、2050年的成都生活，使学生认识到：面对错综复杂的国际环境和艰巨繁重的国内改革发展稳定任务，作为中国新时代青年，我们应主动履行公民义务，积极承担社会责任，树立劳动意识、创新意识，努力维护社会公平正义，践行绿色生活方式和新发展理念，不断提升成都的宜居性和包容度。

教学内容

（1）审时度势，合理布局——孕育中的“五位一体”。

①“五位一体”的内涵；

②“五位一体”的产生和发展；

③“五位一体”的战略目标。

（2）最幸福，最成都——践行中的“五位一体”。

①“富强”的重要性和表现；

②“民主”的重要性和表现；

③“文明”的重要性和表现；

④“和谐”的重要性和表现；

⑤“美丽”的重要性和表现。

（3）“成功之都”的幸福哲学——发展中的“五位一体”。

教学重难点

1. 教学重点

知道“五位一体”的内涵，了解“五位一体”的产生和发展历程。

2. 教学难点

知道“五位一体”的战略目标，理解和掌握国家统筹推进“五位一体”总体布局的必要性和重要举措。

学情分析

在“双减”政策背景下，教师应努力打造高效能课堂。八年级的学生思维活跃，对新鲜事物充满了好奇心和探索欲。教师上课时应紧扣社会动态，提高学生课堂关注度，引导学生主动关注国际国内要闻，从而培养学生创新、辩证、批判等科学思维能力。

由于生源不同，学生认知水平差异较大。因此，教师在讲解“五位一体”总体布局时，应及时调整设问导向，使不同能力水平的学生都能在课堂中寻找到获得感。

设计思路

1. 设计理念

少年强则国强，处于世界观、人生观、价值观形成关键时期的初中生，其自身的核心素养和整体素质决定着中国未来的发展方向，是中国建设社会主义现代化强国、实现第二个百年奋斗目标的关键一环。本专题课教学依托《习近平新时代中国特色社会主义思想学生读本》（初中）第3讲第一节“统筹推进‘五位一体’总体布局”部分，在遵循学生身心发展规律和认知规律的基础上，以成都连续12年当选“中国最具幸福感城市”为主线，选取2020年成都市人民政府工作报告等时政材料，引导学生通过观察周边生活发生的积极变化，在实践中感受中国国家力量的强大，从而树立道路自信、理论自信、制度自信和文化自信，坚定对中国共产党的政党信仰和中国特色社会主义的国家信仰。

2. 思维导图（见图4–3）

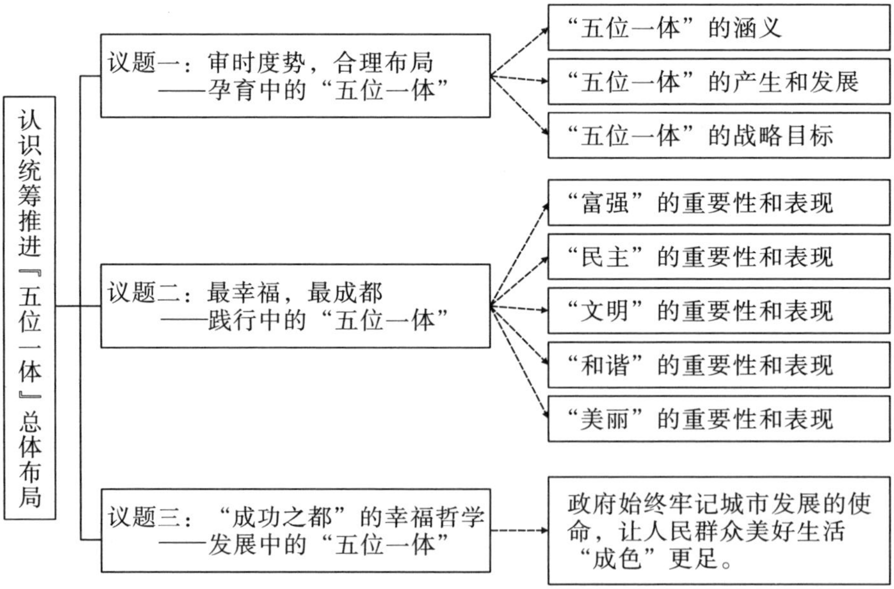

图4–3 专题四初中段思维导图

实施方案

什么是总体布局？我们借助“棋局”来理解。

一位优秀的围棋手，必然能够审时度势，合理布局。棋局一旦开始，便抢占有利据点，布置阵势。每落一子，棋手都受大局观统率。大局观错误，布局就会紊乱，就会连下败棋。

中国特色社会主义现代化建设就如同一盘围棋棋局，需从社会主义发展全局出发，因地制宜，布置阵势，攻破道道关卡，克服重重困难。

——《习近平新时代中国特色社会主义思想学生读本》（初中）

议题一：审时度势，合理布局——孕育中的“五位一体”

【议学情境一】

党的十八大报告指出，建设中国特色社会主义，总依据是社会主义初级阶段，总体布局是五位一体，总任务是实现社会主义现代化和中华民族伟大复兴。报告对五位一体总体布局的阐述是，全面推进经济建设、政治建设、文化建设、社会建设、生态文明建设，实现以人为本、全面协调可持续的科学发展。2012年11月17日，习近平总书记在十八届中共中央政治局第一次集体学习中指出，党的十八大把生态文明建设纳入中国特色社会主义事业总体布局，使生态文明建设的战略地位更加明确，有利于把生态文明建设融入经济建设、政治建设、文化建设、社会建设各方面和全过程。

议学活动 请学生阅读《习近平新时代中国特色社会主义思想学生读本》（初中）第3讲第一节“统筹推进‘五位一体’总体布局”的内容，结合议学情境一，回答问题：

（1）什么是“五位一体”？

（2）你了解“五位一体”的产生和发展历程吗？

（3）“五位一体”为人民群众描绘了一幅什么样的中国画卷？

议学总结

（1）“五位一体”总体布局是指全面推进经济建设、政治建设、文化建设、社会建设、生态文明建设。

（2）“五位一体”总体布局不是一蹴而就的。从改革开放初期经济建设、政治建设、文化建设“三位一体”的提出，到党的十七大报告中对经济建设、政治建设、文化建设和社会建设的“四位一体”进行系统阐述，再到党的十八大报告中的“五位一体”，中国特色社会主义事业的总体布局逐步形成并不断完善。

（3）统筹推进“五位一体”总体布局，就是不仅要推动经济社会的发展，还要推动民主法治的健全、文化艺术的繁荣、社会秩序的稳定、生态环境的美丽，建设富强中国、民主中国、文明中国、和谐中国和美丽中国。

议题二：最幸福，最成都——践行中的“五位一体”

【议学情境二】

“城市幸福感”是指市民对所在城市的认同感、归属感、安定感、满足感，以及外界人群的向往度和赞誉度。2020年，中国最具幸福感城市评选活动以“人民城市，幸福小康”为主题，以城市精细治理、人民共建共享、助力全面建成小康社会为主线，对中国城市的幸福感进行调查，推介幸福城市的生动实践。评选标准包括就业指数、居民收入指数、生活品质指数、生态环境指数、城市吸引力指数、公共安全指数、教育指数、交通指数、医疗健康指数9个一级指标以及上百个二级细分指标。11月18日，“2020中国最具幸福感城市”榜单揭晓，成都再获第一，实现12连冠！

议学活动　请学生阅读议学情境二，结合《2020年成都市政府工作报告》（部分），分小组讨论并回答问题：成都连续12年稳居“中国最具幸福感城市”榜首，回顾2020年，成都市政府是如何助力人民提升城市幸福感的？

（一）“富强”的重要性和表现

富强是社会主义现代化国家经济建设的要求，是中华民族梦寐以求的美好夙愿，也是国家繁荣昌盛、人民幸福安康的物质基础。发展是解决我国一切问题的基础和关键，我们要贯彻创新、协调、绿色、开放、共享的新发展理念，不断提高我国的经济实力和综合国力。

议学总结　成都市政府以建设践行新发展理念的公园城市示范区为统领，全力推动成渝地区双城经济圈建设，加快建设带动全国高质量发展的重要增长极。全市统筹推进疫情防控和经济社会发展，地区生产总值达到1.77万亿元，增长4%；人均地区生产总值突破10万元大关。市属国企营业收入、利润总额分别增长19%、23%；民营经济持续健康发展；外贸进出口总额达7154.2亿元，增长22.4%；都市现代农业稳步发展，“米袋子”“菜篮子”保障能力进一步提升。全国城市排名上升2位至第7位，GaWC世界城市排名由2016年的第100位跃升至第59位。

（二）“民主”的重要性和表现

民主是社会主义现代化国家政治建设的要求，人民民主是社会主义的生命，是创造人民美好幸福生活的政治保障。我们要走中国特色社会主义政治发展道路，发展社会主义民主政治，体现人民意志、保障人民权益、激发人民创造活力，用制度体系保证人民当家作主。

议学总结　成都市政府加强自身建设，扎实开展“大学习、大调研、大走访”活动，深入推进党风廉政建设和反腐败斗争。切实提高依法治理能力，主动接受市人大及其常委会法律监督和工作监督，自觉接受市政协民主监督，积极探索社会监督新模式。提请市人大新制定地方性法规草案6件、新修订地方性法规5件，新制定政府规章5件。深入推进政务服务“一网通办”，政务服务审批事项实现100%网上可办。持续推进社会诉求“一键回应”，网络理政平台共受理群众来电来信466.4万件，诉求解决率93.4%，群众满意率94.9%。

（三）“文明”的重要性和表现

文明是社会进步的重要标志，是社会主义现代化国家文化建设的要求，是实现中华民族伟大复兴的重要支撑。文化是一个国家、一个民族的灵魂。我们要坚定文化自信，坚持以社会主义核心价值观引领文化建设，促进满足人民文化需求和增强人民精神力量相统一，提高社会文明程度，建设社会主义文化强国。

议学总结 成都市政府坚持以习近平新时代中国特色社会主义思想为指导，高标准推进“三城三都”建设。成都博物馆、建川博物馆获评国家一级博物馆，成都音乐坊、文殊坊等天府锦城“八街九坊十景”建设持续推进，举办第六届中国诗歌节、第七届成都创意周，成功申办2021年世界青年羽毛球锦标赛、2024年世界园艺博览会、2024年汤姆斯杯暨尤伯杯世界羽毛球团体锦标赛。第31届世界大学生夏季运动会全面落实“简约、安全、精彩”办赛要求，开闭幕式、火炬传递、世界学术大会等重大活动亮点纷呈，14个赛区和大运村高效运行，113个国家和地区的6500多名运动员挥洒激情、相互成就，向全球呈现了一届具有中国特色、时代气息、青春风采的国际体育盛会。其间，人文交流丰富多彩，各国大学生在金沙遗址观展、在熊猫基地打卡、在宽窄巷子看非遗，沉浸式体验中华文明、巴蜀文化的独特魅力，为推动构建人类命运共同体凝聚起澎湃的青春力量。成都坚持办赛营城兴业惠民一体推进，东安湖、凤凰山等片区成为城市新地标，49个大运场馆服务市民超8万小时，吉祥物“蓉宝”、“显眼包”深受市民喜爱，“爱成都·迎大运”“大运有我”等活动营造了浓厚的办赛氛围。成都以赛事为媒、以城市为窗，向世界生动展现了中国式现代化的万千气象！

（四）“和谐”的重要性和表现

和谐是社会主义现代化国家社会建设的要求，是经济持续健康发展、社会稳定的重要保证。我们要坚持在发展中保障和改善民生，保证人民在共建共享发展中有更多获得感；加强和创新社会治理，维护社会和谐稳定；坚持总体国家安全观，有效维护国家安全。

议学总结 成都市政府始终坚持以民为本，民生福祉不断增进。坚持援企稳岗扩就业并举，城镇登记失业率3.03%，城乡居民人均可支配收入分别增长5.9%、8.5%。加强困难群体援助帮扶，5.79万名符合条件的贫困人员实现应保尽保。持续巩固拓展脱贫攻坚成果，高标准开展对口帮扶工作，实施援建项目361个、投入资金4.56亿元。新增公办中小学、幼儿园学位13万个，公办园学位占比达50%。成立成都市预防医学研究院，与中国医学科学院合作共建新发突发传染病防治工作站，新增三甲医院5家。健全养老服务体系，深化长期照护保险试点，新增普惠养老床位2000张。开通运营9号线、18号线等5条轨道交通线路，新增运营里程216千米。完成中心城区公共服务设施“三年攻坚”行动，“15分钟基本公共服务圈”基本形成。新筹建人才公寓及配套住房333万平方米。健全诉源治理机制，保持社会和谐稳定。

（五）“美丽”的重要性和表现

美丽是社会主义现代化国家生态文明建设的要求。建设生态文明是中华民族永续发展的千年大计。进入新时代，人民对干净的水、清新的空气、优美的环境等要求越来越高。我们要实现人与自然和谐共生，像保护眼睛一样保护生态环境，建设美丽中国。

议学总结　成都市公园城市示范区建设不断深化，“雪山下的公园城市”成为城市新名片。规划建设青山绿道蓝网，“百个公园”示范工程有序推进，新增绿地面积2004万平方米。启动川西林盘保护修复，森林覆盖率达40.2%。开展长江经济带生态环境问题集中排查整治，全市天然水域实施全面禁捕，锦江黄龙溪断面水质全年达到Ⅲ类，优良水体率达95.4%。PM2.5浓度下降28.1%，空气质量优良天数280天。建成天府绿道4408千米，公园、绿道逐渐成为市民新消费、新体验、新生活的重要载体，宜居品质和城市价值得到大幅提升。

议题三：“成功之都”的幸福哲学——发展中的“五位一体”

【议学情境三】

5月18日，成都顺利入围“2021中国最具幸福感城市”推选活动。“像成都人那样生活”已成为时代新风尚。今年，成都市政府正式启动“幸福美好生活十大工程”，包括居民收入水平提升工程、高品质公共服务倍增工程、生活成本竞争力提升工程、城市通勤效率提升工程、城市更新和老旧小区改造提升工程、生态惠民示范工程、稳定公平可及营商环境建设工程、青年创新创业就业筑梦工程、智慧韧性安全城市建设工程、全龄友好包容社会营建工程，为这座城市的幸福感再添重磅筹码。

议学活动　请学生阅读《成都市政府工作报告》关于“幸福美好生活十大工程”的部分，结合议学情境三，分小组讨论并回答问题：成都市政府为什么要打造“幸福美好生活十大工程”？

议学总结　经济建设、政治建设、文化建设、社会建设和生态文明建设“五位一体”总体布局是个有机整体，相互联系、相互促进。只有坚持“五位一体”建设全面推进、协调发展，才能实现社会主义现代化，把我国建设成为富强民主文明和谐美丽的社会主义现代化强国。

什么是美好生活？是更优美的生态环境、更满意的收入、更舒适的居住条件、更优质的教育与养老、更高水平且亲民的医疗条件、更便捷的通勤，亦是更广阔的市场空间、更友好的营商环境、更公平正义的社会机制。

亚里士多德认为，美好生活不仅可以通过人类发展自身灵魂内在的理性而实现，还可以通过政治实践来实现。第七次全国人口普查数据显示，成都常住人口突破2000万，位列全国第四，具有人口总量大、密度大、老龄化程度较高等特点。对于一个超大城市而言，政府应如何进一步提升人民的获得感和幸福感，让人民群众美好生活“成色”更足？目前，成都正在探索一条未来公园社区之路。在成都，幸福没有终点，我们一直在前行的路上！

播放成都市城市形象宣传片。

考核评价

1．过程性评价

教师以学生在课堂上的行为表现为主要评分依据，包括：对《成都市政府工作报告》等文字材料和视频材料的阅读能力、理解能力、挖掘能力；回答问题的积极性、准确性；小组合作探究中提出问题、分析问题、解决问题的能力；议学实践过程中表现出的集体意识与纪律意识等。

2．成果性评价

社会调研：“走进成都社区，爱上成都生活”系列活动——体验成都未来公园社区。

参观活动：“数据赋能，体验智慧蓉城”系列活动——参观成都市网络理政中心、参观成都超算中心。

公益活动：“冬日暖阳，我为成都添色彩”系列活动——树德中学青年志愿者协会走进成都市青羊区敬老院陪伴老人。

资源链接

1. 三城三都

世界文创名城、世界旅游名城、世界赛事名城，国际美食之都、国际音乐之都、国际会展之都。

2. 成都“幸福美好生活十大工程”

（1）居民收入水平提升工程。

以共同富裕为导向，坚持体现效率、促进公平，激发劳动者积极性、主动性、创造性，确保居民收入增长与经济增长保持同步。到“十四五”末期，城镇居民人均可支配收入年均增幅7.5%，力争突破70000元，农村居民人均可支配收入年均增幅8.6%，力争突破40000元，进入国内高收入城市行列。

（2）生活成本竞争力提升工程。

聚焦百姓衣食住行，完善供给体系，稳定价格成本，提升服务质量，房价收入比保持在全国主要城市中的较低水平，打造“中国最具生活成本竞争力”的超大城市。

（3）高品质公共服务倍增工程。

深化以利民便民为导向的基本公共服务清单标准管理和动态调整制度改革，推动基本公共服务由户籍人口向常住人口覆盖，努力实现高品质公共服务均衡普惠。

（4）城市通勤效率提升工程。

丰富“轨道+公交+慢行”多样化绿色出行选择，构建“通勤圈”“生活圈”“商业圈”高度融合的通勤体系，让通勤场景处处体现城市温度，让“上班的路”“回家的路”更加舒适便利。中心城区建成区平均通勤时间缩减到35分钟，30分钟内通勤人口占比达到45%。

（5）城市更新和老旧小区改造提升工程。

以天府锦城、一环路和锦江公园子街巷改造、“金角银边”打造、二环路高线公园建设等城市品质提升重大工程为牵引，全面加速老旧小区、棚户区和城中村改造进程，改善人居环境，提升功能品质，保留城市记忆，延续市井文化，让“老成都”焕发新活力。

（6）稳定公平可及营商环境建设工程。

以市场主体和市民获得感为重要评价标准，营造“有无熟人一个样、大小企业一个样、国有民营一个样、内资外资一个样、投前投后一个样”的公平稳定发展环境，让企业“办事不求人、办成事不找人”。

（7）青年创新创业就业筑梦工程。

以看得见摸得着的城市机会成就青年创业梦想，以“锐意创新、宽容失败”的城市气度激扬青年奋斗勇气，以“乐观包容、友善公益”的城市温度提升青年情感归属，打造创新创业者的“圆梦之都”“活力之城”，让“蓉漂”成为时代风尚。

（8）生态惠民示范工程。

持续涵养生态、美化大地景观，塑造山水呼应、城园相融的城市轮廓，构建绿道蓝网、天朗气清的城市新形态，让市民在大都市也能“望得见山、看得见水、记得住乡愁”，让“雪山下的公园城市”金字招牌更加彰显。

（9）智慧韧性安全城市建设工程。

完善重大安全风险防控和应急处置体系，全周期呵护城市安全，用聪明的“城市大脑”实施智慧治理，让智能感知就在身边、安全网络覆盖全域、风险隐患远离市民。

（10）全龄友好包容社会营建工程。

彰显“全龄共享·友善公益”城市气质，聚焦“一老一小”和特殊群体，把柔性关照渗透到城市规建管运各个环节中，把人文关怀落实到衣食住行育教医养每个细微处，让每一个生活在成都的人都能感受城市的关怀和社会的温暖。

参考文献

[1] 习近平新时代中国特色社会主义思想学生读本（初中）[M]. 人民出版社，人民教育出版社，2021.

[2] 全面落实“五位一体”总体布局各项部署 [N]. 新华日报，2017-11-6.

（成都市树德中学　雷莎）

高中段：体悟实现中华民族伟大复兴的中国梦

教学目标

引导学生结合生活实际，感受中国梦与个人梦之间的关系，努力为实现中华民族伟大复兴而奋斗；结合时政热点、国家重大政策等，理解新时代中国共产党的历史使命；从“国家”“民族”“人民”三个角度的具体事例入手，探究中国梦的本质，增强政治认同；积极承担青年在实现中华民族伟大复兴中的历史责任，为实现中华民族伟大复兴奉献自己的力量。

教学内容

（1）中国梦是什么？

（2）为什么要实现中国梦？

（3）怎么实现中国梦？

教学重难点

1．教学重点

中国梦的本质；新时代中国共产党人的初心和使命；新时代中国特色

社会主义发展的战略安排。

2. 教学难点

伟大斗争、伟大工程、伟大事业、伟大梦想的内涵及四者之间的关系；当代青年在实现中华民族复兴伟业中的历史责任。

学情分析

通过小学、初中阶段的学习，学生已经掌握中国梦的基本内涵，但对党的初心和使命等概念的理解是抽象的。因此，本专题课教学应当注重深入浅出，寓情于境。同时，在教学中应当增强情感体验和思想共鸣，提升学生的政治认同感。

设计思路

1. 设计理念

为贯彻新课程理念，着眼于当代社会发展和学生成长需要，立足于学生现实生活，本专题课教学紧扣实现中华民族伟大复兴的中国梦这个话题，以我国载人航天工程发展为素材，通过创设“问题情境”，将学习目标转化为问题，通过由浅入深的“追问”，实现有效学习，通过反思、判断，实现行为选择，以提升高中学生对于中国梦的认知、理解和感悟，并由此内化于心，外化于行，从而提高思想政治课的实效性。

2. 思维导图（见图4–4）

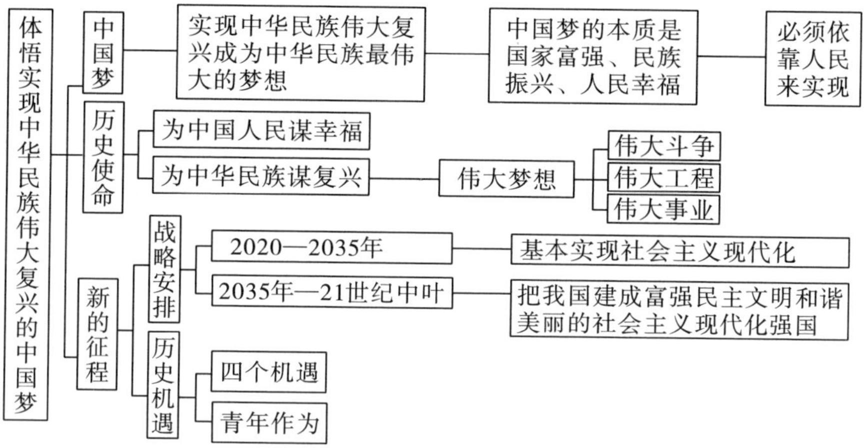

图4–4　专题四高中段思维导图

实施方案

课程导入　中华民族是具有梦想精神的民族。自古以来，飞离地球、遨游太空就是中华民族的梦想之一。今天，我们围绕着一位航天员的追梦故事来展开一场寻梦之旅。

一、中国梦的本质

材料展示　1998年，中国人民解放军航天员大队成立，邓清明成为14名首批航天员之一。他带着党和人民的嘱托，带着中华民族飞天的梦想，踏上了筑梦九天、叩问苍穹的伟大征程。截至2021年10月，邓清明是唯一一位没有执行过飞天任务，又仍在现役的首批航天员。从神舟五号到神舟十三号，他已经足足备份了23年，虽然4次入选备份梯队，但终究止步于发射塔前。他说，他这条命都是为了飞向太空，甘愿为中国载人航天事业奋斗终身。

议题一：你理解航天员邓清明的梦想吗？你认为他的梦想背后蕴含的是什么？

学生回答。

教师总结　同学们从个人谈到了国家，从小家谈到了大家。航天员邓清明的梦想是飞入太空，实现中华民族的航天梦，他的梦想背后蕴含的是国家的追求、民族的向往和人民的期盼。应该说，这不仅仅是他的梦想，也是我们中华民族和中华儿女共同的追求，就是为实现中华民族伟大复兴的中国梦而奋斗终身。

议题二：请结合现实谈谈你心中的中国梦。

学生回答。

教师总结　同学们都说到了“强国”“振兴”“富强”“幸福”等关键词。由此我们可以看出，中国梦就是要实现国家富强、民族振兴、人民幸福。

知识总结　国家富强，就是要全面建成小康社会，并在此基础上建设富强民主文明和谐美丽的社会主义现代化强国。民族振兴，就是要使中华民族更加坚强有力地自立于世界民族之林，为人类做出新的更大的贡献。人民幸福，就是要坚持以人民为中心，增进人民福祉，促进人的全面发展，朝着共同富裕方向稳步前进。

实现中国梦的伟大历史意义：中国梦把国家的追求、民族的向往、人民的期盼融为一体，体现了中华民族和中国人民的整体利益，表达了每一个中华儿女的共同愿景，已成为激荡在14亿人心中的高昂旋律，成为中华民族团结奋斗的最大公约数和最大同心圆。

材料展示　支撑航天员邓清明一直走下去的是“梦想”二字，我们来听听他是怎么说的。

播放视频：《邓清明访谈录》。

议题三：邓清明谈到了飞天梦与国家、民族、个人的关系。请同学们由飞天梦联系中国梦，以“中国梦是谁的梦”为主题，思考中国梦与国家、民族、个人、世界的关系。

请学生以小组为单位展开讨论，并请小组代表发言。

教师总结

（1）中国梦归根到底是人民的梦，必须紧紧依靠人民来实现，必须不断为人民造福；人民是中国梦的主体，是中国梦的创造者和享有者。中国梦的深厚源泉在于人民，根本归宿也在于人民，只有同人民对美好生活的向往结合起来才能取得成功。

（2）中国梦是国家的梦、民族的梦，也是每一个中华儿女的梦，每个人都要把人生理想融入国家和民族的伟大梦想之中，把小我融入大我，汇聚成实现中国梦的强大力量。

（3）中国梦是中国人民追求幸福的梦，也同世界人民的梦想息息相通。中国将同国际社会一道，推动实现持久和平、共同繁荣的世界梦，为人类和平与发展做出更大贡献。

二、新时代中国共产党人的历史使命

材料展示 从远古的飞天梦到今日的航天梦，我们的梦想正在一步步走向现实。

播放视频：《中国载人航天事业的历程》。

1992年，我国确立了航天工程“三步走”发展战略，将于2022年完成空间站的在轨建设，实现第三步的任务目标。

议题一：是谁为载人航天工程提供顶层设计和方向保证?

学生回答。

教师总结 坚持中国共产党的领导是引领航天事业发展的根本保证。中国共产党领导是中国特色社会主义最本质的特征，是中国特色社会主义制度的最大优势，是党和国家的根本所在、命脉所在，是全国各族人民的利益所系、命运所系。办好中国的事情，关键在党。中国共产党人的初心和使命，就是为中国人民谋幸福，为中华民族谋复兴。

在党的领导下，在“东方红一号”卫星研制过程中，中国航天人自力更生，攻克了无数技术难关，创造了坚实的“中国厚度”；在实施载人航天工程过程中，中国航天人突破、掌握天地往返、空间出舱等核心技术，不断刷新航天史上的“中国速度”；在北斗导航卫星系统建设过程中，中国航天人实现核心技术在手、100%可控，创造了完美的“中国精度”；在实施探月工程的过程中，中国航天人实现人类首次月球背面软着陆，不断刷新深空探测的“中国高度”。

补充材料　习近平的“航天情”。

材料一：习近平总书记多次强调我国必须“坚持走中国特色自主创新道路”，“要矢志不移自主创新，坚定创新信心，着力增强自主创新能力”。中国空间事业为国家打造国之重器，必须走自力更生、自主创新之路。面对各种风险挑战、阻力矛盾，航天人自力更生，攻克了无数技术难关，创造了坚实的“中国厚度”；在实施载人航天工程过程中，航天人艰苦奋斗，独立自主，突破核心技术，不断刷新航天史上的“中国速度”；在实施探月工程的过程中，航天人攻坚克难、勠力同心，不断刷新深空探测的“中国高度”。

材料二：习近平总书记在首个“中国航天日”指出，“建设航天强国，是我们不懈追求的航天梦”。党员干部要时刻铭记所肩负的时代使命和重大的政治责任，胸怀航天强国梦想，为党分忧、为国铸剑。要树立“功成不必在我”但“功成必定有我”的正确政绩观。要拿出“向我看、跟我干”的气概，干出水平、干出成效。坚决破除一切影响发展的障碍，助飞航天梦。

材料三：习近平总书记指出，“鞋子合不合脚，自己穿了才知道”[①]。一个国家的发展道路合不合适，只有这个国家的人民才最有发言权。1992年，党中央做出实施载人航天工程“三步走”发展战略。29年来，中国走出了一条具有中国特色的载人航天发展道路，创造了中华民族伟大复兴征程中极具标志性意义的辉煌成就。广大航天人培育铸就的载人航天精神，是我们伟大民族精神的生动体现，彰显了坚定的中国特色社会主义道路自信、理论自信、制度自信、文化自信，为坚持和发展中国特色社会主义增添了强大精神力量。

议题二：中国共产党是如何领导我们实现载人航天这个伟大梦想的？

请学生以小组为单位展开讨论，并请小组代表发言。

教师总结

材料一：实现伟大梦想，必须进行伟大斗争。中国共产党要团结带领人民有效应对重大挑战、抵御重大风险、克服重大阻力、解决重大矛盾，必须进行具有许多新的历史特点的伟大斗争。要充分认识这场伟大斗争的长期性、复杂性、艰巨性，发扬斗争精神，提高斗争本领，不断夺取伟大斗争新胜利。

材料二：办好中国的事情，关键在党。历史已经并将继续证明，没有中国共产党的领导，民族复兴必然是空想。中国共产党要始终成为时代先锋、民族脊梁，始终成为马克思主义执政党，自身必须始终过硬。中国共产党要不断增强政治领导力、思想引领力、群众组织力、社会号召力，以永葆旺盛生命力和强大战斗力。

材料三：坚持和发展中国特色社会主义是改革开放以来党的全部理论和实践主题。要更加自觉地增强道路自信、理论自信、制度自信、文化自信，既不走封闭僵化的老路，也不走改旗易帜的邪路，保持政治定力，坚持实干兴邦，始终坚持和发展中国特色社会主义。

① 《习近平谈治国理政》，外文出版社，2014年，第273页。

总结：伟大斗争、伟大工程、伟大事业、伟大梦想，紧密联系、相互贯通、相互作用，其中起决定性作用的是党的建设新的伟大工程。推进伟大工程，要结合伟大斗争、伟大事业、伟大梦想的实践来进行，确保党在世界形势深刻变化的历史进程中始终走在时代前列，在应对国内外各种风险和考验的历史进程中始终成为全国人民的主心骨，在坚持和发展中国特色社会主义的历史进程中始终成为坚强领导核心。

三、分“两步走”建成社会主义现代化强国

展示材料　我国航天工程未来部署。

2020年左右实现重点突破，加速迈向航天强国；

2030年左右整体跃升，跻身航天强国之列；

2050年左右实现超越引领，全面建成航天强国。

议题一：请同学们思考，航天事业发展的时间节点与整个国家的发展战略安排有何联系？请结合教材内容画出我国全面建成社会主义现代化强国、实现中华民族伟大复兴的中国梦的战略路线图。

学生回答。

教师总结　党的十九大明确了实现中华民族伟大复兴的中国梦的战略安排。

第一个阶段，从2020年到2035年，在全面建成小康社会的基础上，再奋斗十五年，基本实现社会主义现代化。

第二个阶段，从2035年到本世纪中叶，在基本实现现代化的基础上，再奋斗十五年，把我国建成富强民主文明和谐美丽的社会主义现代化强国。

为实现新时代中国特色社会主义发展的战略安排，党的十九大做出如下战略部署。

经济：贯彻新发展理念，建设现代化经济体系。

政治：健全人民当家作主制度体系，发展社会主义民主政治。

文化：坚定文化自信，推动社会主义文化繁荣兴盛。

社会：提高保障和改善民生水平，加强和创新社会治理。

生态：加快生态文明体制改革，建设美丽中国。

国防：坚持走中国特色强军之路，全面推进国防和军队现代化。

主权：坚持“一国两制”，推进祖国统一。

外交：坚持和平发展道路，推动构建人类命运共同体。

党建：坚定不移全面从严治党，不断提高党的执政能力和领导水平。

材料展示　载人航天工程是中国航天领域迄今为止规模最庞大、系统最复杂、技术难度最高、可靠性要求最严和风险挑战最大的重点工程。实施载人航天工程以来，广大航天人牢记使命、不负重托，培育铸就了特别能吃苦、特别能战斗、特别能攻关、特别能奉献的载人航天精神。载人航天事业的成就，充分展示了伟大的中国道路、中国精神、中国力量，坚定了全国各族人民实现中华民族伟大复兴的中国梦的决心和信心。

议题二：伟大的事业孕育伟大的精神，伟大的精神推动伟大的事业。唯有传承好弘扬好新时代航天精神，方能使其更加闪耀。请以“传承航天精神，放飞青春梦想”为主题，谈一谈新时代中国青年应如何传承和弘扬航天精神。

学生回答。

教师总结　2019年4月30日，习近平总书记在纪念五四运动100周年大会上的讲话中对新时代中国青年提出六点要求：

（1）新时代中国青年要树立远大理想；

（2）新时代中国青年要热爱伟大祖国；

（3）新时代中国青年要担负时代责任；

（4）新时代中国青年要勇于砥砺奋斗；

（5）新时代中国青年要练就过硬本领；

（6）新时代中国青年要锤炼品德修为。

青年兴则国家兴，青年强则国家强。青年一代有理想、有本领、有担当，国家就有前途，民族就有希望。广大青年要坚定理想信念，志存高远，脚踏实地，勇做时代的弄潮儿，在实现中国梦的生动实践中放飞青春梦想，在为人民利益的不懈奋斗中书写人生华章！

考核评价

（1）写一篇关于实现中国梦的800字小论文。

（2）在年级或者班级中开展“我的梦，中国梦”演讲比赛。

资源链接

习近平．决胜全面建成小康社会　夺取新时代中国特色社会主义伟大胜利——在中国共产党第十九次全国代表大会上的报告［M］．北京：人民出版社，2017.

参考文献

［1］习近平．习近平谈治国理政（第二卷）［M］．北京：外文出版社，2017.

［2］本书编写组．改革开放简史［M］．北京：人民出版社，学习出版社，2021.

（成都市树德中学　周佳颐　姚雅容）

大学段：理解新时代中国特色社会主义对人类文明新贡献

教学目标

与高中阶段的教学内容相衔接，依据大学生的情感与认知发展特点，按教学规律设计一系列教学环节与活动，使大学生真切感受党领导人民所创造的经济快速发展奇迹和社会长期稳定奇迹，深入了解中国特色社会主义创造的中国式现代化道路和人类文明新形态，理解物质文明、政治文明、精神文明、社会文明、生态文明的协调发展，明白中国共产党为什么能，中国特色社会主义为什么好，归根到底是因为马克思主义行。同时，开阔大学生的国际视野，使其明白中国始终是世界和平的建设者、全球发展的贡献者、国际秩序的维护者，进而让大学生深刻理解只有不断推动构建人类命运共同体，推动共建“一带一路”高质量发展，才能为人类文明做出更多的贡献。

教学内容

（1）中国特色社会主义的硕果：“两大奇迹”。

（2）创造物质文明新形态：现代化经济体系。

（3）创造政治文明新形态：人民当家作主制度体系。

（4）创造精神文明新形态：社会主义核心价值体系。

（5）创造社会文明新形态：中国特色社会主义社会治理体系。

（6）创造生态文明新形态：人与自然和谐共生。

（7）构建人类命运共同体的实践：共建“一带一路”。

教学重难点

1. 教学重点

（1）新时代中国特色社会主义的伟大成就；

（2）中国特色社会主义创造的人类文明新形态；

（3）共建“一带一路”倡议。

2. 教学难点

（1）“两大奇迹”的成因是什么？

（2）为什么要坚持和发展中国特色社会主义？

（3）物质文明、政治文明、精神文明、社会文明、生态文明如何协调发展？

（4）如何推动构建人类命运共同体与“一带一路”高质量发展？

学情分析

经过小学段、初中段以及高中段的学习，大学生对中国特色社会主义事业有了清晰的认知，对习近平新时代中国特色社会主义思想也有一定的了解，但是缺乏对习近平新时代中国特色社会主义思想的系统化认识，需要继续深入地学习习近平新时代中国特色社会主义思想。当代大学生获取国际信息的途径多，但是心智尚未完全成熟，容易受到各种信息影响，因此需要在开阔大学生国际视野的同时使其保持坚定的理想信念。在教学中，应从国际国内两个角度向大学生展示中国特色社会主义所取得的伟大成就，引导他们弄明白未来的前进方向，激励他们为中国和世界做出更多的贡献。

设计思路

1. 设计理念

本专题课教学遵循大学生思想政治教育规律，贯彻“以学生为中心”的理念，以“新时代中国特色社会主义对人类文明新贡献”为主线，在学生感受“强起来”的中国、认识统筹推进“五位一体”总体布局、体悟实现中华民族伟大复兴的中国梦的基础上，引导学生运用马克思主义基本立场、观点和方法来理解新时代中国特色社会主义对人类文明的新贡献，进而从中国共产党的百年奋斗中看清楚过去我们为什么能够成功、弄明白未来我们怎样才能继续成功。同时，充分发挥学生的主体作用，融知识教育、能力教育和价值观教育为一体，围绕“新时代中国特色社会主义为什么是人类文明新形态？中国特色社会主义对人类文明有哪些新贡献？怎样为人类文明做出更多贡献？”进行整体教学设计。

2. 思维导图（见图4–5）

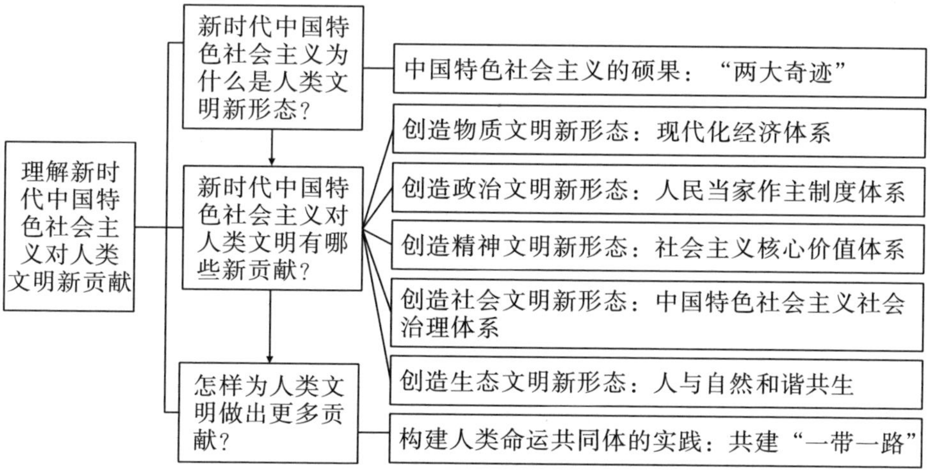

图4–5 专题四大学段思维导图

实施方案

一、中国特色社会主义的硕果："两大奇迹"

向学生讲述新中国成立70年来，我们党领导人民创造了世所罕见的经济快速发展奇迹和社会长期稳定奇迹，中华民族迎来了从站起来、富起来到强起来的伟大飞跃，启发学生关于新时代中国特色社会主义的思考。

（一）西方之乱与中国之治

导入新课 以"西方之乱与中国之治"为案例，导入新课。

近年西方世界乱象频发，2016年以来尤甚。特别是"政治素人"特朗普当选美国总统以来的一系列政策引发巨大争议，政坛恶斗加剧，社会分裂加深；中东难民大规模涌入欧洲，搅乱了几乎所有欧洲国家的政局；英国公投脱欧给世界经济带来了持续的不确定性；逆全球化趋势和民粹主义思潮迅速蔓延，右翼势力在很多国家不断坐大；西方国家经历的恐怖袭击从未像今天这样密集；债务危机、金融危机、福利危机等使多数百姓的实际生活水平长期停滞不前，甚至下降。总之，西方之乱已经成为世界不安全不稳定的一个主要根源，西方模式正面临严峻挑战。

与此形成鲜明对照的是中国之治。短短数十年，中国迅速崛起，给西方和整个世界带来了震撼。特别是党的十八大以来，以习近平同志为核心的党中央运筹帷幄、善谋敢断，从反腐倡廉到深化改革全面发力，治国理政呈现出全新格局，整个国家的政治定力牢固，经济实力、科技实力、国防实力、国际影响力不断迈上新台阶。当前，中国已经成为世界第二大经济体，世界经济增长的第一引擎。中国消除了世界上最多的贫困，创造了世界上最大的中产阶层，并且是全球社会治安最好的国家之一。中国智慧、中国经验和中国理念正迅速走向世界，为解决全球治理难题提供一个又一个中国方案。①

学生讨论　与西方相比，中国特色社会主义制度在政治、经济、社会等制度安排上具有哪些显著优势？为什么要坚持中国特色社会主义道路？

教师小结　相比于西方，中国特色社会主义制度具有多方面的优势，主要是坚持党的集中统一领导，坚持党的科学理论，保持政治稳定，确保国家始终沿着社会主义方向前进的显著优势；坚持人民当家作主，发展人民民主，密切联系群众，紧紧依靠人民推动国家发展的显著优势；坚持全面依法治国，建设社会主义法治国家，切实保障社会公平正义和人民权利的显著优势等13个方面的显著优势。中国特色社会主义是党和人民历尽千辛万苦、付出巨大代价取得的根本成就，是实现中华民族伟大复兴的正确道路。只有坚持和发展中国特色社会主义，才能够持续推动国家发展进步、保持社会长期稳定和造福全国各族人民。中国特色社会主义创造了人类文明新形态。走自己的路，不仅是我们党的全部理论和实践的立足点，更是党百年奋斗得出的历史结论。同学们要坚定道路自信、理论自信、制度自信、文化自信，鼓起奋发向上的勇气，激发创造的活力。

（二）“两大奇迹”

新中国成立70多年来，我们党领导人民创造了世所罕见的经济快速发展奇迹和社会长期稳定奇迹，中华民族迎来了从站起来、富起来到强起来的伟大飞跃。这“两大奇迹”成为新中国成立70多年来我们党执政成就和国家治理成效的重大标志，成为我国国家制度和国家治理体系具有多方面显著优势的生动体现。

导入新课　以案例“两大奇迹”导入新课。

① 张维为：《西方之乱与中国之治的制度原因》，《求是》2017年第15期。

经济快速发展奇迹主要体现在：新中国成立70多年特别是改革开放新时期和党的十八大以来，我国用几十年时间走完了发达国家几百年走过的工业化进程，社会生产力得到极大解放和发展，经济实力和综合国力显著增强。

社会长期稳定奇迹主要体现在：新中国成立70多年特别是改革开放新时期和党的十八大以来，我们国家既经历了巨大的经济社会变迁，也经受了不少重大考验。在党中央坚强领导下，依靠全国各族人民共同努力奋斗，我们党和国家不但胜利渡过了难关，而且有力巩固了人民政权，持续保持了国家政治和社会大局稳定，并取得革命、建设、改革的一系列重大成就。党的十八大以来，在以习近平同志为核心的党中央坚强领导下，党和国家坚持稳中求进工作总基调，迎难而上、开拓进取，继续战胜前进道路上的各种风险挑战，取得改革开放和社会主义现代化建设的历史性成就，全国到处呈现一派政治稳定、经济发展、文化繁荣、民族团结、人民幸福、社会安宁的景象。①

学生讨论 自己在生活中感受到了什么经济发展和社会稳定的事例？“两大奇迹”与中国特色社会主义制度是什么关系？

教师小结 党领导人民创造了世所罕见的经济快速发展奇迹和社会长期稳定奇迹。“两大奇迹”是我国制度实践结出的硕果，是坚定中国特色社会主义制度自信的最大底气。“两大奇迹”互为因果，根植于我国制度安排和制度实践。由根本制度、基本制度、重要制度等耦合形成的制度体系，使具体制度安排实现了优势集成和效能叠加。我国实践导向的制度安排所独有的开放性、创新发展性和历史继承性的统一，正是“两大奇迹”得以形成和延续的重要原因。“两大奇迹”与“中国之治”彰显了中

① 《同学》工作室：《党的十九届四中全会〈决定〉学习问答 4．如何理解新中国成立70年来，我们党领导人民创造了世所罕见的经济快速发展奇迹和社会长期稳定奇迹？》，共产党员网，https://www.12371.cn/2019/11/29/ARTI1575010818199344.shtml，访问日期：2022年3月1日。

国特色社会主义的制度优势，体现了中国社会的巨大进步。中国积极学习各种发展和治理模式中的可借鉴之处，摒弃各种传统治理体系的弊端，不断地学习探索与创新，最终形成自己具有鲜明中国特色的中国社会主义国家制度和国家治理体系，这在中华文明发展史上、社会主义发展史上和人类文明史上都从来没有出现过。当前，世界各国都前所未有地陷入时代性道路选择与困惑之中，虽然我们从来不简单输入外国模式，同时也不向其他国家输出中国模式，但是中国特色社会主义无疑为世界各国尤其是发展中国家和第三世界国家的现代化进程提供了中国方案和中国智慧。

二、坚持和发展中国特色社会主义，创造人类文明新形态

中国共产党领导人民创造的人类文明新形态是社会主义的文明形态，是基于中国特色社会主义的人类文明新形态。习近平总书记在庆祝中国共产党成立100周年大会上的讲话中指出：“我们坚持和发展中国特色社会主义，推动物质文明、政治文明、精神文明、社会文明、生态文明协调发展，创造了中国式现代化新道路，创造了人类文明新形态。”

（一）创造物质文明新形态：现代化经济体系

1. 新发展理念

导入新课 以案例“粤港澳大湾区建设”导入新课。

粤港澳大湾区总面积5.6万平方千米，人口约7000万人，经济总量约10万亿元，有非常好的基础，也是经济发展最强劲、最活跃的地区之一。作为我国开放程度最高、经济活力最强的区域之一，粤港澳大湾区在国家发展大局中具有重要战略地位。建设粤港澳大湾区，是新时代推动形成全面开放新格局的新尝试。粤港澳大湾区建设，是习近平总书记亲自谋划、亲自部署、亲自推动的重大国家战略，是党中央从国家发展全局和“两个

建设好”的战略高度支持港澳与广东这块改革开放前沿阵地在共融中实现共建共享共赢的重大决策部署，是新时代推动形成全面开放新格局的新举措，也是推动“一国两制”事业发展的新实践。

2019年2月18日，中共中央、国务院正式印发《粤港澳大湾区发展规划纲要》（以下简称《纲要》）。这份纲领性文件对粤港澳大湾区的战略定位、发展目标、空间布局等方面做了全面规划，一个富有活力和国际竞争力的一流湾区和世界级城市群将在不懈奋斗中一步步化为现实。建设粤港澳大湾区是立足全局和长远发展做出的重大谋划。作为我国开放程度最高、经济活力最强的区域之一，粤港澳大湾区在国家发展大局中具有重要战略地位。40多年改革开放，粤港澳大湾区经济实力、区域竞争力显著增强，已具备建成国际一流湾区和世界级城市群的基础条件。按照《纲要》，粤港澳大湾区不仅要建成充满活力的世界级城市群、国际科技创新中心、“一带一路”建设的重要支撑、内地与港澳深度合作示范区，还要打造成宜居宜业宜游的优质生活圈，成为高质量发展的典范。推动粤港澳大湾区建设，有利于贯彻落实新发展理念，为我国经济创新力和竞争力不断增强提供支撑；有利于进一步深化改革、扩大开放，建立与国际接轨的开放型经济新体制，建设高水平参与国际经济合作新平台。①

学生讨论　新时代应该贯彻什么样的发展理念？

教师解析　发展理念是发展行动的先导，一定的发展实践都是由一定的发展理念来引领的。发展理念从根本上决定着发展成效，而发展环境和发展条件不会一成不变，所以必须转换经济发展思路，坚定不移贯彻新发展理念。党的十八大以来，我们党对经济形势进行科学判断，对经济社会发展提出了许多重大理论和理念，对发展理念和思路做出及时调整，其中新发展理念是最重要、最主要的，引导我国经济发展取得了历史性成就、发生了历史性变革。

① 易昌良：《中国创新发展研究报告》，人民出版社，2019年，第242–243页。

教师小结　创新、协调、绿色、开放、共享的发展理念，是管全局、管根本、管长远的导向，具有战略性、纲领性、引领性。新发展理念指明了“十三五”乃至更长时期我国的发展思路、发展方向和发展着力点。“新发展理念就是指挥棒、红绿灯”“要注重创新驱动发展，紧紧扭住创新这个牛鼻子”“我们要学会运用辩证法，善于‘弹钢琴’，处理好局部和全部、当前和长远、重点和非重点的关系”“像保护眼睛一样保护生态环境，像对待生命一样对待生态环境，让自然生态美景永驻人间”“应该坚持以开放求发展，坚持‘拉手’而不是‘松手’，坚持‘拆墙’而不是‘筑墙’”“不断把‘蛋糕’做大”“把不断做大的‘蛋糕’分好”等习近平总书记关于新发展理念的重要论述形象生动地展示了新发展理念在创新、协调、绿色、开放、共享五方面的具体做法。创新发展注重的是解决发展动力问题，协调发展注重的是解决发展不平衡问题，绿色发展注重的是解决人与自然和谐问题，开放发展注重的是解决发展内外联动问题，共享发展注重的是解决社会公平正义问题。实践证明，新发展理念是一个系统的理论体系，回答了关于发展的目的、动力、方式、路径等一系列理论和实践问题，阐明了我们党关于发展的政治立场、价值导向、发展模式、发展道路等重大政治问题。

2．现代化经济体系

学生讨论　什么是现代化经济体系？如何构建人类物质文明新形态？

教师小结　现代化经济体系，是由社会经济活动各个环节、各个层面、各个领域的相互关系和内在联系构成的一个有机整体。要建设创新引领、协同发展的产业体系，实现实体经济、科技创新、现代金融、人力资源协同发展，使科技创新在实体经济发展中的贡献份额不断提高，现代金融服务实体经济的能力不断增强，人力资源支撑实体经济发展的作用不断优化。要建设统一开放、竞争有序的市场体系，实现市场准入畅通、市场开放有序、市场竞争充分、市场秩序规范，加快形成企业自主经营公平竞争、消费者自由选择自主消费、商品和要素自由流动平等交换的现代市场体系。要建设体现效率、促进公平的收入分配体系，实现收入分配合理、社会公平正义、全体人民共同富裕，推进基本公共服务均等化，逐步缩小收入分配差距。要建设彰显优势、协调联动的城乡区域发展体系，实现区域良性互动、城乡融合发展、陆海统筹整体优化，培育和发挥区域比较优势，加强区域优势互补，塑造区域协调发展新格局。要建设资源节约、环境友好的绿色发展体系，实现绿色循环低碳发展、人与自然和谐共生，牢固树立和践行绿水青山就是金山银山理念，形成人与自然和谐发展现代化建设新格局。要建设多元平衡、安全高效的全面开放体系，发展更高层次开放型经济，推动开放朝着优化结构、拓展深度、提高效益方向转变。要建设充分发挥市场作用、更好发挥政府作用的经济体制，实现市场机制有效、微观主体有活力、宏观调控有度。以上几个体系是统一整体，要一体建设、一体推进。我们建设的现代化经济体系，要借鉴发达国家有益做法，更要符合中国国情、具有中国特色。

发展有中国特色的经济文明，构建人类物质文明新形态，必须把握新发展阶段，始终坚持贯彻新发展理念，最终推动高质量发展。其关键是按照新发展理念的要求，以供给侧改革为主线，推动经济发展质量变革、效率变革、动力变革，建设好现代化经济体系。这是一项系统工程，在百年未有之大变局的背景下，我国建设高质量发展的现代化经济体系，必然给世界经济发展带来红利，为世界经济发展提供中国方案、做出中国贡献，为发展中国家发展提供借鉴与经验，为构建人类命运共同体奠定坚实基础。

（二）创造政治文明新形态：人民当家作主制度体系

1. 中国特色社会主义政治发展道路

导入新课 以案例“橘生淮南则为橘，生于淮北则为枳”和“物之不齐，物之情也”导入新课。

《晏子春秋》中的故事多以晏子为中心人物，情节生动，讽喻性强。一次，晏子奉命出使楚国，楚王为了羞辱他，有意让两个小吏捆着一个犯人上来。楚王问：“这人是干什么的？”小吏回答：“齐国人，犯了偷盗罪。”楚王便问晏子：“齐国人天生就善于偷盗吗？”晏子答道：“我听说，橘树生长在淮河以南就是橘树，生长在淮河以北就变成了枳树，它们只是叶子相似，而果实味道却不同了。为什么会这样呢？因为水土不一样了。这人生长在齐国不偷盗，到了楚国就偷盗，该不会是楚国的水土使人变得善于偷盗了吧？”“橘生淮南则为橘，生于淮北则为枳”，现在常用来比喻一旦环境改变，事物的性质也可能随之改变。①

孟子说：“夫物之不齐，物之情也。”意思是，天下万物没有同样的，它们都有自己的独特个性，这是客观存在。孟子这段话强调了事物的差异性。孟子指出，物品的价值有的相差一倍、五倍，有的相差十倍、百倍，有的甚至相差千倍、万倍。倘若你将它们等同看待，就是扰乱天下。为此，孟子举例说明，如果巨屦（做工粗糙的鞋）与小屦（做工精细的鞋）同样价钱，那么，谁还肯做小屦呢？②

学生展示　学生分小组自主学习习近平总书记在庆祝全国人民代表大会成立60周年大会上的讲话，感悟近代以后中国人民探索在中国建立什么样的政治制度的艰辛历程，分专题对这一艰辛历程进行课堂展示，并讨论中国共产党在各个阶段对中国民主制度的探索与实践，深刻理解中国特色社会主义民主发展道路的历史逻辑、理论逻辑和实践逻辑。

教师小结　如果不顾我们自己的“土壤情况”，盲目学习外国的制度和模式，学到的也只会是皮毛，更有可能带来灾难性后果。的确，这方面我们有很多教训可鉴：冷战结束后，照搬西方政治制度模式的国家，很多仍然不能稳定发展；受“阿拉伯之春”影响的国家，很多仍然没能稳

① 人民日报评论部：《习近平用典》，人民日报出版社，2018年，第195-196页。
② 人民日报评论部：《习近平用典》，人民日报出版社，2018年，第183-184页。

定政局。从政治制度看，各国有各国的国情，各国有各国的体制，各国有各国的历史。“鞋子合不合脚，自己穿了才知道”，每个国家都应该根据国情选择合适的道路。正是多元多样的文化，才让我们的世界更精彩；正是各有特点的制度，才让我们的选择更丰富。从政治到文化，从制度到历史，只有认识到差别，才能真正尊重别人、坚持自己。

政治发展道路是关系根本、关系全局的重大问题。中国特色社会主义政治发展道路，基于中国的历史文化传统，是马克思主义基本原理与中国具体实际相结合的产物，是历史和人民的选择。中国特色社会主义政治发展道路的发展和完善，有效保证了人民享有更加广泛、更加充实的权利和自由，保证人民广泛参加国家治理和社会治理；有效调节了国家政治关系，增强了民族凝聚力，形成安定团结的政治局面；有效促进了社会生产力解放和发展，促进现代化建设各项事业，促进人民生活质量和水平不断提高；有效维护了国家独立自主，维护了国家主权、安全、发展利益，维护了中国人民和中华民族的福祉，充分展现了社会主义优越性。

2. 人民当家作主的制度体系

导入新课 以案例“历史终结论”导入新课。

1989年，日裔美籍学者弗朗西斯·福山在美国《国家利益》杂志上发表了《历史的终结？》一文。随后，他于1992年，又在该文基础上加以扩充，于是形成和出版了《历史的终结与最后的人》这一著作。其文章和著作所论述的一个根本观点，就是“历史终结论”，即所谓西方自由民主已取得历史的终结性胜利。然而30多年来，这一观点并未得到事实的印证，而是遭到历史的驳斥。之所以如此，是因为他所依据的乃是一种以“追求精神承认”为始原的人性史观。福山认为：“自由民主的理想则已尽善尽美。”作为这一理想体现的“自由民主制度”也就“不是偶然之物……而是人之为人的本性的发现”。于是，他得出结论：“自由民主也许是‘人类意识形态演化的终点’和‘人类政体的最后形式’，并因此构成‘历史的终结’。” 总之，福山“历史终结论”所依据的，是一种充斥混乱和悖谬的、以“追求精神承认”为始原的抽象人性史观。以这一历史观为支撑的“历史终结论”，作为一种猜测和妄断，不仅是对西方自由民主历史进程的罔顾，而且也是对当今世界自由民主发展潮流的无视，因而它的“终结”，即被时代潮流所击破，是一种历史的必然。①

学生讨论　为什么“历史终结论”会破产？人民当家作主的制度体系具有什么样的独特优势？如何构建人类政治文明新形态？

教师小结　20世纪80年代末，美籍日裔学者弗朗西斯·福山认为自由民主制度是“人类意识形态发展的终点”和“人类最后一种统治形式”，并提出了所谓“历史终结论”，把冷战结束看作“历史终结”。然而，过去数十年的政治实践表明，西方国家特别是美国在全世界多个地区和国家推销“民主”遭遇水土不服，均以失败告终。不仅如此，席卷西方社会的金融危机、民粹主义潮流和选举乱象使得包括福山本人在内的西方政界、学界开始广泛反思西式民主的种种弊端。与此形成鲜明对照的是，在中国共产党的领导下，中国人民经过长期实践探索，在中国形成了具有自身特色的社会主义民主政治制度，尤其在应对重大突发事件等工作中的卓越表现，彰显了中国特色社会主义民主制度的优越性与强大生命力，用事实宣告了“历史终结论”的破产。

人民当家作主是我国社会主义民主政治的本质特征。在党的领导下，我们扎根中国社会土壤，汲取中华优秀传统文化中的政治智慧，借鉴人类政治文明的有益成果，积极构建并不断完善中国特色社会主义民主政治制度，人民当家作主的制度体系不断健全，人民民主不断发展，为我国社会保持长期稳定、充满生机活力提供了制度保障。

发展有中国特色的政治文明，构建人类政治文明新形态，必须坚持党的领导、人民当家作主和依法治国的有机统一。人民民主始终是中国特色社会主义政治发展道路的价值追求，是社会主义的生命。没有民主就没

① 陶富源：《福山“历史终结论”的历史观剖析》，《马克思主义研究》2020年第9期。

有社会主义，就没有社会主义的现代化，就没有中华民族的伟大复兴。中国共产党始终坚持根据中国的具体实际不懈地探索充分实现人民民主的形式，用制度体系保证人民当家作主，社会主义越发展，民主也越发展。人民代表大会制度、中国共产党领导的多党合作和政治协商制度、民族区域自治制度、基层群众自治制度构成了人民当家作主制度体系的“四梁八柱”。在新征程上，我们要坚定不移走中国特色社会主义政治发展道路，健全人民当家作主制度体系，发展社会主义民主政治。

（三）创造精神文明新形态：社会主义核心价值体系

1. 文化自信与社会主义意识形态

导入新课 以“要有高度的文化自信”导入课程。

古往今来，世界各民族无一例外受到其在各个历史发展阶段上产生的文艺精品和文艺巨匠的深刻影响。中华民族精神，既体现在中国人民的奋斗历程和奋斗业绩中，体现在中国人民的精神生活和精神世界中，也反映在几千年来中华民族产生的一切优秀作品中，反映在我国一切文学家、艺术家的杰出创造活动中。在每一个历史时期，中华民族都留下了无数不朽作品。从诗经、楚辞、汉赋，到唐诗、宋词、元曲、明清小说等，共同铸就了灿烂的中国文艺历史星河。中华民族文艺创造力是如此强大、创造的成就是如此辉煌，中华民族素有文化自信的气度，我们应该为此感到无比自豪，也应该为此感到无比自信。[①]

学生讨论 什么是文化自信？为什么要坚定文化自信？

教师小结 文化能够以无形的思想、特定的观念、丰富的形式，渗透到社会生活的方方面面。文化塑造着生活于其中的每个人，影响着人们

① 《习近平谈治国理政》第2卷，外文出版社，2017年，第350页。

的一切行为活动，滋养着民族生命力、激发着民族创造力、熔铸着民族凝聚力。文化是一个国家、一个民族的灵魂。历史和现实都表明，一个抛弃了或者背叛了自己历史文化的民族，不仅不可能发展起来，而且很可能上演一幕幕历史悲剧。文化自信，是一个国家、民族、政党对自身文化价值的充分肯定，对自身文化生命力的坚定信念。文化自信是一个国家、一个民族发展中更基础、更广泛、更深厚的自信，是更基本、更深沉、更持久的力量。坚定文化自信，是事关国运兴衰、事关文化安全、事关民族精神独立的大问题。坚定文化自信，充分体现了中国共产党高度的文化自觉和文化担当，凸显出中国特色社会主义的文化根基、文化价值和文化理想。坚定道路自信、理论自信、制度自信，说到底是要坚定文化自信。只有坚定文化自信，建设具有强大凝聚力和引领力的社会主义意识形态，才能迎来中华民族的伟大复兴。

2. 社会主义核心价值观

导入新课 以案例“四维不张，国乃灭亡”导入课程。

“四维”说出自《管子》一书。《管子·牧民·四维》称：“一曰礼，二曰义，三曰廉，四曰耻。”《管子·牧民·国颂》指出：“四维不张，国乃灭亡。”北宋欧阳修在《新五代史·冯道传》中归纳为：“礼义廉耻，国之四维。四维不张，国乃灭亡。”意思是，礼、义、廉、耻是维系国家的四项道德准则，如果它们不能被推行，国家极易灭亡。

“国有四维，一维绝则倾，二维绝则危，三维绝则覆，四维绝则灭。”国之四维，缺了一维，国家就会倾侧；缺了两维，国家就会危殆；缺了三维，国家就会颠覆；缺了四维，国家就会灭亡。“何谓四维？一曰礼，二曰义，三曰廉，四曰耻。”“礼”指上下有节；有礼，就不会超越节度。“义”指合宜恰当的行事标准；有义，就不会妄自求进。“廉”指廉洁方正；有廉，就不会掩饰恶行。“耻”指知耻之心；有耻，就不会同流合污。因此，治国用此四维，就可以使君位安定、民无巧诈、行为端正、邪事不生，于是国可守而民可治。[①]

学生讨论　什么是社会主义核心价值观？社会主义核心价值观具有什么样的重要作用？如何构建人类精神文明新形态？

教师小结　社会主义核心价值观，是以习近平同志为核心的党中央从新时代坚持和发展中国特色社会主义、实现中华民族伟大复兴的中国梦出发，提出的重大战略思想。党的十八大提出了“富强、民主、文明、和谐，自由、平等、公正、法治，爱国、敬业、诚信、友善”的社会主义核心价值观，这一核心价值既体现了社会主义的本质要求，又继承了中华传统文化，同时吸收了世界文明的有益成果，集中体现了当代中国精神，凝聚着全体人民共同的价值追求，是当代中国的“立国之维”和凝聚民心、汇聚民力的强大力量。

“国无德不兴，人无德不立”，为人需要品德，从政需要官德，而治国需要的，就是每个人都内化于心、外现于行的核心价值观。每个时代都有每个时代的精神，每个时代都有每个时代的价值观念。核心价值观承载一个民族、一个国家的精神追求，体现着一个社会评判是非曲直的价值标准。在古人看来，人无德不立，国无德不兴，而厉行礼、义、廉、耻，则能约束规范人民以成谦谦君子，维护社会安定，使国治民安。一个民族、一个国家的核心价值观必须同这个民族、这个国家的历史文化、正在进行的奋斗以及需要解决的时代问题相结合。核心价值观是一个民族赖以维系的精神纽带和共同的思想道德基础，关乎社会稳定和国家长治久安。

发展有中国特色的精神文明，构建人类精神文明新形态，要坚持马克思主义的指导地位，坚定文化自信，推动中华传统优秀文化创造性转化、创新性发展，加强社会主义核心价值体系建设。步入中国特色社会主义新时代，我们应锲而不舍、一以贯之地坚持社会主义核心价值体系。坚持社会主义核心价值体系必须坚持马克思主义，牢固树立共产主义远大理想和

---

① 人民日报评论部：《习近平用典》，人民日报出版社，2018年，第75–76页。

中国特色社会主义共同理想，增强意识形态领域主导权和话语权，培育和践行社会主义核心价值观。而核心价值观的培育和践行绝非一日之功，大学生要坚持由易到难、由近及远，勤学、修德、明辨、笃实，努力把核心价值观的要求变成日常的行为准则，进而形成自觉奉行的信念理念。

（四）创造社会文明新形态：中国特色社会主义社会治理体系

1．脱贫攻坚

导入新课　以“脱贫攻坚的伟大成就”导入新课。

党的十八大以来，党中央鲜明提出，全面建成小康社会最艰巨最繁重的任务在农村特别是在贫困地区，没有农村的小康特别是没有贫困地区的小康，就没有全面建成小康社会；强调贫穷不是社会主义，如果贫困地区长期贫困，面貌长期得不到改变，群众生活水平长期得不到明显提高，那就没有体现我国社会主义制度的优越性，那也不是社会主义，必须时不我待抓好脱贫攻坚工作。8年来，党中央把脱贫攻坚摆在治国理政的突出位置，把脱贫攻坚作为全面建成小康社会的底线任务，组织开展了声势浩大的脱贫攻坚人民战争。党和人民披荆斩棘、栉风沐雨，发扬钉钉子精神，敢于啃硬骨头，攻克了一个又一个贫中之贫、坚中之坚，脱贫攻坚取得了重大历史性成就。第一，农村贫困人口全部脱贫，为实现全面建成小康社会目标任务做出了关键性贡献。第二，脱贫地区经济社会发展大踏步赶上来，整体面貌发生历史性巨变。第三，脱贫群众精神风貌焕然一新，增添了自立自强的信心勇气。第四，党群干群关系明显改善，党在农村的执政基础更加牢固。第五，创造了减贫治理的中国样本，为全球减贫事业做出了重大贡献。[①]

学生讨论　脱贫攻坚具有什么样的伟大意义？为什么要在发展中保

① 习近平：《在全国脱贫攻坚总结表彰大会上的讲话》，《人民日报》2021年2月26日第2版。

障和改善民生？

教师小结 在脱贫攻坚的决战阶段，面对突如其来的新冠肺炎疫情、错综复杂的国际局势、艰巨繁重的国内改革发展稳定任务等多重压力叠加的百年未有之大变局，党中央领导、带领广大党员干部和人民群众坚定不移地坚持以习近平新时代中国特色社会主义思想为指导，扎扎实实贯彻执行习近平总书记关于脱贫攻坚的重要论述精神，咬定目标、顶住压力，最终夺取了脱贫攻坚战的决定性胜利。打赢脱贫攻坚战，解决了困扰中华民族几千年的绝对贫困问题，创造了彪炳史册的人间奇迹。坚决打赢脱贫攻坚战，巩固脱贫攻坚成果，让贫困人口和贫困地区同全国一道进入全面小康社会，是我们党的庄严承诺。党的十八大以来，以习近平同志为核心的党中央把脱贫攻坚摆到治国理政重要位置，提升到事关全面建成小康社会、实现第一个百年奋斗目标的政治高度。同时，脱贫攻坚工作中建立起了解决相对贫困的长效机制，标志着新时代我国将迈进坚持大扶贫格局的新阶段。脱贫攻坚目标如期实现意味着我国要比世界银行确定的在全球消除绝对贫困现象的时间提前十年，这一成就将向世界进一步展示中国特色社会主义制度和国家治理体系的强大生机活力和巨大优越性。

带领人民群众创造美好生活，是我们党始终不渝的奋斗目标。增进民生福祉是发展的根本目的，我们的发展是以人民为中心的发展，必须坚持以人民为中心的发展思想，顺应人民群众对美好生活的向往。发展要回应人民群众的期待，让人民群众得到实际利益，着力解决好人民群众最关心最直接最现实的利益问题，让人民群众有更多获得感、幸福感、安全感。脱贫攻坚的伟大成就告诉我们，消除贫困、改善民生、实现共同富裕是社会主义的本质要求，做好党和国家各项工作，必须把实现好、维护好、发展好最广大人民根本利益作为一切工作的出发点和落脚点，不断推动全体人民共同富裕取得更为明显的实质性进展。

2. 社会治理现代化

导入新课 以案例“战旗村的‘枫桥经验’实践”导入课程。

战旗村位于成都市郫都区、都江堰市和彭州市三地交界处。过去，因为产业发展方式落后，不管是生活生产还是经济收入，这里与其他地区相比都有较大差距。党的十九大以来这一年，战旗村以全新的面貌摇身一变成了“网红村”。战旗村在20世纪70年代是省、地、县农业学大寨的先进村。2007年，为了深入推进城乡一体化，助推宜居宜业现代田园城市建设，战旗村开始建设新型社区，96%的村民实现了集中居住。现在，村民可使用自来水、天然气。村里有幼儿园、公交车、超市，还修建了文化大院，已通过省级生态村验收。战旗村自从启动了“六无”村创建工作以来，先后成立了由街道党工委书记任组长的“六无”村创建工作领导小组，积极排查化解矛盾纠纷，防止矛盾激化，落实矛盾纠纷周排查制度，针对排查出的矛盾纠纷制定针对性化解方案；设立村矛盾纠纷调处站，全力做到及时化解矛盾、及时解决合理诉求，对无理诉求及时做好教育疏导，有效防止了村民矛盾激化的行为。如今的战旗村，走出了一条打造社区治理样板的新路。走进战旗村，村里的住房清一色的白墙青瓦，房子掩映在绿树中，街道都十分整洁，看上去十分养眼。村子的周边有几个工厂，村外还建有有机蔬菜基地，村民们在家门口就可以上班，解决了生计问题。用村支书高德敏的话来讲，“让村民分享改革红利”。[①]

教师解析 “枫桥经验”紧紧围绕不同历史时期的中心任务和现实问题进行了创新发展，为各地加强社会治理提供了良好借鉴。战旗村的“枫桥经验”实践根据实际问题丰富和发展了“枫桥经验”，是新时代加强和创新社会治理的一个成功案例，也表明新时代发展“枫桥经验”需要不断创新工作理念、方法和载体，最终形成系统治理、依法治理、综合治理、源头治理的现代治理体系。在现代社会中，社会治理是国家治理的重要方面，具有重要地位。中国人民在中国共产党的领导下，经过长期艰苦探索、努力实践形成了具有中国特色的社会治理体系。特别是党的十八大

① 杨傲多：《成都市郫都区唐昌街道战旗村的枫桥经验实践》，人民网，http://cpc.people.com.cn/n1/2018/1116/c422249-30404742.html，访问日期：2022年3月1日。

以来，在保持社会大局总体稳定的同时，我国加大了社会治理创新的力度，不断完善社会治理体系，逐步实现社会治理结构的合理化、治理方式的科学化、治理过程的民主化，有力地推进了国家治理现代化的进程。

社会实践　教师带领学生深入农村、社区开展关于基层治理的考察、调研，让学生感受城乡社区治理体系建设，并结合自己所学知识，尝试为新时代加强和创新社会治理、完善中国特色社会主义社会治理体系建言献策。

教师小结　发展有中国特色的社会文明，构建人类社会文明新形态，需要加强和创新社会治理，努力完善中国特色社会主义社会治理体系。经过几十年的社会治理的实践探索和制度建设，中国特色社会主义社会治理体系已经基本形成，并且在新时代背景下具有显著的优势，展现出了强大的凝聚力、生命力和执行力。中国特色社会主义社会治理体系始终坚持以马克思主义为指导，植根于中华优秀传统文化和社会主义先进文化，是在中国共产党的领导下集合人民群众智慧所创造的科学高效的治理体系。在新时代，完善中国特色社会主义治理体系具体来说就是完善党委领导、政府负责、民主协商、社会协同、公众参与、法治保障、科技支撑的社会治理体系，通过创新社会治理理念、改进社会治理方式、创新社会治理体制、加强预防和化解社会矛盾机制建设、加强社会心理服务体系建设以及加强城乡社区治理体系建设来打造共建共治共享的社会治理格局，让社会充满活力又和谐有趣。

（五）创造生态文明新形态：人与自然和谐共生

1. 人与自然是生命共同体

导入新课：以案例“万物各得其和以生，各得其养以成”导入课程。

2021年4月22日，习近平总书记在“领导人气候峰会”上发表题为《共同构建人与自然生命共同体》的重要讲话时指出：“坚持人与自然和谐共生。‘万物各得其和以生，各得其养以成。’大自然是包括人在内一切生物的摇篮，是人类赖以生存发展的基本条件。大自然孕育抚养了人类，人类应该以自然为根，尊重自然、顺应自然、保护自然。”“万物各得其和以生，各得其养以成”出自《荀子·天论》。荀子在《天论》中批判了宗教神学的世界观，将宗教之天、道德之天拨正为自然之天，系统阐述了人与自然关系，提出了“明于天人之分”的观点。文中说：“列星随旋，日月递炤，四时代御，阴阳大化，风雨博施，万物各得其和以生，各得其养以成，不见其事，而见其功，夫是之谓神。”其大意为，天上众星相互伴随而旋转，日月相互交替照耀，四季轮流控制着节气，阴阳二气周流变化，风雨博施于天地间，万物各自得到和气而产生，各自得到滋养而成长。看不到大自然如何运作生成万物，而只能看到它的功绩，这就是大自然的神妙之处。荀子要言不烦，其在天人关系上的深刻哲思，可以转化为今天处理人与自然关系的宝贵精神财富，对于构建生态哲学具有理论价值，对于生态文明建设具有现实意义。[①]

学生讨论 人与自然的关系是什么？如何共建人与自然生命共同体？

教师小结 学习马克思主义，就要学习和实践马克思主义关于人与自然关系的思想。马克思、恩格斯考察人类社会历史进程以及资本主义社会发展过程中的系列经典论述，形成了马克思主义关于人与自然关系的生态文明思想，为中国共产党运用马克思主义人与自然及社会辩证统一的观点、实践的观点，克服资本逻辑，带领中国人民进行生态文明建设提供了丰富的理论滋养。中国古代发达的农业文明造就了中国古代朴素的生态思想，体现着中华民族对生态美好的追求。中华优秀传统文化中所包含的生态思想、物质遗产、实践活动等要素，为中国共产党生态文明建设提供了独特的文化基因。大自然是包括人在内一切生物的摇篮，人与自然的和谐

---

① 姚海涛：《万物各得其和以生，各得其养以成》，《光明日报》2021年8月24日第2版。

共存是人类生存与发展的基础，人依赖自然而存在，保护自然就是保护人类。生态文明是人与自然和谐共生的状态，是人类文明发展的历史趋势，生态环境的变化会直接影响文明的兴衰演替。人与自然的关系是人类社会最基本的关系，会随着人类社会和历史发展而不断完善，新时代人与自然的关系是人与自然和谐共生，我们要坚持节约优先、保护优先、自然恢复为主的方针，像保护眼睛一样保护生态环境，像对待生命一样对待生态环境，形成人与自然和谐发展现代化建设新格局，实现天蓝、地绿、水清和人民幸福。

共建人与自然生命共同体，第一，要以生态文明建设为引领，协调人与自然关系。要解决好工业文明带来的矛盾，把人类活动限制在生态环境能够承受的限度内，对山水林田湖草沙进行一体化保护和系统治理。第二，要以绿色转型为驱动，助力全球可持续发展。建立绿色低碳循环经济体系，把生态优势转化为发展优势，使绿水青山产生巨大效益。要加强绿色国际合作，共享绿色发展成果。第三，要以人民福祉为中心，促进社会公平正义。要心系民众对美好生活的向往，实现保护环境、发展经济、创造就业、消除贫困等多面共赢，增强各国人民的获得感、幸福感、安全感。第四，要以国际法为基础，维护公平合理的国际治理体系。要践行真正的多边主义，有效遵守和实施国际规则，不能合则用、不合则弃。设立新的环境保护目标应该兼顾雄心和务实平衡，使全球环境治理体系更加公平合理。

当前，中国加快构建以国家公园为主体的自然保护地体系，逐步把自然生态系统最重要、自然景观最独特、自然遗产最精华、生物多样性最富集的区域纳入国家公园体系。为实现碳达峰、碳中和目标，持续推进产业结构和能源结构调整，大力发展可再生能源，在沙漠、戈壁、荒漠地区加快规划建设大型风电光伏基地项目。

2. 人与自然和谐共生

导入新课 以“塞罕坝精神”导入课程。

艰苦创业，一直是塞罕坝人奋斗的主旋律。从拓荒植绿到护林营林，塞罕坝人从未停下创业的脚步。塞罕坝的创业史，也是一部中国高寒沙地造林科技攻关的创新史。塞罕坝人对绿色发展的执着，体现在严谨求实、大胆创新的科学态度上。从造林工具的改革到机械造林的成功，从一粒种子到壮苗上山，从一棵幼苗到万顷林海，无不凝聚了科技人员的汗水和智慧。在塞罕坝工作了20多年的原河北省林业厅厅长李兴源，通过引进樟子松种子，用雪藏种子育苗法，成功培育出了樟子松壮苗。从此，樟子松在坝上落地生根，解决了沙地、石质阳坡造林绿化树种问题。今天，国内同类地区依然效仿学习。为了加快造林进度，尽快恢复本地的森林植被，1962年来到林场的原林业部造林司工程师张启恩和工人们边干边研究改进了植苗锹，创造了"三锹半缝隙植苗法"，看似简单的一插、一提、一拧，却比传统方法造林功效提高一倍以上。沙地造林难上难，林场已过世的老科长王文录当年带领技术人员，反复试验，创新了沙棘带状密植、柳条筐客土造林等一系列新方法。"不驰于空想，不骛于虚声。"科学求实、创新不止，在塞罕坝几代专业技术人员中接力传承，他们的许多成果获国家、省部级奖励，部分成果填补世界同类研究领域的空白；国家和河北省多项造林、防火标准和规程，或是由塞罕坝林场编制，或是采用了林场提供的技术数据。①

学生讨论　塞罕坝精神是什么？如何坚持人与自然和谐共生？怎样构建人类生态文明新形态？

教师小结　塞罕坝林场是推进生态文明建设的一个生动范例，河北塞罕坝林场的建设者们通过55年的艰苦奋斗，用实际行动诠释了绿水青山就是金山银山的理念，铸就了牢记使命、艰苦创业、绿色发展的塞罕坝精神。塞罕坝精神是以艰苦创业为核心，以科学求实和开拓创新为支撑，以无私奉献和爱岗敬业为价值取向的一个完整的精神体系，是中国共产党精神谱系的组成部分，体现了我们党一贯高度重视生态文明建设，坚持人与

① 耿建扩、陈元秋：《塞罕坝精神：奋斗创造绿色奇迹 实践诠释"两山"理念》，《光明日报》2021年1月20日第7版。

自然和谐共生，坚定不移地走生态优先、绿色发展之路。

习近平总书记在党的十九大报告中强调："坚持人与自然和谐共生。建设生态文明是中华民族永续发展的千年大计。"首先，要尊重自然、顺应自然、保护自然，保护自然生态系统，维护人与自然之间形成的生命共同体。其次，树立和践行绿水青山就是金山银山的理念，既要金山银山，又要绿水青山，绿水青山就是金山银山。同时，坚定不移推动形成绿色发展方式和生活方式，坚持节约资源和保护环境的基本国策，实行最严格的生态环境保护制度，以新发展理念为指导，创新生产方式，改变生活方式，坚定走生产发展、生活富裕、生态良好的文明发展道路。最后，把生态文明建设融入经济建设、政治建设、文化建设、社会建设各方面和全过程，着力树立生态文明理念、完善生态文明制度体系、维护生态安全、优化生态环境，形成节约资源和保护环境的空间格局、产业结构、生产方式、生活方式，建设美丽中国，开创社会主义生态文明新时代。

发展有中国特色的生态文明，构建人类生态文明新形态，要大力推进生态文明建设，构建生态文明体系。新时代的生态文明体系由以生态价值观念为准则的生态文化体系、以产业生态化和生态产业化为主体的生态经济体系、以改善生态环境质量为核心的目标责任体系、以治理体系和治理能力现代化为保障的生态文明制度体系、以生态系统良性循环和环境风险有效防控为重点的生态安全体系构成。生态文明建设事关中华民族永续发展、人民美好生活的需要、经济高质量发展以及中国的大国担当，需要我们坚持人与自然和谐共生，用绿水青山就是金山银山的发展理念指导经济发展和环境保护，让良好的生态环境成为人民幸福生活的增长点，在统筹山水林田湖草系统治理的同时，用最严密的法治保护生态环境，共谋全球生态文明建设。

三、构建人类命运共同体的实践：共建"一带一路"

当今世界正处于大发展大变革大调整时期，和平、发展、合作仍是时代潮流。构建人类命运共同体符合当代世界经济发展需要和人类文明进步的大方向，共建“一带一路”倡议正成为构建人类命运共同体的重要实践平台。共建“一带一路”倡议着眼于构建人类命运共同体，将为人类文明做出更大的贡献。

（一）“一带一路”

导入新课 以案例“共同发展的光明未来”导入新课。

自2013年习近平总书记提出共建“一带一路”倡议以来，从谋篇布局的“大写意”到精耕细作的“工笔画”，共建“一带一路”绘就了一幅共享机遇、共同发展的美好图景。正如联合国秘书长古特雷斯所说：“各国应当抓住‘一带一路’合作带来的机遇，实现互利共赢。”8年来，共建“一带一路”从理念化为行动，得到国际社会积极响应和支持。共建“一带一路”成为当今世界范围最广、规模最大的国际合作平台，迄今已有140个国家和32个国际组织加入。8年来，共建“一带一路”从愿景化为现实，为世界各国带来巨大机遇和红利。中国与“一带一路”合作伙伴贸易额累计超过9.2万亿美元，中国企业在沿线国家直接投资累计超过1300亿美元。8年来，共建“一带一路”一大批重点项目全面推进，造福沿线国家和地区人民。从中巴经济走廊到中白工业园，从中老铁路到中欧班列，从中亚最大风电场到“非洲第一高楼”……一个辐射全球各大陆、连接世界各大洋的互利合作网已初步形成。8年来，共建“一带一路”秉持共商共建共享合作原则，坚持开放、绿色、廉洁、合作理念，致力于高标准、惠民生、可持续的合作目标。沿线各国携手共进，收获了丰硕成果。①

学生讨论 什么是“一带一路”？为什么要共建“一带一路”高质量发展？如何推动“一带一路”高质量发展？

① 《一带一路，开创共同发展的光明未来（命运与共）》，《人民日报》2021年7月9日第6版。

教师小结 “一带一路”是“丝绸之路经济带”和“21世纪海上丝绸之路”的简称。2013年9月和10月，习近平总书记在出访中亚和东南亚国家期间，先后提出共建“丝绸之路经济带”和“21世纪海上丝绸之路”的重大倡议，即“一带一路”倡议。中国提出“一带一路”倡议，就是要继承和发扬丝绸之路精神，把我国发展同沿线国家和世界其他国家发展结合起来，把中国梦同沿线国家和世界各国人民的梦想结合起来，赋予古代丝绸之路以全新的时代内涵。“一带一路”是促进共同发展、实现共同繁荣的合作共赢之路，是增进理解信任、加强全方位交流的和平友谊之路。

“一带一路”为全球治理提供了新的路径与方向。当今世界，挑战频发、风险日益增多：经济增长乏力，动能不足，金融危机的影响仍在发酵，发展鸿沟日益突出，“黑天鹅”事件频出，贸易保护主义倾向抬头，“逆全球化”思潮涌动，地区动荡持续，恐怖主义蔓延肆虐。和平赤字、发展赤字、治理赤字的严峻挑战正摆在全人类面前。这充分说明现有的全球治理体系出现了结构性问题，亟须找到新的破题之策与应对方略。“一带一路”为新时期世界走向共赢带来了中国方案。不同性质、不同发展阶段的国家，其具体的战略诉求与优先方向不尽相同，但各国都希望获得发展与繁荣，这便找到了各国共同利益的最大公约数。“一带一路”为全球均衡可持续发展增添了新动力，提供了新平台。“一带一路”涵盖了发展中国家与发达国家，实现了“南南合作”与“南北合作”的统一，有助于推动全球均衡可持续发展。“一带一路”以基础设施建设为着眼点，促进经济要素有序自由流动，推动中国与相关国家的宏观政策协调。对于参与“一带一路”建设的发展中国家来说，这是一次搭中国经济发展“快车”“便车”，实现自身工业化、现代化的历史性机遇，有力推动南南合作的广泛展开，同时也有助于增进南北对话，促进南北合作的深度发展。

共建“一带一路”，要秉持共商共建共享原则，倡导多边主义，大家的事大家商量着办，推动各方各施所长、各尽所能，通过双边合作、三方合作、多边合作等各种形式，把大家的优势和潜能充分发挥出来，聚沙成塔、积水成渊。要坚持开放、绿色、廉洁理念，不搞封闭排他的小圈子，把绿色作为底色，推动绿色基础设施建设、绿色投资、绿色金融，保护好我们赖以生存的共同家园，坚持一切合作都在阳光下运作，共同以零容忍态度打击腐败。要努力实现高标准、惠民生、可持续目标，引入各方普遍支持的规则标准，推动企业在项目建设、运营、采购、招投标等环节按照普遍接受的国际规则标准进行，同时要尊重各国法律法规。要坚持以人民为中心的发展思想，聚焦消除贫困、增加就业、改善民生，让共建“一带一路”成果更好惠及全体人民，为当地经济社会发展做出实实在在的贡献，同时确保商业和财政上的可持续性，做到善始善终、善作善成。

（二）构建人类命运共同体

案例导入 教师播放视频《从新冠疫情看人类命运共同体（中文版）》（参见“资源链接”）。

学生讨论 什么是人类命运共同体？“一带一路”对于人类命运共同体具有什么意义？

教师小结 人类命运共同体，指国家在追求本国利益时要兼顾到他国的合理利益关切，在谋求自身发展的同时，促进各国的共同发展，形成全球范围内各个国家相互依存、休戚与共的有机关联。人类命运共同体的理念包含着几重基本的内涵。首先是一种新的国际秩序观。其核心要义就在于必须摒弃过往的通过控制以及各国相互之间的对抗和竞争来形成国际秩序的观念与做法，因为这将导致人类社会整体的灾难，取而代之的是合作，通过合作实现共生共存。其次是可持续的发展观。人类命运共同体的理念要求相互依存的各国应该积极探索能够帮助和推动社会经济持续向好发展的模式、技术和机制，相互学习借鉴，实现人类社会整体的良好发展。最后是一种全球治理观。全球治理意味着，面对高度复杂和不确定的全球性问题，各国以及相关国际组织共同作为治理的多元主体，要形成积极的合作联动，打破封闭管理模式。

中国人民的梦想同世界各国人民的梦想是息息相通的，共建“一带一路”是推动共建人类命运共同体的重要实践平台。自2013年“一带一路”倡议提出以来，在中国与各合作伙伴的共同努力下，共建“一带一路”取得了重大进展。和平、和睦、和谐是中华民族5000多年来一直追求和传承的理念，“一带一路”倡议作为中国对外战略的重大创新，是中国履行大国责任，建构人类命运共同体，实现中华民族伟大复兴的关键一招。中国始终是世界和平的建设者、全球发展的贡献者、国家秩序的维护者，坚持互利共赢、不搞零和博弈，为“一带一路”合作伙伴提供了市场机遇、投资机遇和增长机遇。当今世界正处于百年未有之大变局，作为国际社会中不可或缺的重要力量，中国始终高举和平、发展、合作、共赢旗帜，坚持走和平发展道路。构建人类命运共同体是为人类文明做出更多贡献的重要举措，中国共产党人始终关注人类命运前途，愿意同世界上一切进步力量携手前进。共建“一带一路”是构建人类命运共同体的伟大实践，秉持共商共建共享的原则，为促进世界经济增长、实现共同发展提供了现实平台。作为一个新兴大国，中国有能力、有意愿同时也有责任为完善全球治理体系贡献智慧与力量。面对新挑战新问题新情况，中国给出的全球治理方案是：构建人类命运共同体，实现共赢共享，而“一带一路”正是朝着这个目标努力的具体实践。“一带一路”强调各国的平等参与、包容普惠，主张携手应对世界经济面临的挑战，开创发展新机遇，谋求发展新动力，拓展发展新空间，共同朝着人类命运共同体方向迈进。

考核评价

1．知识考核

通过课堂提问、课后练习、考试等方式对学生掌握本专题相关知识的情况进行考核评价。

2. 能力考核

通过课堂讨论辨析、小专题自主学习与汇报、社会实践等方式考查学生运用马克思主义立场、观点和方法分析和解决问题的能力。

3. 考核模式

注重过程考核与结果考核相统一，对学生进行综合评价；将教师评价与学生评价相结合，发挥学生在考核中的主体作用。

资源链接

《从新冠疫情看人类命运共同体（中文版）》（视频），中华文化学院制作，https://article.xuexi.cn/articles/video/index.html?art_id=7925928481800450912。

参考文献

［1］习近平. 习近平谈治国理政（第一卷）［M］. 北京：外文出版社，2018.

［2］习近平. 习近平谈治国理政（第二卷）［M］. 北京：外文出版社，2017.

［3］习近平. 习近平谈治国理政（第三卷）［M］. 北京：外文出版社，2020.

［4］人民日报评论部. 习近平用典（第一辑）［M］. 北京：人民日报出版社，2018.

［5］张维为. 西方之乱与中国之治的制度原因［J］. 求是，2017（15）：59-61.

［6］易昌良. 中国创新发展研究报告［M］. 北京：人民出版社，2019.

［7］陶富源．福山“历史终结论”的历史观剖析［J］．马克思主义研究，2020（09）：128–135．

［8］于滨．疫情防控彰显中国特色社会主义制度优越性［J］．学校党建与思想教育，2020（10）：16–18．

［9］胡敏．从抗击新冠肺炎疫情看构建人类命运共同体［J］．先锋，2020（03）：18–21．

［10］卢浪．理论·历史·实践：中国共产党领导生态文明建设的三重逻辑［J/OL］．求索，2021（06）：37–44［2021–12–11］．https：//doi．org/10.16059/j．cnki．cn43–1008/c．2021.06.004．

（四川大学马克思主义学院　杨跃）

编委会名单